“双一流”建设丛书 · 学术经典系列

民国广播文献集成

续二

艾红红 庞 亮 刘书峰 ◎ 主编

中国传媒大学出版社

· 北 京 ·

前 言

本书收入了《广播无线电台年刊》(1929 年版，以下简称《年刊》) 和《广播大电台筹备工作简报》(1932 年版，以下简称《工作简报》) 两部重要文献。

1929 年是中国国民党中央广播电台创办一周年。为了记录与总结电台开播以来的重要事务，国民党中央执行委员会特推出《年刊》，图文并茂、事无巨细地展示了电台一年的工作，并设置了“论著”“专载”“纪事”“报告”“附录”等类目，对当时全国的广播事业进行了全面的梳理和记载。这是国民党大陆办广播时期出版的唯一一本年刊，其史料价值不言而喻。

1932 年是中国社会外患日亟的一年，也是国民党广播事业的转折之年。虽然国民党当局从 1928 年第一座中央广播电台成立后就在积极筹措扩建和升级电台，但真正落到实处，却是在《工作简报》出版的 1932 年。这年 8 月，随着 75 千瓦发射机和 XGOA 这一新的中央广播电台呼号正式启用，民国广播事业掀开了新的一页。本书不仅以大事记的方式，记录了创建大电台的筚路蓝缕，还对播出后的收听反馈等情况进行了记载。

为保存历史原貌，本书影印时未作大的删改，希望读者结合当时的历史条件和历史环境，对其中的观点进行批判性借鉴。原书中存在一些漏字和排版问题，以及过去的表达方式，在影印时均未做改动，敬请读者注意。

衷心感谢中国传媒大学学科建设与发展规划处和中国传媒大学出版社的鼎力支持，感谢云南人民广播电台戴美政老师提供了《工作简报》电子版，也感谢张笛耐心细致的编辑组织工作。

编者

2024 年 5 月

目 录

中國國民黨
中央執行委員會

廣播無線電台年刊

八年十二月

卷頭語

(一)本篇爲首尾連貫起見，特將十七年份重要事務，一併列入．

(一)播音機件，至爲繁複本篇所述，係屬概況．

(一)工作報告，原貴簡明；往來文卷，僅擇要列入，以免冗繁．

(一)廣播宣傳，播音與收音實有連帶關係．本篇所列收音機說明書，力求簡明合用，以供裝戶參考．

(一)建築五十啓羅瓦特電力廣播電台，我國尚屬初創．籌備期間，如蒙專家擬具意見討論進行方針惠送參攷，實所感幸！

(一)此後擬試短波播音，甚盼國內各短波電台，予以協助，隨時試收；並將收錄情形通知，以資研究．

(一)裝有收音機者；如將收音情形，隨時函示，尤所歡迎！對於函詢問題，無不酌量答復．

年刊目次

插圖

序

論著

專載

紀事

報告

附錄一

附錄二

總理遺像

總理遺囑

余致力國民革命凡四十年其目的在求中國之自由平等積四十年之經驗深知欲達到此目的必須喚起民衆及聯合世界上以平等待我之民族共同奮鬥

現在革命尚未成功凡我同志務須依照余所著建國方略建國大綱三民主義及第一次全國代表大會宣言繼續努力以求貫澈最近主張開國民會議及廢除不平等條約尤須於最短期間促其實現是所至囑

孫文

中廣五號公共演講機

（右）波長表（左）天綫調整器

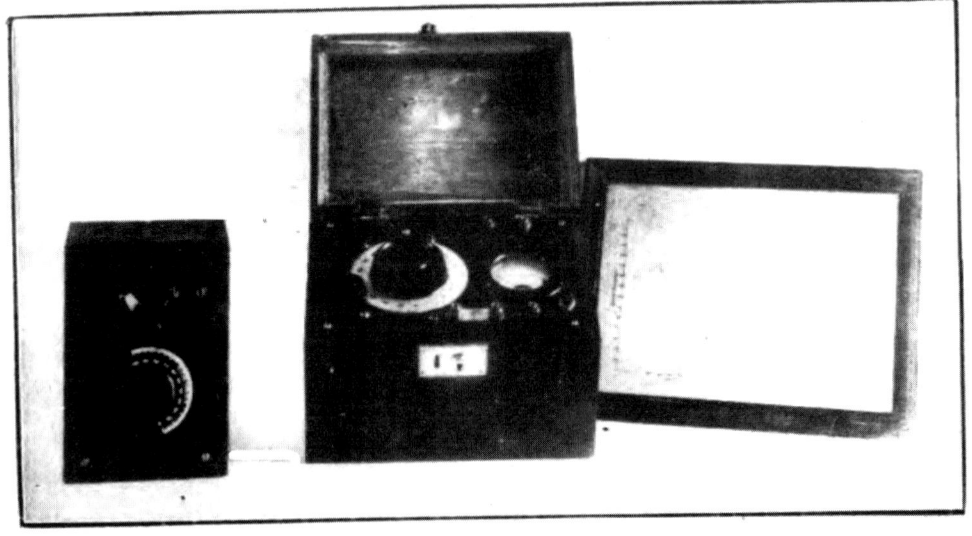

迎襯宣傳列車上之放音器（其一）

迎襯宣傳列車上之放音器（其二）
（在黃河鐵橋上）

各地收音紀錄之

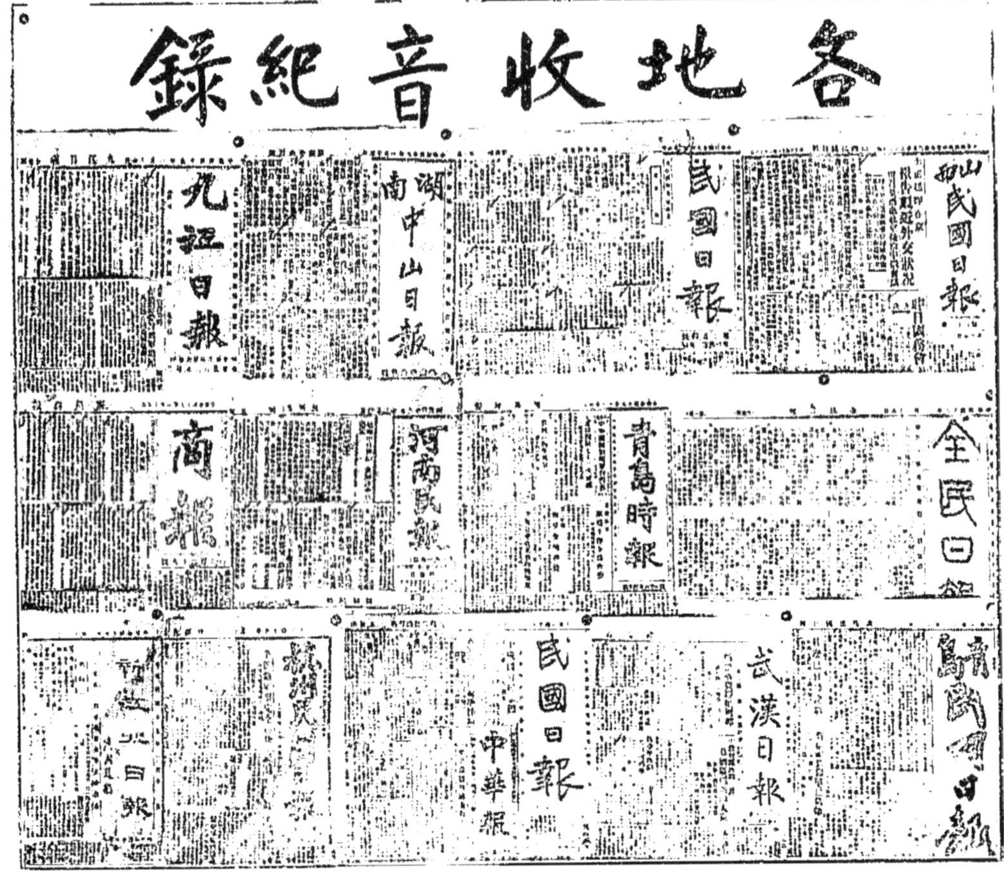
各地收音紀錄
九江日報
湖南中山日報
民國日報
山西民國日報
商報
河南民報
青島時報
全民日報
民國日報
中華報
武漢日報

各地收音紀錄之二

各地收音紀錄
大公報
天津民國日報
湖南國民日報
山東國民新聞
匯報
皖江日報
新聞日報
漢口新聞報
南昌市民日報
江西民國日報

序

工善其事，必先利器；以廣播無綫電爲宣傳工具，則所宣傳也廣而且速！善用之，足爲國內宣傳之脈絡，國際宣傳之喉舌，其效率宏偉，固莫與京。律以我國現狀，需要尤切。本部廣播電台，創議于十七年春，而成于是秋，籌備擴充於十八年間。孜孜汲汲，努力進行，固已日有發展，漸爲世重。今該台編纂十八年度年刊，屬序于余。竊以吾人所負宣傳使命，至深且重！而廣播事業，方當篳路藍縷，此後遠追歐美，近軼東鄰；研究不厭精詳，運用尤貴靈活；計劃設備，非周密不足以盡其功；聯絡提倡，非普遍不足以廣其效。尚賴海內同志，相互策勵，羣謀倡導，粲然放宣傳異彩，而臻社會于無綫電化。則斯篇之蘄望，寧有止耶！

民國十八年十二月二十日葉楚傖序于中央黨部

序

革命建設賴宣傳以速其功，廣播以宏其效，無綫電話之進步日益著，而其需要日益切！中央注重，羣情企盼；本台應時世之要求，創建未久，即謀擴充；過渡期間，先行改善固有之機件，增加重要之節目，整頓各地之收音，指導管理之技術；凡所以提倡進行者，靡不殫精竭力以從事。年餘以來，深懼智慮未周，措施欠當，致礙發展，有負使命。爰將辦事歷程，機械內容，以及廣播事業之發展近況，調查纂輯，擇要刊印；管窺蠡測，用供聽衆之參考；挂一漏萬，尚待方家之指正！所冀無綫電簡單常識，普遍人羣，漸相嫻習，使社會得利用此偉大之科學，以宣傳正義，完成革命；此則本刊之微旨焉。

民國十八年十二月二十日吳道一序于中央廣播無綫電台

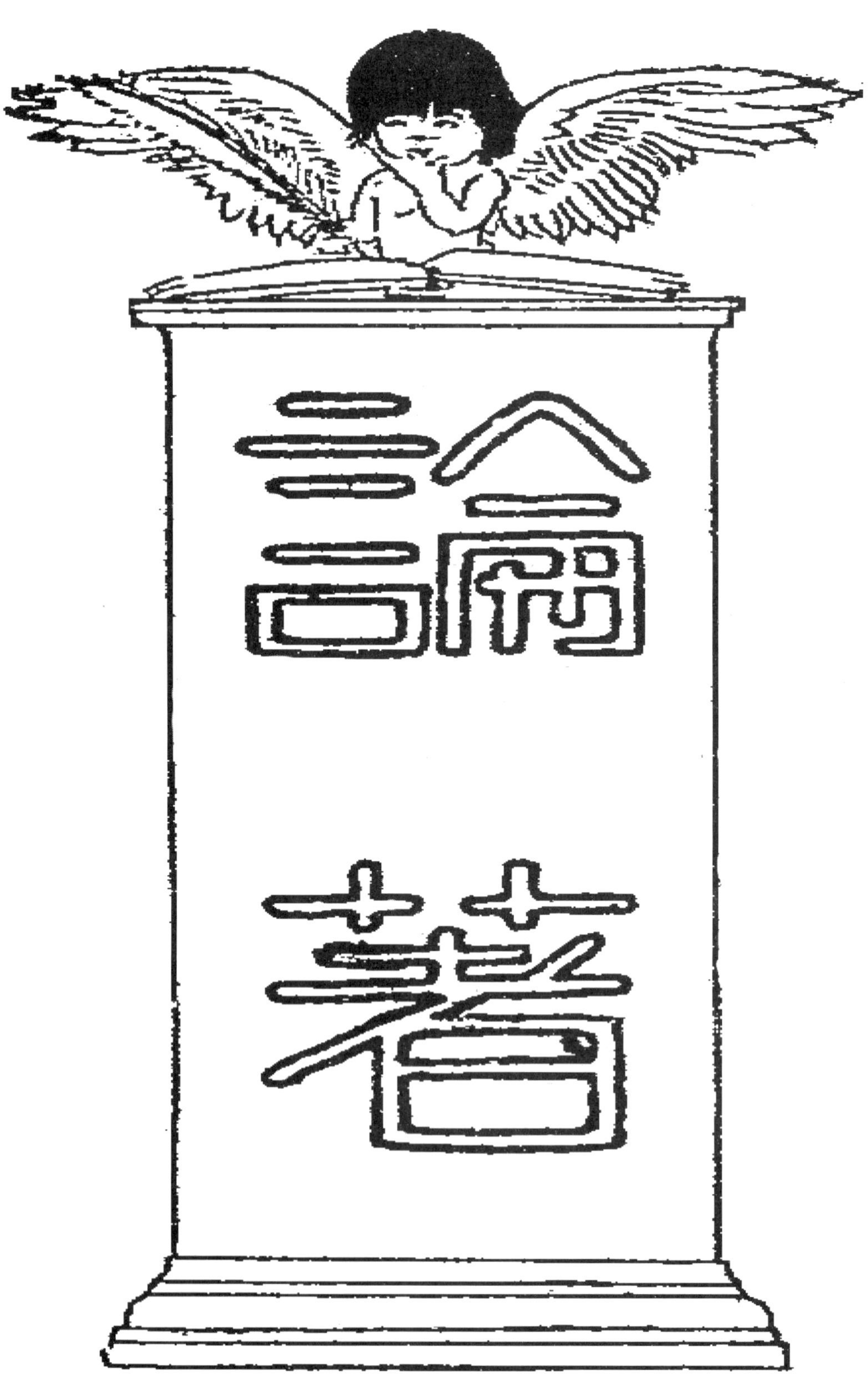
論著

無綫電綫路通用之符號標誌

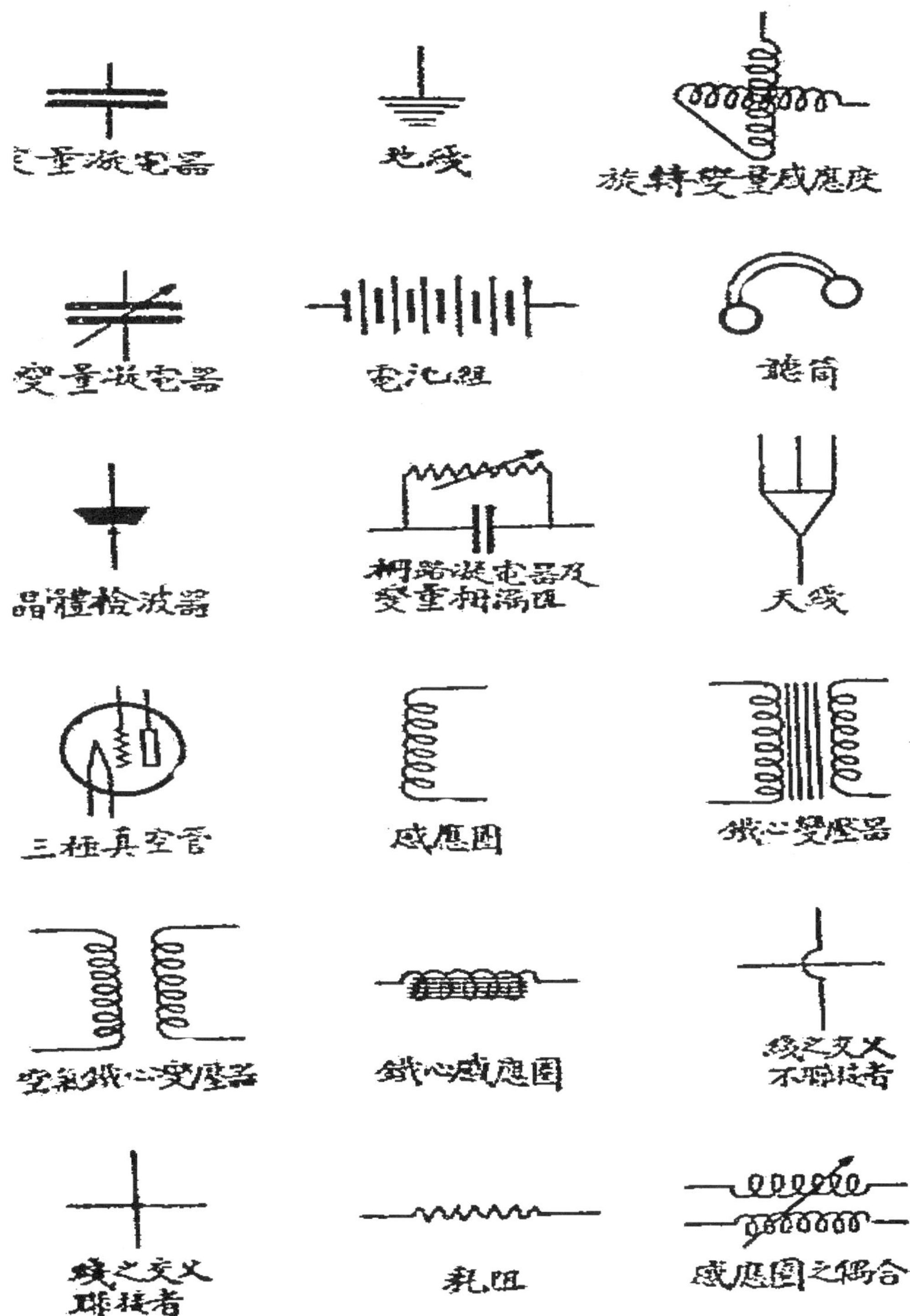

論著

我國之廣播事業

吳道一

一 泛論

偉矣哉！電之有益于我人羣也，試一涉足於通都大邑：則有電車電梯之代步，電報電話之通訊；禦寒有電爐，納涼用電扇；他若電機以利製造，電燈以放光明，電鈴以資呼應，電影以供娛樂．以代燃料，則潔淨無塵；以利農田，則灌溉便利；以治疾病，則效力偉速！舉凡鍍金冶銅染衣織布磨米礱穀，以及其他各項事業，利用者日益增多．千鈞不足喻其力，山川不足阻其行；無遠勿屆，無用勿靈；取之不竭，用之不盡。農工商業，賴以發展；衣食住行，藉以改良；社會蒙其福澤，人類沐其恩光．日新月異，奧妙無窮．科學神奇，至斯極矣！然則電之爲物，果何如乎？蓋是物也，無聲無臭，無色無形；充斥乎宇宙，瀰漫于萬物．無時或靜，得外力而動益烈．由動生流，遇阻生熱；大都藉金屬爲導體，與磁力相互而其用彌彰！溯自發明以來，蓋已歷若干世紀，惟近百年間，由于科學之猛進，而效用特著．自電報電話發明後，一經樹桿架綫，縮萬里如咫尺．傳遞消息之敏捷，爲昔人意想所不及．逮夫二十世紀之初，復有所謂無線電者，異軍突起！不用導線，而報話之傳遞如故，碧落黃泉，罔不通行；手續簡便，成績優異！備尋丈之地，設機播發，而電力即越山過海，滿布全球。世人冀與其他行星通訊之理想，行將成爲事實。非僅此也：即如駕駛飛機，驅遣戰艦，探勘地質，測定方位，以及教育軍事，農工鑛業，昔恃有線電者，亦將逐漸代以無線電。甚至有線電能力所不能及者，亦賴無線電而慰人類之期望。是無線電一物，甯非當今之大怪物耶！茲爲讀者對于該物稍形明瞭起見，特將其原理，及與有線電不同各點，暨由此產生之廣播事業等，略述一二。

二　有線電與無線電之分別

電之爲物，既如上述，其活動之範圍，在昔僅知在五金鑛質之良導體中。一般研究物理學者，亦祇論線內之電體，罕及線外之空間。所以架線千里，沉線海底，以直接傳遞吾人之語言和文字，實在導線上通電。迨後漸知線以外之空間，雖目不能覩，手無所觸；然同時亦起特別奇境，即所謂電磁波之輻射是焉。自馬克史威爾及赫芝之發明，馬可尼之實驗。而無線電三字，而震耀于世，遂有有線電與無線電之分別。就字面觀察，本極明顯。如于學理上作探討，則前者係電能之藉導體以傳送，後者則爲電能之藉電波以推進。而電波之產生，全基於電流之振盪。憑藉「以太」爲媒介，挾每秒鐘十八萬六千英里之速度，遠及八方，無堅不進，無孔不入，遇有特別裝置之收音機械，則貼然就範．故無線電之長于有線電者，在于引用輕便，既無植桿架線之勞，更屬管理簡易；卽遇損壞，亦限於一台，而且發于一地，達于全球．公共消息之傳播，可稱盡善盡美！至其短處，則係不能保守機密．且就電報而言，二台之間，難于同時收發，以至效率較低．惟目下關于秘密傳遞問題，已有充分之解決．至若發報效率之增進，尙屬易事，不久當有良好之發展

三　有線電話與無線電話之比較

凡習物理學者，類能知聲音之傳遞由于聲波，但因空中阻力之宏偉，雖大聲疾呼，鮮有及一里之遙．自一八七五年培爾氏利用電磁石及感應電流，使聲波藉電流以及遠，而電話遂以問世．由傳話器以送話，用受話器以聆音，更有所謂長途電話者，迢迢千里，無異面談．現有電話中，雖有磁石式共電式自動式之分，而其爲有線則一．歐戰中各國對于無線電事業，莫不竭力提倡．而所謂無線電話者，亦於斯時漸臻美備．其傳送原理，全係于聲波之隨無線電波以發射．蓋聲音之振動，藉傳話器作用，變成交流．在有線電話中，緣導線迅達對方，惟該項交流週率極低（每秒內約在一千次左右），自身未能放射空間，今以之寄存于無線電波（週率約在百萬次左右）上，卽可傳播八方．遇收音機而附合，隨將寄存之聲音回復原態．其與有線電話不同者，亦可由字面看出，而其優劣各點，約與前章所述無異．惟是種電

話，所需電能頗鉅，而在實際收受方面所得之電能，每不及萬萬分之一，效力之小，蓋可想見。幸自廣播事業勃興，定向轉送，漸見成効。加以短波發射，需用電力銳減，該種缺點，藉行彌補，然尚有待于來日之進步也。

四　廣播無線電之定義及其效用

在無線電事業中，凡藉電波以發射信號者，曰電報。傳遞言語者，曰電話。其原則所異之點，則一恃機械之作用，作「特」「達」聲音，用符號間接以傳遞吾人之智慧；一依有線電話之原理，直接傳送吾人之言語。其裝置上所不同者，則在播音機內，須特備一調幅之階級，使天線電路內高週率電流之波浪，改變其幅度以適應音節變化之規例。但上述二種，當其播發也，雖電能之散射普及八方，但收受方面，大都限于特約數處，違反經濟原則，莫此為甚！故自無線電話發明後，歐美電學專家，孳孳研究，使音調保持常態，調幅盡其所能；且於收音一項，力求改進，而廣播事業，于焉開始。蓋廣播無線電者，即一電台所發之言語音樂，憑藉無線電波以普及傳遞于收音羣衆之謂也。自距今八年前，歐洲第一廣播無線電台成立後，各國工程專家，對于廣播實施計劃，日夜精求。迄今各國廣播電台之成立，正如雨後春筍。語其効用，則廣大無垠，捷速無比！舉凡主義之研究，理論之闡揚；以及通俗演講，清雅歌劇，政事新聞，商情廣告，天氣預報等項，凡人事之能藉聲音以傳達而為普通民衆所醉心喜悅者，靡不應用之以普遍傳達焉．且能指定若干時間，專授課程，使一般失學羣衆有所補救，人民智識程度，賴以提高．對于我國幅員之廣，不識字者之衆；利用廣播以提倡識字，尤屬當務之急！至其實行國語，統一方言，猶其餘事．他若國際間風雲陡起，是非莫辨之際，若藉强電力之廣播電台，用各國語言向國外宣傳，則公理究在人心，自易得世人之了解．其裨益外交，實非淺鮮，考廣播無線電之發明，僅及十餘年，而歐美人士對于廣播收音；趨之若騖，收音機之裝置，三家有二，已成爲日常生活之必需品，則其價値可知矣！

五　我國廣播事業之概况

我國廣播事業，甚屬幼稚．民國十六年春，北平舊交通部着手建築天津北平二台，當時上海方面，已有美商開洛公司之播音台一座，電力爲二百五十瓦特，專播商情歌劇敎堂禮節及該公司商業廣告等節目．華東一帶，收聽該台音訊者，以商界爲多．是年五月，天津廣播電台成立，電力爲五百瓦特．同年九月，北平廣播電台亦以一百瓦特之電力開始播音．于是華北方面之空間，除被日本電台所發之音波激盪外，始有我國自播之國樂音浪，瀰漫其間．十七年一月，東北無線電台監督處，將遼寧廣播電台（電力爲二千瓦特），哈爾濱廣播電台（電力爲一千瓦特），同時開始播送，而東北方面之聽衆，始能暢聆我國自發之音訊．綜上數台，大都側重于戲曲商情之傳播，關于新聞演講等項，鮮有顧及．迨本黨奠定江淮，移師北指！（十七年春）益感主義之急于灌輸，宣傳之刻不容緩；遂於十七年三月，訂購機件，成立中央廣播無線電台於首都，電力爲五百瓦特．八月一日開始播音，節目方面，以宣傳報告，中央政聞爲主，而佐之以名人科學特種等演講．收音方面，則分派收音員於各級黨部負責收聽，并將所獲消息，每日送登該地黨報發表．雖以電力微小，射程不遠；然在蘇浙皖贛湘鄂豫魯閩晉等處，如無電報騷擾，已能暢聆無遺．繼中央台而起者，有浙江省政府所設之廣播電台，電力爲二百五十瓦特（現已增爲五百瓦特）．于十月十日完成．廣州市政府所建之廣播電台，電力爲一千瓦特，于十八年五月六日完成．他若湘魯豫皖各省政府，均擬建築廣播電台．而私人裝設用爲廣告之播音電台，已經成立者，除上海新新公司之五十瓦特一座及天津中國無線電公司之五十瓦特一座外，繼起者亦有多處．綜上以觀，我國廣播事業，現在固如襁褓幼兒，較當世列强，望塵莫及！然二三年之經營已漸著成績，果能悉心護掖，助其長成，則數年後自不難追蹤歐美也．

六　本台今後之設施

本台成立，迄令已逾一載，關于過去種種工作，詳載後列報告中．所有進行方針，除擴充電力計劃另列專篇外，擇要畧舉於後：

（一）充實內部組織

本台原有組織，甚形簡單；工作同志，僅十人左右。每日自辰迄戌，幾無休暇。此後大電台成立，及籌備時期，事務增繁，迥非昔比！自宜分別系統，充實內部組織，督促進行，各負一部分專責，以符分工合作之旨，而收綱舉目張之效。

（二） 增設負責收音處所

大電台成立後，天線輸出電力，當為五萬瓦特。以一百二十公尺高度之天線，用四百餘公尺之波長，播送五萬瓦特之電力，其音波之射程，當可南達南洋羣島，北及西比利亞；西或逾於帕米爾而至阿富汗一帶，東或越過太平洋以抵夏威夷羣島。通程既遠，電力復強；各處收音設備，自較簡易，向之收聽不能滿意者，可嘹喨異常矣。非六眞空管收音機不能收受者，可易以三眞空管收音機矣；非三眞空管不能收者，可易以晶體收音機矣；換言之，凡首都四週空間直徑距離在三千五百公里以內備有六眞空管收音機，一千二百公里以內備有三眞空管收音機，二百公里以內備有晶體收音機，都能收聽中央播音。嗣後國內收音地點，如以縣市（或等於縣市之行政區域）為單位，計當在二千左右。可由中央會同國府分別通令各省黨部政府，轉飭於二年之內一律裝設完竣。至于國內各省高級黨部，及沿海沿邊各重要地方暨中央直轄各黨報社，南洋日本等處本黨總支部，當由中央派遣收音員，前往裝置，負責收錄 廣為傳播。一面分別遠近距離，繪製收音地圖，制定收音機裝置規程，俾裝機者計程選用各種收音機，適合需要，以提倡民間裝用．現在六眞空管機價僅二百餘元，三眞空管機價約百元，晶體機價約十元，尙非昂貴．如能設廠製造國貨，尙可較廉．其裝機手續，亦尙便利．一經提倡，日漸發展；從此中樞播音，四方環聽；宣傳普及，於此是賴。

(三) 設立收音員訓練班

任何廣播電台之設立，當期聽者衆多，或間接將所得消息，發表報章，以廣流傳．本台專播黨政要聞，以一各地視聽藉增宣傳効率．則所播消息，除裝有收音機者能充分收聽外，尤當有負責人員，詳爲紀錄，刊登報紙，公布社會，俾及羣衆．惟收音員須具豐富常識；敏捷能力，始能聆音辨義紀錄周詳，所收稿件，方免乖舛．而對于機械，亦須具有相當技術，負責管理．並隨時指導其他裝戶，實非專才不足以應需要，是以去春本台卽有無線電話收音員訓練班之設立，時因電力未增，音波所及，在冬令最佳時期，僅達一千五百公里左右．第一期暫先考錄新生十餘名．暨酌量調囘前派收音員，合併訓練，畢業後派出工作．計現在已由台先後派員負責收音者，有京蘇滬浙皖贛閩粵湘鄂漢鄭汴魯晉靑徐潯等省市縣黨部，此外江浙各縣政府，亦由該省政府飭令裝設收音機．平津滬漢粵遼哈等處，公私裝設，約二萬具．此後大台成立有期，全國收音地點已如上節所述，應行派遣之收音員，爲數頗多．自當考選有志靑年，具相當學力及隸黨籍者百人，開班訓練．授以電學及無線電學大意，國語和速記術，並注重無線電實習，收音實習等項．期以四月，擇優任用．第一期完成各省各特別市，及較繁盛之普通市沿海沿邊重要地方之黨部，暨中央直轄黨報社，海外各總支部之收音，屆時國內外之報章及羣衆，定能以最經濟之方法，獲得中央極重要之消息．嗣後陸續開班訓練，以備各縣市黨部政府具價購領收音機時，酌量派往管理．並指導當地公共機關團體，私家裝戶，務使播音効力，直達民間．

（四） 增加播音節目

音波既謀及遠，節目尤宜注重；前此播音節目及時間之分配，節經改良增進．所有關于黨的宣傳及新聞消息暨國府各院部會之施政報告等項，業經詳行規訂．此後大台成立，尤當聯合政府各機關努力工作．凡所舉措，先行宣傳，國事政情，擇要報告，使人民充分了解．有正確之觀念．喚起輿論同情，作政府之後盾；一面輔以各種演講，以灌輸人民智識；間以優雅音樂，以誘起聽衆興趣；俾合羣衆心理，於審美娛樂之中，獲易俗移風之効．

（五） 商訂國內外各廣播電台之聯絡辦法

現在國內電台，大小約十台左右．國界四境，咸有各國之廣播電台．誠宜會商適當辦法，如用短波傳遞專線輸送等法，相互轉播．俾各地樂歌政聞，瀰漫全亞，而各該地聽衆，亦得以較輕代價，聆悉遠地聲音．

（六） 呈請取締火花式電台並制訂無綫電台使用波長條例以免衝突而除滋擾

火花式報務電台應行取締之理由，已詳後列呈中央宣傳部文中。大台成立，宣傳方面，重要逾恆。播發之件，各地有收聽無遺之把握，取締擾亂，更屬當務之急！自應提請中央，轉由國民政府切實通令全國水陸各火花式報務電台，次第改良，換用眞空管機。並由主管部訂定無線電台使用波長條例，切實執行，以免互相衝突。在過渡時期，暫行特定每日若干時間，爲本台播發重要節目之用。凡足以妨害播音之報務電台，一律暫停發報，以免擾亂。

（七） 添裝專線增加直接播音地點

電力擴充，節目增繁；日夜播音，効能廣大；除國民政府已裝專線外，其餘五院各部，當擇要裝設專線，佈置簡單發音處所。利用簡便增音機，俾便直接播發各項節目。並擬架設京滬專線，特設發音室于上海，以備播發當日商情，及音樂等項。

七 結論

我國襟山帶海，雄峙東亞。民族偉大，甲於全球。果能勵精圖治，行見泱泱大國，執世界之牛耳。其如故步自封，不求進展。當茲二十世紀，科學神奇，既尠發明，復鮮摹仿。偶拾他人糟粕，往往僅及皮毛，不能作進一步之研求。國內工商農鑛以及其他建設事業，迄少進步。雖由于政局之不定，而國民缺乏堅毅果敢澈底進取之決心，實爲其主因；以致時代落伍，積弱不振，淪于次殖民地之地位．迨至本黨秉承總理遺訓，掃盪軍閥，完成統一；移殺敵致果之精神，從事革命的建設．分工合作，積極進行．咸以廣播電話，尤爲啓迪民衆最大最速之工具．經决定擴充本台電力五十啓羅瓦特，努力籌備，爲全國各種事業倡！希望本黨同志，全國同胞，遵總理指示之道路，努力于新中華之建設；朝乾夕惕，自强不息；何懼民族之不能興，國威之不能振哉！

對于大播音台進行中之幾點

劉振清

一、播音台建設地點之預擬

查電台主要設備，約爲發音播音兩部：

發音部，係報告，演講，或奏樂者，工作之處．自以附近中樞，設在本黨部內爲宜．惟擴充電力後，節目增加，應將原有辦公室，增音室，試驗室，擴充建築．增加發音室，分應各種節目需要．其建築材料，以保持聲調自然爲原則．

播音台爲無線電波射發之起點，藉機械之力，發生電波，由天地線而播射于空間．其電力輸出之效力，和射程之遠近，恒視天線高度而異．故其地位宜高平，環境宜寬大；譬如發令，據高臨遠，其勢便也．首都四周多山，電台若建於中心，宛如谷中呼嘯，聲難及遠！而電波行動，情形複雜，吸收影響，關係至大．而本京其他電信機關，易受感應滋擾，亦爲事實上應行顧及不可忽視之點．以首都附近情形而論，當以拔地四百九十五公尺之紫金山第一峯爲最高．擇該處適宜山峯，建天線地網于其上，置一切機械及電力廠于其麓，通以專線，則天線無形加高．惟升降大路，須另建築，所費亦鉅，爲目前交通計，當以清涼山（約高一百十餘公尺）爲合宜．俟會同承辦行商，詳加考察後，再行確定．蓋保證射程，爲承商之責任・電台地位，與射程有密切之關係・此外水源供給一層，或鑿井取泉，或在附近河流吸取，亦俟勘得地點後再定。

二、機件設備之要點

常人往往以無線電報與無線電話，相提并論・實則機件繁簡，職守廣狹，大相懸殊・電報祗發符號，按鍵上下，電波隨同行止・而收報責任，僅在辨別感應之有無・至於電話，則調有高下，聲有巨細，語氣有緩急，音義有異同，非傳遞逼眞，收受者實無從判別・大致常人發音之震動週率，常在三千與二百之間・而廣播電台兼播音樂，其發音週率，恆小至五十，大至一萬，曲曲傳出，于數千里外，能無一遺外者，實爲科學家鈎心鬥角，互相研進之結果・其計劃之周密，製造之精確，遠非報機所能比擬！更非規模粗具，便能應付・攷廣播原理，尙屬簡明・而機械之能否受人工支配，悉如意想之調度，則時至今日，猶有待於研究者也・茲將廣播機件之重要原則，約述于後：

1.全部機件，對於發音大小，週率 Frequency 多寡，應完全平衡・換言之，卽在同一週率，其天線波幅，應與發音大小成正比例。又在同一波幅。各種週率，應等量播射・

2.調幅 Modulation 成分，務求十成，同時須免變調・

3. 發射週率，Carrier Frequency. 應保持不變，雖值調幅之際，不受影響。

4. 減除雜波 Harmonics 以免與短波電台發生滋擾。

5. 管理簡易，啓用便捷。

6. 防護週密，設備充足，庶免播音時有意外之停頓。

7. 全台需用電力供給，宜求其小，以減少經常費用。

根據上列原則，逐條申說之如下：

(一)宜注意傳話器及成音週率放大器

(甲)傳話器 Microphone. 種類不一，通常所用者約有二種：一爲炭精屑傳話器，其原理與普通電話所用者類同 惟常將兩傳話設備組合於一器，推挽互用，以減雜音。但用久或發音過大，炭屑凝附，每易損壞；二爲容電式傳話器，係用兩金屬片中隔空氣，聲浪高下，變其距離，電流因之變化。此器傳音較準，但管理宜愼，價格亦昂。此外尙有爲可尼公司之磁感傳話器 Magnetic Microphone。德律風根公司之帶形傳話器 Ribbon Microphone。然或以價格過昂，或以成績尙未顯著，未臻普及。此後本台宜比較選用，以冀盡善。

(乙)成音週率放大器，普通有兩種：一在發音室附近之控制室 Control Room 內，用以增大傳話器電流之變化·所用級數線路，各國機件微有不同，大致隨傳話器而異·如用炭精屑傳話器三級已足，而容電式傳話器非四五級不可·當以所備級數較多，而用時可以增減者屬上選·並宜採用耗阻絞連式，以冀放大時較爲準確·此外尙須裝有音度控制器，調幅成分測度表，及監察收音機，俾管機員可以耳聽發音之强弱，目察電表之指示，隨時調節，控制放大器之輸入，至適當爲度·德律風根公司有自動控制器，以眞空管數級爲之·凡值發音者聲響太高，或離傳話器太近時，立能自動矯正之，法屬至善·其直達播音台之專線，每易發生雜音，故宜另裝專線雜音消滅器，（以容電組與耗阻組並接專線兩端）·二爲播音台之成音週率放大器，因控制室傳來之電流變化，經專線之傳遞而減弱，用此以增大之，再行接入調幅器，以冀播發音話，清晰嘹喨·至其性質，除眞空管電力宜較大，級數宜略減外，一如控制室之成音週率放大器，仍以耗阻絞連式爲佳·而控制及測度監察等設備，亦不可少·

（二）宜注意調幅器，其功用卽與成音週率放大器類同·所異者則其輸出電力，爲調劑振盪器或射電週率放大器所發出之射電週波，與音樂聲調之成音週波混而爲一·於是隨聲調而改變波幅之無線電電波，播射四出·其調幅方法，普通有兩種：一爲柵極直接調幅法·

一爲屏極調幅法·前者係調幅眞空管之屏極燈絲兩點，直接振盪級或射電週率放大級之隔離容電器兩端。因成音週率波幅大小，改變調幅器屏路電抗，因而變動放大級之柵負電壓之數值，遂使高週波電壓波幅，依發音大小而變易·攷其利益，則調幅眞空管可較該放大級眞空管小數倍·調幅器不用屏電壓·其相連之射電週率放大級，亦不用柵電壓·線路尤爲簡捷，後者亦稱平衡電流調幅法其調幅眞空管，恆較相連之放大級眞空管大二倍以至四五倍·最簡之法，則以該管之屏極與射電週率放大級眞空管之屏極互接·但其屏電壓之來源·必經一成音阻流圈而後至上述互接之點·（此種接法因調幅不能得最高成分，近時多有改善之處，但原理未改）凡値話音較大時，調幅器屏電流變化自甚·因之成音阻流圈之電位降亦大·而放大級之屏電壓及電流，卽以減低。同時天線上發出之無線電波幅，隨之變化·流行辦法，大都以調幅器接於振盪器後第二三級放大級最爲合宜·凡無線電通程遠近，固視電力爲轉移·而調幅成分大小，關係亦鉅·有如言語，發音之大小，堪擬電力、而聲調之清濁，比之調幅，如發音雖大而口齒不清者，其効仍甚微弱也·故調幅成分，以能至十成爲最佳·卽調幅時天綫電流之變化，應爲未經調幅時電流之二倍·同時以電力言，卽天線散射電力之變化，應爲未經調幅時電力之四倍·則以天線輸入電力五十啟羅瓦特而論，如在十成調幅時，其電力當可至二百啟羅瓦特左

右

(三)宜注意振盪器，其責職在發生穩固勻靜之無線電波．普通用者有兩種：一爲自感式，一爲晶體控制式，自感式線路又有多種，各有利弊，姑不贅述．晶體控制式，利用一種晶體鑛質之特性彈力，而使眞空管發生無線電波．例如施以壓力，卽發生電壓．加以電壓，卽發生振動．其次數依晶體之厚薄而定．以之接入眞空管之柵極，則柵極上便有高週波電壓之發生，其屏極線路遂生振盪．至其週率，常爲定數．不易受外界感應而生變化．但改變波長，不甚便利，本台折衷辦法，自以裝用晶體控制爲原則，同時加裝自感式設備，以臻盡善．

至於天地線直接振盪器一法，頗不合用。蓋因天地線受風雨寒暖影響，易生巨大之週率搖動．且以五十啓羅瓦特之巨，而祇用一振盪器，亦爲事實上所難能．故振盪級宜採用電力較小之眞空管，感應另一電力相同之隔離級，再至調幅放大級，續經一二放大級而至天線．此種佈置，可增加調幅成分，減少變調與雜音，Back Noice 効力最大．末級所用眞空管隻數，隨各廠行最大眞空管電力而異．至其總電力，須有二百啓羅以上，庶未發話時，天線輸入電力爲五十啓羅．發話調幅成分最高時，可及四倍，而不致過量負荷．照目下歐美各廠行眞空管出品，除美國最大者達一百啓羅外，餘皆以二十或五十啓羅爲最大，俱用冷水環繞屏極．因此末級所用管數，有多至十餘枚者，似覺經濟管理，兩不便利．

(四)宜注意末級放大器，其與天地線調整線路間，應接入波帶濾波器，以減除次波，使相當週率，通行無阻．同時阻止其他雜波，以免擾亂空間秩序．至於天線之高度，大都以工程所限，以四五百英尺爲最大，其長度根據所用波長而定．地線方式，隨土質而異．如多砂石，宜用地網。其大小恆較天線爲大．

(五)上述機件，已甚繁複．而各級燈絲柵極屏極各電壓，以及冷水供給等項之管理、運用、啓閉、調節，若盡恃人力，旣感費時，而動作稽遲，偶一疏忽，亦易顚亂次序，致招損壞．故遠距離控制設備 Remote Control 必不可少．法以各種鈕形開關，連同測量各表，及電壓調準設備，集中裝於管機員桌上．另通電線，經繼力轉遞器 Relays，而達各種蓄電池電動發電機，整流器，打水機等件．祇須將各種樞鈕。依次捺動，則不數分鐘而全機工作．同時在控制室，亦有同樣之管理桌兩處，俱裝信號燈，使各處機件情形，均能一目瞭然．

(六)播音線路，實爲複雜，偶遇損壞。每以不易檢查之故，釀成鉅大損失．防護之道，約分下列數項，

1.防眞空管水流中斷，及水溫太高，

2.防眞空管負荷過量，

3.防管理人員偶爾不愼，接觸高電壓，

對於第一第二兩項。均宜裝設自動斷流器．凡值水流中斷，水溫太高，或負荷過重時，均能自動開去各種電壓以待修復．其在第三項，則應在播音機件出入門上，裝設通電之樞鈕．此門未開時，各種高電壓無從接通．管機員在內查視時，必無觸電之虞．並須另裝檢查損壞信號燈，以便損壞時，易於尋覓修理．仍備大批之備貨，俾易補充減少停頓．最重要者，首推眞空管與電動發電機。價值均巨，且在華經售行廠，存貨甚少，頗難選擇．越洋定購，緩不濟急．自宜預行購儲，以備不時之需．其次各種容電器，各種線球等貨，價尤較廉，購備愈多愈妙．

(七)以五十啓羅瓦特之電台，其需用電力供給，恆至三百啓羅之大．在用電未甚發達之都市電廠，購電價值，往往較自行發電爲貴．而電廠供給日電，且時有中斷之虞．故除接通本京電廠，以備不時之需外，宜自建電廠以供給之．惟無論自行供給或購自本京電廠，經常費爲數均屬甚大．是以電台發出電力，務求其大；電台需用電力，務求其小．計其比例，卽機件之良窳，選購之時，尤宜格外注重．

三、發報設備

廣播機件與發報機件，職責不同，已如前述．一則重在各地同時直接聽聞，恍如面聆其聲調．一則收聽符號，依碼謄寫，猶如親覩其文字，各有所長，互相濟用．而機件作用，異流同源．故宜於播音機上，略添零件，便能發報，或裝自動發報機，與之合作．並於通都要邑，裝有自動收報機．發音之暇，致力發報．通程既可及遠，消息傳遞，尤為準確．一面於訓練收音員時，兼授收發電報技能，使收音收報兼帶管理，以收一舉兩得之效．

四．重要節目及音樂之研究

播音効力，既極偉速．所有節目，尤當配置得宜，體察一般民衆之程度，心理之信仰，地方交通之暢阻，報紙傳遞之遲速，審愼規劃．關於宣傳、教育、音樂、三項材料，分別播發．所有宣傳方面：

(1)宣傳報告，宜適應環境，不失時效，合於普通社會情形．務求深入人心，足為下級黨部之楷模，領導多數民衆．

(2)黨國政令，宜擇有普通性質，迅速必要之通告通令．其例行繁瑣，對於少數機關之公文，實非所宜，

(3)新聞約分重要與普通兩種：一宜迅捷，隨得隨發，供繁盛都市之需要．一宜詳確，

廣爲搜羅，便偏僻地方之傳述．此外對內傳佈國際要聞，使國民明瞭世界潮流；對外用外國語報告國內要聞，俾各國了解我國時局眞象．其關於一地及個人之瑣聞，暨繁文縟節之無時間性者，尤應免去．

其餘教育方面，宜分普通專門二類，如文學、藝術、政治、法制、史地、理數、工程等科，擇要講述．或自爲篇段，或有連續性者，依聽衆或爲婦女兒童，或爲曾受高級教育者，視其需要而分配之．庶可獲研究諳習之機會，較之任何學校，其効力之廣狹，不可同日語也．

尙有音樂一項，尤屬重要．迎合羣衆之心理，以吸引注意．歷觀中外各地廣播電台，各項節目，率間以音樂，實爲休息調劑，減除煩倦，考慮所聞，避免遺漏，故以重要節目爲經，音樂爲緯．則聽衆於娛樂審美之中，獲貫輸智識之益．除間以黨歌，總理演講，及各種歌劇唱片，於普通節目外，並宜敦請名家，常時演奏樂府新聲，庶足以引起一般醉心音樂者之同情．惟我國樂章，古者調高和寡，而晚近又乏佳品，殊鮮藝術之價值！至於外國音樂，未合國情，難於徧曉．以致民衆對於享受音樂，尙無良好標準．嗣後宜聘中西音樂專家多人，時時演奏我國固有名曲，或審合國情，另編新調，以饗聽衆．庶廣播全國，收效偉大，非僅供民衆之娛樂已也．惟目下本京絕少音樂團體，羅致爲艱．而音樂節目，格外重要．似宜向電話局租用京滬長途線一二對，另設一發音室於上海，因上海爲商業中心，音樂專家，人才甚多．而外國音樂家之旅行暫駐者，往往不絕．隨時延請演奏，庶可饜聽衆之望．

五、徵費問題之研究

歐洲日本廣播電台，大都爲政府特設機關，並不以謀利爲目的．然一台之設，爲費甚鉅．而經常開支，尤屬不貲．故對收音機用戶，常有給發執照，徵收年費之舉．並對于販買外國無線電機械之商店，或本國製造廠家，征收營業特稅．其在人民方面擔負輕微，獲益無窮．而電台方面，積少成多，補充開支之餘，又能擴充工程，發展事業，轉爲人民謀利益，其關係蓋至密切．他若美國電台，多爲商人所組織，對於聽衆雖不徵費，而廣告費一項，收入頗鉅．至於收費多寡，以及徵收手續，恆視電台規模之大小，及聽衆之多寡，節目之繁簡，人民之信仰而定．我國平津遼哈等地，亦已徵收聽戶月費．惟所訂規則，尚未經政府明文頒佈，恐難完全遵守．

本台開始播音時，亦有以徵費藉資挹注建議者，惟宗旨不同，環境互異，商店廣告，既非所宜，聽戶年費，更有暫時不宜征收之原因：

1.本台致力於黨國宣傳，其餘節目分配，不能於娛樂方面，爲過量之迎合。

2.一般民衆，尚乏收音常識，每抱懷疑態度．裝礦石機者，嫌聲響不足以饗羣客．裝眞空管機者，則以價格太貴。且裝機者，大都志在享受，不能稍求其原理。偶告損壞，束手不能自修。

維是電力擴充，音波遠達，節目增加，亦可酌量各縣市情形需要，規定一種辦法，由各市縣政府，每年擔任數十元或一二百元，事屬輕而易舉，同時對於外國輸入材料，酌量加收特稅，以維持全台之經常費減輕國庫之負擔，亦未始非計。一俟裝戶發達，民衆踴躍歡迎，再行妥擬直接徵收聽戶年費之辦法可也。

六、無線電播音網之提倡

無線電播音網者，爲各地分建電台，一處發音，各台轉播，聲氣聯絡，有如蛛網。其利有二：一則播音節目，不限於就地取材。內地各處，亦便於選擇轉播，各適需要，調劑枯寂。二則聽衆享受，不爲區域所限。雖以簡小之收音機，亦得時聆千里外之重要節目。歐美行之有效，其轉播辦法，約有兩種：一則利用專線，互通各台；劃全國電台分區成線，平時同在一線之電台，按照定時，交換節目。凡值國家大典，或重大會議，全國各線，更復聯絡。俾使窮鄉僻壤，咸能聞悉。惟歐美長途電話，本甚普遍。租用專綫，尚屬便利。若以我國幅員之大，另建專綫，以及免除變調，放大音度種種設備。其創設及經常各費之鉅，概可想見。似爲目前事實所不可能。二爲收受別台播音，重行播發。惟無綫電遠距離收音，普通所感之天電雜聲，及音調衰落等問題，正待深刻之研究，與完滿之解決。欲求任何時間，在中波電台，相互轉播，均能清晰，而無間斷，則目下尚少確實之把握。至於歐美之越洋廣播電話，現僅利用短波，蓋其感受天電擾雜，爲害尚小，雖音調之衰落，甚爲劇烈，而防免之法，在利用定向天綫，及巨大之收音設備，仍藉中波台爲之轉發，將來我國轉播辦法，當從第二種入手，或另建短波台，專爲別台轉播之用，或就中波機件，加以研試，俟各地電台，陸續興建，再以中央電台爲幹，省市電台爲枝，規定辦法，呈准中央，一體施行，以收唱和呼應之効，始爲最後成功！

廣播無綫電話宣傳之重要

陸以瀅

宣傳之重要，　總理言之綦詳．革命成功之遲速，胥視宣傳工作之緊張弛懈而定；當玆統一告成，訓政肇始，凡百建設，胥資羣力。必使億兆民衆，咸明主義，則政策自易推行．惟我國幅員廣闊，文化懸殊；環境不同，風俗互異；普及宣傳，良非易事！若僅賴文字一途，則既不能及於大多數不識字之民衆，而編撰印發，手續周折，事過境遷，每遭漠視．且或互相引用，一再解釋，偶乖本旨，轉惑聽聞．由是言之，宣傳品印刷雖多，流行雖廣，收効之多寡，正未易知也．至於報紙宣傳，本屬文字宣傳之一種．惟其傳達較廣，興味較濃；於時事商情，瑣聞雜俎之間，寓以宣傳之旨，自易引人入勝，惟不識字者，不能讀報，且背景或各不同，言論龐雜，各執一是，亦不能盡利而無弊．其他圖畫宣傳，最易醒目；戲劇宣傳，最易感化；惟前者僅示要旨，不能詳明；後者局於地域，觀者有限．他若集會演講，唇舌宣傳，力竭聲嘶，效僅尋丈，嘵音瘏口，聽者無多．有職業工作者，既乏暇晷，居僻壤窮鄉者，亦難到會，今欲求一傳遞敏捷灌輸普及興味濃深之宣傳方法，其惟廣播無線電話而已．蓋廣播電話者，一室發音，萬方環聽．無論通都大邑，海澨山陬，祇須裝有收音機件，收聽演講報告，語調既不改其激昂，而電學運用之靈奇，更可促聽者之注意．傳佈確實消息，以止訛言；報告國際情勢，以明利害．喻以運動方針，以正步趨；曉以主義眞諦，以別邪正．擧凡大典集會，名人演講，方畧政策之解釋，政令黨務之傳達；如宣傳要點，宣傳大綱，標語口號，訓練方案等項，有迅速頒發普遍宣傳之必要者，祇須一人啓口，經電波播發，無異萬千脣舌，同時大聲疾呼！復由各處收音負責者，分頭紀錄，立時發佈，則旁聽者固已心領神會，雅俗共喻，未聞者亦可閱覽紀錄，互相傳述．既無遠近先後之別，復無遲緩失效之病．較之電報僅達都邑，郵線不及村里，翻譯遞轉，箇別投送，實屬事簡功速．而反動思想之言論，亦莫由羼入，可以統一宣傳，納民軌物，此廣播無線電宣傳之重要一也．至於領導民衆，研究學術，貫輸新知，滌蕩舊染，啓發智能，破除迷信，使於道德、衛生、政治、法律、歷史、地理、科學、文藝、以及公民應具之常識，社會進行之步驟，朝夕俱聞，漸知梗概，可以輔助自治之進行，憲政之籌備，此廣播無線電話宣傳之重要二也．樂爲人生需要之一，晚近歌場舞榭，競尚浮華．酒社茶樓，喧鬧爭逐．下至娼寮、煙館、賭窟，以及賽狗場，鬥鳥處，種種不正當娛樂，均足使人志趣墮落，身體損傷，習俗相染，國風以靡！今以高尚音樂，清雅歌劇，愛國勵志，闡揚主義之辭曲，播之各地，使社會人士工作之餘，開機靜聽，可以陶冶性情，滌除煩慮，此廣播無線電話宣傳之重要三也．他如預報氣象，可使從事農、林、漁、航諸業者，知所預備；報告國內外市場狀況，可使從事貿易者，知悉各地商情．

誘起青年智識慾，使識自然科學之妙用．提倡國語，協助言語統一之進行．凡此諸端，其重要亦不亞於前述三項也．歐美各國，電台如網，電力至大．收音機之裝置，幾於三家有二！此後日漸研進，効用無窮．東亞各國，亦羣起直追，製機建台，惟日不足，惟我國現僅有本台，及遼哈平津浙粵，寥寥數台．電力既多微弱，音波自難遠被．當茲舉國望治，百業待興，此費省工簡之利器，誠爲急應舉辦之要務．中央有鑒於此，業經通過擴充本台電力爲五十啟羅瓦特，正在積極籌備，努力進行中、至若建築裝置管理之如何進行，自製收音機，規劃廣播播音電網，添建廣播分台之如何着手，與夫訓練人才，專心研究，制訂法律，避免衝突，以及播音節目之規定，放送時間之分配，報告材料之搜集，收音所得之利用．國內宣傳，須合各地需要；國際宣傳，冀博世界同情．經緯萬端，非茲篇所能罄盡．要在集思廣益，取精用宏．按照時勢國情，隨時悉心籌議，逐漸推行．完成廣播無線電話之重要使命，以收宣傳普及之功．大同進化，庶幾有豸！

氣候與無綫電收音之關係

蔣德彰

氣候之變化，足以影響及無線電收音者，計有三類．即：(一)天電喧擾(二)電訊衰落(三)電訊强度之變化是也．此三者原因既異，而變化亦各不相同，茲分別論之於左：

(一) 天電喧擾

天電喧擾，實爲現今無線電學中一極大問題．收音之清晰與否！即以電訊與天電之孰爲强弱．相比爲斷．其騷擾之情狀，可別爲三類：(a)極强銳之響聲．此種喧擾次數極少，故於收音尚無大礙．(b)繼續不斷之水濺聲．此種天電，每發生於天線附近，聚有黑雲之時．惟喧擾程度，尚不劇烈，(c)連續之爆裂聲．此種喧擾，最足妨礙收音，當猛烈時，可使收音完全停止．此三種天電喧擾之强度變化無定，惟照多年之試驗．可得下列數項統計：

1.以時令論．天電在夏季最爲猛烈，在冬季最弱．

2.以晝夜論．晨間喧擾最少，夜間最强，惟夜間電訊增强，故夜間收音或較日間收音爲佳．

3.以陰晴論．雷雨之時，天電較平時爲多．

4.以波長論．電波愈長，天電愈多．

（五）以地方論．熱帶較溫寒二帶爲多．

關於避免天電之法，除「定向天線」「地下天線」或選擇性極高之電路外，其他方法，多無成効．至於天電之來源，雖從事於此項研究者頗不乏人，現尚未能完全明瞭．簡言之，天電與空氣中之「伊洪」作用，當有密切關係，所謂伊洪作用者，卽中和性之空氣分裂而帶有正負電量．此種帶電氣塊，遇有機會卽起放電作用，（見第一圖）而造成極猛烈之騷擾．有時正負電量愈聚愈多，至電壓升至數百萬伏而次遂得擊破空氣，造成雷擊．而附近一帶之收音機，均將受其喧擾．此種電擊．據精密統計，全世界每分鐘間，均有一千五百次之多，其影響之大，蓋可想見矣

第一圖

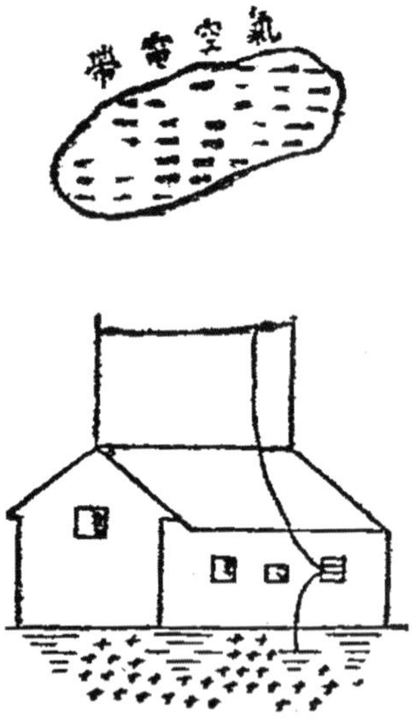

帶電空氣

第二圖

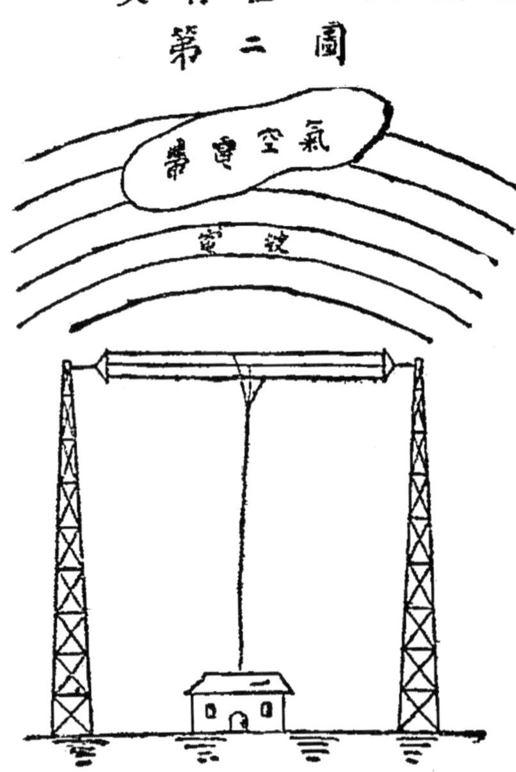

（二）電訊衰落

所謂電訊衰落者，即當收音之際，音訊時有高低，大都收聽一百英哩以外遠距離播音，電波長度在三百公尺以下者，迄易遇此衰落現象．其音弱時間，約在一秒至一分之間，其原因固與帶電之流動空氣有關，(如第二圖)，設有負電空氣一方，位於發電天線之上，則射出之電波，即受其影響，而遠處收音，音調驟弱，迨此帶電空氣一過，續發音訊，即恢復原有强度．而複雜變化，非言可罄！眞相如何？正待進一步之研究，以確斷之．

(三)　電訊强度之變化

電波自天線射出後，每限於高約四五十英里之空間氣層內進行，此氣層在日間每起「伊洪」作用，而使電訊强度銳減．至夜間「伊洪」作用大減，電訊轉强．此種變化有一種循環性，一晝夜間適成一週．(第三圖)而一年之內，又成爲一大週．(第四圖)夏季之間．電訊較弱一入冬季，電訊即可增强數倍矣．

第三圖

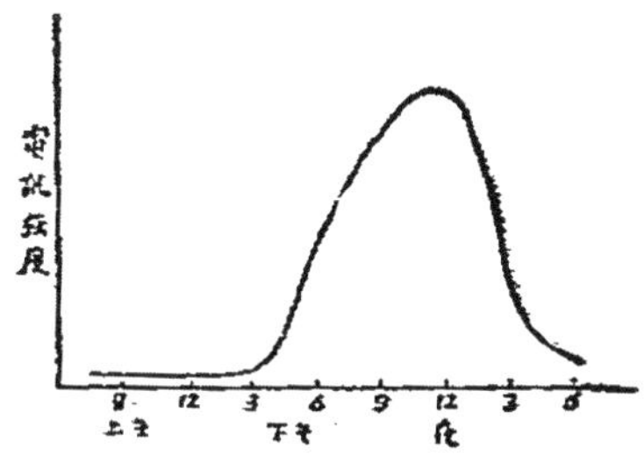

第四圖

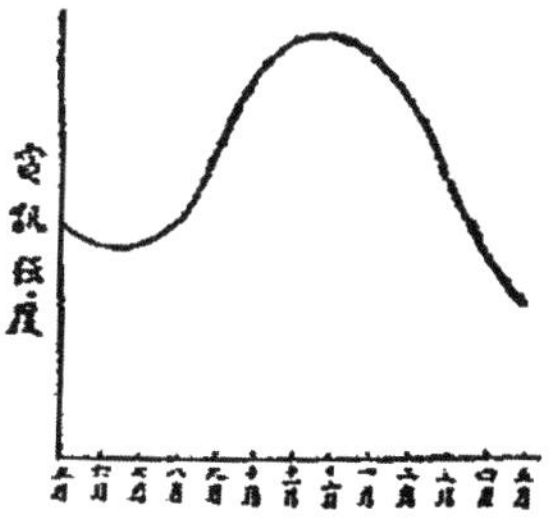

結論

電波自天線射出，經反射折射等作用而達收音天線，其傳達之經過，複雜異常．如據最近試驗，以五瓦特電工率之輸出，用一百公尺以內之波長，竟可造成橫越大西洋之電報通信。又如美國廣播台播音，雖遠在日本，南非洲，紐紛蘭等處，相隔有八九千英里之遙，亦有聆及之機會。凡此種種，均足證明吾人對於電波之傳達，尙乏確實完全之明瞭，現在各國學者，均集中精力於電波傳達之研究，如能於此有重要發明，則無線電交通，或可闢一新紀元矣。

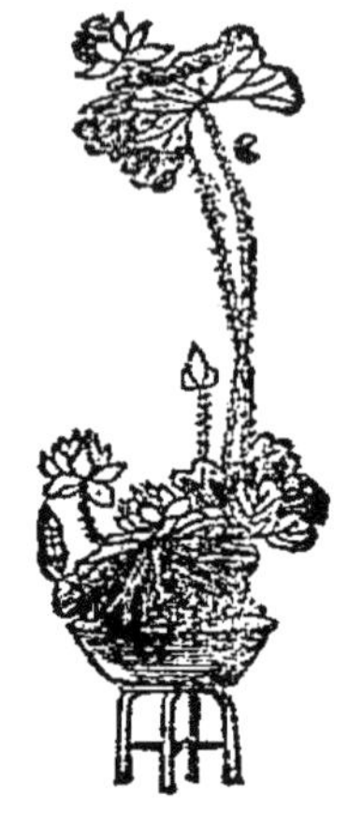

擇譯第一次無綫電越洋通訊試驗成功二十八週紀念時馬可尼氏之演辭

按馬氏督于一九零一年十二月十二日試驗橫越大西洋之無綫電通訊第一次成功今年同月同日二十八週紀念時馬氏在英倫由短波播發演辭當時美國各台利用轉播者達四十八台一時稱盛此爲美國第六次轉播外國播音之試驗成功

今以英美兩國播音公司之厚意使予得藉此回溯二十八年前同日同時第一次試驗橫越大西洋無綫電收發之成功以告于美國諸君子之前深爲欣幸當最初試驗期間余嘗堅信陸地遠距離按時通訊必能成功而橫越大西洋之無綫電報亦屬可能故最應努力者卽爲證明電波掠過大西洋之可能與對方之收報其時電力最大之電台卽在英倫 Poldhu 專爲此項試驗而設其天綫組織爲特製之二十根二百係英尺之高桿排列圓形以架持之除另一同式電台建于美國麻省 Massachusettes 之 Cape Cod 外一九零一年秋英倫電台天綫各桿將次告成忽遭颶風吹倒全功毁棄旋卽決定先從較簡之天綫入手將包含六十根垂直而平行之天綫繫于一纜而橫架于兩根一百柒拾英尺高桿之間裝成後又因美境颶風麻省電台之天綫組織又告損壞

當時雖受挫折仍決定在新芬蘭 Newfoundland 舉行試驗擬用氣球或紙鳶以扶持天綫

是年十一月二十六日予自利物浦偕助手 Kemp 與 Paget 兩君出發赴美十二月六日抵新芬蘭未開始工作先訪總督 Sir Cavendish Boyle 與內閣總理 Sir Robert Bond 及政府各委員彼等均允予以極誠懇之合作以利工程上之便利隨卽察勘地位揀定俯視軍港之 Signal 山其巔有小平原一最合于飛放氣球或紙鳶之用其中最高處有 Cabot 紀念塔旁爲一[illegible]舊之營房卽于此裝置收受機件以備偉大試驗

越三日遂從事于 Signal 山之工作翌日試飛六百尺天綫之紙鳶及繫纜之氣球結果以紙鳶較爲可用乃決以之爲粗劣試驗（未完接後）

專載

三極真空管用作放大器

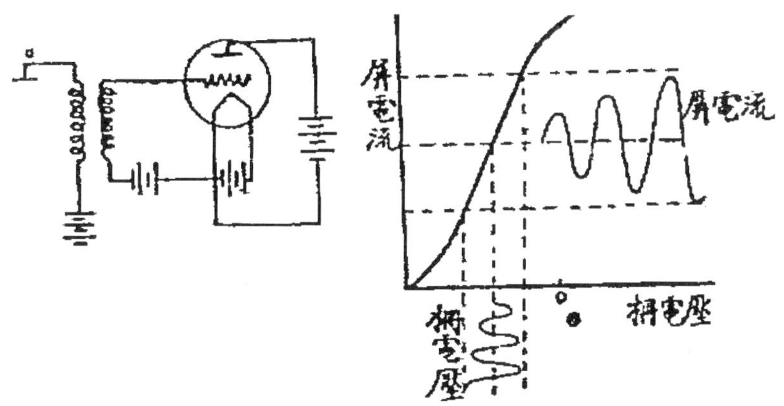

說明

三極真空管用作放大器時將C电池電壓調整至屏柵特性曲綫之直綫部份當外来電壓作用於柵極時則屏電流随同变化惟真空管屏電流之變動常較柵極為大故有放大作用此種放大器外来交流電壓作用於柵極不可過大以免越過直綫部份而引起失真(distortion)

專載

設立中央廣播無綫電台計劃書（十七年七月十二日中央宣傳部提出經第一五五次常務會議通過）

理由　近自科學昌明，電訊交通，益臻完美，而尤以無綫電話爲宣傳利器．只須一按機鍵，電訊即越山過海，滿佈全球．歐美列邦用之以傳遞商情，發佈新聞者比比．屬部爲本黨宣傳工作最高機關，對於材料，固須豐富；所用方法，尤貴敏捷！方能一全國人民之意志，並使其腦海中．時時有中央二字之存在．爲特建議籌設廣播無線電台，以利進行．茲將工程計劃，經費預算組織系統等，詳述如下：

工程設備及計劃　電台設備，共分發音室、增音室、播音台三部，茲分述大概如下：

1. 發音室　發音室四壁懸掛絨縵，地上敷設地毯，屋頂天花板，亦張絨幕，總以力避回聲，不變音浪爲目的．室內置留音機及鋼琴等．並設傳音機一具，發音者對此講話，即經增音室播音台而遠及全國

2. 增音室　增音室內置二級放大話音機及整流充電器等件，有線通自本市電廠，以備充電．倘別處（國民政府省黨部省政府等）亦須播音，則外來之線，必先接至該室．另

有機鈕通接播音台，直接發出．此外尙有收音機一座，隨時可聽本台所發節目，而研究發音之淸濁，以圖改善．

3.播音台　播音台主要部分，可別之爲內外二部．內部爲五百瓦特廣播電話機．二級放大話音機，馬達發電機．引擎發電機，電瓶等．外部則爲天線鋼塔兩座，各高一百四十英尺，相距一百五十英尺，地線桿五根，

電台電力爲五百瓦特，（因上海開洛公司存貨以此機爲最大）電波長度，則自二百五十至三百五十公尺，至於播音時所用之波長，須擇不爲別台所騷擾者用之．收音距離，雖比例于電台之大小，而收音機及天地線之裝法與性質，影響亦甚大．故電台通話區域，能及距離遼遠之邊塞諸省與否？須俟裝就詳加試驗後再定，但可製特種收音機以應付之．電台落成後，各省黨政機關，均須裝設收音機，以資呼應．至於收音機之裝配，管理員之訓練，當另行規定．

經費預算　可分開辦費及經常費二種，

（甲）開辦費

1.機械全部，（天線鋼塔及地線等都在內）約銀三萬元．

2.播音台發電機房屋一所，約銀一千六百元．

3.發音室布置，（大號留音機一具，唱片二百張，絲絨壁縵，羊毛地毯，沙發三只，柚木圓桌一張，椅五只，几四只，）約銀一千六百元．

4.增音室木器，（寫字台一張，半桌靠背椅等，）約銀四十元．

5.播音台木器，（寫字台一張，直背椅四只，半桌二張，方几四張．）約銀五十元．

6.播音台四週，佈置鉄絲網等，約銀三百元．

7.籌備期內，職員生活費，及招待交際等費，約銀四百五十元．（以三月爲期．主任不支薪．）

以上七項，共約銀三萬四千零四十元．

（乙）每月經常費

1.引擎燃料，（每日充電四小時．每時耗燃料費一元半．連機器油在內、）約銀一百八十元．

2.修理費，（發電燈泡．價值極昂．且易損壞．故以全台經費三萬元之百分之二計算．）約銀六百元．

3.職員生活費，共銀七百五十五元．

4.交際費，（接洽節目車資．招待來賓播音等．）約一百五十元．

5.電話費，充電費，（增音室內電瓶須由市廠充電）約二十元。

6.雜項，（茶水郵費紙墨等）約三十元。

以上六項共約銀一千七百三十五元

中央廣播無線電台組織系統圖

中國國民黨中央執行委員會

廣播電台 主任

正副技師

報告員　正副管機員　事務員

工友　機匠　工友

附中英文合同各一份

訂購五百瓦特廣播無線電機合同

中華民國十七年，即西歷一千九百二十八年三月十四日，上海美商開洛公司，（此爲賣方）與上海無線電機製造廠，（此爲買方係代表中央黨部廣播無線電台），爲購五百瓦特廣播無線電機事，兩方協議訂立合同如次：

第一節　廣播無綫電機機件項目

第一項　發射機

五百瓦特開洛廣播無綫電發射機（Kellogg KB 204-4 500 watt Radio Tolephone Transmitter）一具，線路爲哈脫萊哈姆司屈倫式，（Hartley-Armstrong Circuit）所有發射機機件一列裝置石綿石板木架上，振盪器用合組二〇四號二百五十瓦特眞空管二具，調幅器用合組八五一號一千瓦特眞空管一具，石板上裝置下列電表：

振盪器屏路孚安培表　二只，

柵路孚安培表　一只，

調幅器屏路孚安培表　二只，

燈絲電壓表　一只，

發射機所包括各項附件要目如次：

1.電力石板(裝置於鉄架上)一具，配裝下列機件；

二千五百伏爾次標準公司電壓表 一只，

十五伏爾次電壓表 一只，

二安培電流表 一只，

屏路開關 一把，

燈絲開關 一把，

自動馬達開動器 一具，

二千伏爾次發電機磁場變阻器 一具，

十四伏爾次發電機磁場變阻器 一具；

2.合組二〇四號二百五十瓦特眞空管 二具，

合組八五一號一千瓦特眞空管 一具；

3.濾波器 一具；

4.三聯馬達發電機（一百十伏爾次直流馬達，二千瓦特二千伏爾次發電機七百瓦特十四伏爾次發電機） 一具。

第二項　播音台二次放大機

開洛二次放大機 (Kellogg KB 204 Speech Input Amplifier) 一具，與電話綫合用。

計推挽放大器一級，裝置於鐵架上，其所包各項機件，要目如次：

屏路孶安培表　二只，

電話綫綫路孶安培表　一只，

高壓電池電壓表　一只，

低壓電池電壓表　一只，

高壓電池充電線路孶安培表　一只，

燈絲線路電流表　一只，

高壓電池充供雙極雙向開關　一把，

燈絲電池充供雙極雙向開關　一把，

高壓電池充電用電動發電機磁場變阻器　一具，

附件

惠勒四十八伏爾次六千孶安培小時蓄電池　七只，

惠勒八伏爾次一百四十安培小時蓄電池　一只，

合組二百十號七、五瓦特眞空管 二只，

電動發電機(一百十伏爾次直流馬達，五百伏爾次一百五十瓦特發電機) 一具，

第三項 增音室一次放大機

開洛一次放大機(Kellogg 200-3 Studio-type Line Amplifier)1具，計成音週率放大器二級，裝置於鐵架上，其所包各項機件要目如次：

傳話器線路毫安培表 一只，

電話線線路毫安培表 一只，

屏路毫安培表 三只，

高壓電池電壓表 一只，

低壓電池電壓表 一只，

八伏爾次燈絲電池充電器 一具，

三百五十伏爾次高壓電池充電器 一具，

附件

惠勒四十八伏爾次六千毫安培小時蓄電池 七只，

惠勒八伏爾次一百四十安培小時蓄電池 一只，

合組二百十號七、五瓦特眞空管　三只，

合組二百十六號整流眞空管　四只，

第四項　傳話器

開洛廣播傳話器（Kellogg Broadcasting Microphone）一具，連座一只，三線引長線二十尺，

第五項　電話機件

開洛十門電話石板(Telephone Ten Lins Switching Panel) 1 具，磁電式桌上電話機二具，

第六項　重要備貨

合組八五一號一千瓦特眞空管　一具，

合組二〇四號二百五十瓦特眞空管　二具，

合組二一〇號七、五瓦特眞空管　四只，

合組二一六號整流眞空管　二只，

發射機柵漏　二只，

馬達發電機炭精刷　一套，

第七項　引擎發電設備

三、五啓羅瓦特汽油引擎發電機　一具，

充電石板　一具，

惠勒一百十伏爾次二百安培小時蓄電池　一套，

第八項　天線鐵塔

一百四十尺密立根廠鐵塔 (140 ft. Milliken Self-supporting Steel Tower) 二座，

天線及滑車起重機等附件　一套，

地網　一套，

第九項　圖樣說明

裝置鐵塔及機件圖樣說明　全套，

第二節　工程

賣方願派無線電工程師一位，會同買方，擇定播音台相當地點，賣方並願派工程師一位，於裝置電台時，管理裝置機件及天線地網事宜；但機匠小工由買方供給之，鐵塔及機件底脚由買方自行裝置。

第三節　付款辦法

買方應收第一節所訂無線電機上海交貨價目，及第二節所訂之工程費，共上海關銀一萬九千兩，按照下項辦法，分期付給賣方．

簽訂合同時，應付上海關銀五千兩．

一百四十尺密立根廠鐵塔（第一節第八項）交貨時應付上海關銀二千兩，

第一節所訂各項無線電機全部交貨時，應付上海關銀一萬二千兩．

買方應付之上海關銀一萬九千兩，願於合同簽訂後九十日內付清；如九十日內不能付清，賣方得取消本合同，並保留損失費上海關銀五千兩，

第四節　交貨

本合同所訂機件，應於第三節所訂定付款後一日內在上海交貨，

第五節　擔保

賣方擔保此項機件，確爲完善之五百瓦特廣播無線電機，調幅各種演講音樂，均有優良音調；買方無線電工程師，應會同賣方，試驗關於音調及音量之是否完善．

本合同雙方各留一份，所訂各節，均應遵守．

茲特證明兩方已將本合同於上述月日訂立並施行．

美商開洛公司代表

上海無線電機製造廠廠長

證人

證人

民國十七年三月十四日

英文合同見後

AGREEMENT made and entered into this Fourteenth day of March Nineteen Hundred and Twenty-eight, by and between the Kellogg Switchboard and Supply Company of Shanghai, China, hereinafter called the Kellogg Company, and the Chinese Government Radio Works of Shanghai, hereinafter called the Purchaser.

ARTICLE No. 1

The Kellogg Company agrees to sell to the Purchaser, and the Purchaser agrees to buy from the Kellogg Company:-

ITEM 1: 1 - Kellogg KB-204-4, 500 watt Radio Telephone Transmitter consisting of a Transmitting unit with all transmitting parts housed in a substantial wood frame with asbestos wood panel. A Kellogg modification of the Hartley-Armstrong circuit is employed. The oscillator consists of two Radiotron UV-201-A 250 watt tubes, and the modulator one Radiotron UV-851 1000 watt tube. The following instruments are mounted on the Transmitting panel:-

2 - Milliammeters, one in plate circuit of each oscillator tube;

1 - Milliammeter in grid circuit;

2 - Milliammeters for modulator tubes;

1 - Voltmeter for filament circuit.

The Transmitter to be supplied with the following additional units and accessories:-

(a) 1 - Power Panel mounted on an angle iron frame with the following instruments and equipment:-

1 - Weston voltmeter, scale 0-2500 (for reading plate supply);

1 - Voltmeter, scale 0-15 (for reading filament supply);

1 - Ammeter, scale 0-2;

1 - Switch for controlling plate supply;

1 - Switch for controlling filament supply;

1 - Automatic remote control starter;
1 - Field rheostat for 2000 volt generator;
1 - Field rheostat for 14 volt generator.

(b) 2 - Radiotron UV-204-A, 250 watt Power tubes;
1 - Radiotron UV-851, 1000 watt Power tube.

(c) 1 - Filter.

(d) 1 - ESCO Motor Generator set, motor 110 volts D. C., generator 2000 watts, 2000 volts, 700 watts, 14 volts.

ITEM 2: 1 - Kellogg KB-204 Speech Input Amplifier for Operation in connection with telephone line, consisting of a power type push-pull audio-frequency amplifier, mounted on an angle iron frame with the following instruments, equipment and accessories:-

2 - Milliammeters, one in plate circuit of each tube;
1 - Milliammeter in line circuit;
1 - Voltmeter for high tension battery;
1 - Voltmeter for low tension battery;
1 - Milliammeter in high tension battery charging circuit;
1 - Ammeter in filament battery circuit;
1 - D. P. D. T. switch for charging and discharging high tension battery;
1 - D. P. D. T. switch for charging filament battery;
1 - Field Rheostat for high tension motor generator battery charging set.

Accessories:

7 - Willard 48 volt, 6000 milliampere hour storage batteries;
1 - Willard 8 volt, 140 ampere hour storage battery;
2 - Radiotron UX-210, 7.5 watt tubes;
1 - Motor Generator set, motor 110 volts D. C., Generator 500 volts, 150 watts.

ITEM 3: 1 - Kellogg KB-210-3 Studio Type line Amplifier consisting of a two stage power type audio-frequency amplifier mounted on an angle iron frame with the following instruments, equipment and accessories:

1 - Milliammeter in microphone circuit;

1 - Milliammeter in line circuit;

3 - Milliammeters, one in plate circuit of each tube;

1 - Voltmeter for high tension battery;

1 - Voltmeter for low tension battery;

1 - Rectifier for charging 8 volt filament battery;

1 - Rectifier for charging 350 volt high tension battery.

Accessories:

7 - Willard 48 volt, 6000 milliampere hour storage batteries;

1 - Willard 8 volt, 140 ampere hour storage battery;

3 - Radiotron UX-210, 7.5 watt tubes;

4 - Rectron UX-216-B rectifier tubes.

ITEM 4: 1 - Kellogg Broadcasting Microphone with stand, and twenty feet, three conductor Microphone cord.

ITEM 5: 1 - Telephone ten line switching panel with magneto desk telephone:

1 - Magneto desk telephone for transmitting station.

ITEM 6: SPARE PARTS.

1 - Radiotron UV-851, 1000 watt tube;

2 - Radiotron UV-204-A, 250 watt tubes;

4 - Radiotron UX-210, 7.5 watt tubes;

2 - Rectron UX-216-B rectifier tubes;

2 - Transmitting Grid Leaks;

1 - Set brushes for motor generator set.

ITEM 7: POWER PLANT.

1 - Fuller and Johnson No. 35, 3-1/2 k. w. gasoline generator and charging set;

1 - Fuller and Johnson switchboard with charging panel, field rheostat and electric starting panel;

1 - set, 56 cells, Willard EPG-11, 200 ampere hour, 110 volt storage battery.

ITEM 8: 2 - 140 foot Milliken self-supporting Steel Towers, with winches, steel rope, pulleys, spreaders, antenna and counterpoise equipment.

ITEM 9: Plans and specifications for erecting the steel masts and installing the equipment.

ARTICLE No. 2

ENGINEERING SERVICE: The Kellogg Company agrees to send a competent engineer to Nanking to assist the Government engineers in selecting a suitable site for the broadcasting station. The Kellogg Company further agrees to send a competent engineer to Nanking to supervise the installation of the equipment and the erection of the antenna and counterpoise. It is understood and agreed that the Purchaser will erect the steel masts and foundations for same without any assistance whatever from the Kellogg Company, and further that the Purchaser will supply all of the skilled and unskilled labor necessary for installing the equipment.

ARTICLE No 3

PAYMENT: The Purchaser agrees to pay to the Kellogg Company for the equipment and materials ex godown Shanghai as specified under Article No. 1, and for the engineering service as specified under Article No. 2; the sum of:

Shanghai Taels 19,000.00 (Taels Nineteen Thousand) in the following manner:-

Shanghai Taels 5,000.00 (Taels Five Thousand) on the date of signing this agreement;

Shanghai Taels 2,000.00 (Taels Two Thousand) on delivery of the two 140 Milliken steel Towers Item 8 (Article No. 1);

Shanghai Taels 12,000.00 (Taels Twelve Thousand) on delivery of all of the additional apparatus as specified under Article No. 1.

The Purchaser agrees to pay the full sum of Shanghai Taels Ninteen Thousand (Taels 19,000.00) within ninety days after the date of this contract. In the event that the Purchaser fails to make payment in full within ninety days the Kellogg Company reserves the right to cancel this agreement and to retain as liquidated damages the sum of Taels 5000.00.

ARTICLE No. 4

DELIVERY: The Kellogg Company agrees to deliver to the Purchaser in Shanghai, all of the apparatus and material covered by this agreement within one day after payments are made, as specified under Article No. 3.

ARTICLE No. 5

GUARANTEE: The Kellogg Company guarantees that the apparatus supplied under this agreement will operate satisfactorily as a 500 watt Radio Telephone Broadcasting Transmitter, and that the modulation will be of fine quality for all frequencies of speech and music. Tests shall be made as to quality and volume by competent engineers of the Purchaser in co-operation with the Kellogg Company's engineers.

There are no understandings or agreements not expressed herein, and nothing is included that is not expressly mentioned. This agreement is to be executed in duplicate and the Purchaser and the Kellogg Company are each to retain one copy.

IN WITNESS WHEREOF the parties hereto have duly signed this instrument and affixed their respective seals hereto this Fourteenth day of March, 1928.

WITNESSES KELLOGG SWITCHBOARD & SUPPLY CO.

.... By..

Attorney.

....

PURCHASER

....

擴充中央廣播無線電台計劃

十八年二月十八日戴季陶陳果夫葉楚傖三委員提經中央第一九八次常會通過

理由

提要 (1)無綫電播音所達區域之遠近胥視電力之大小以分

(2)職台現在電力僅五百瓦特較歐美電台電力有五十啓羅瓦特者不啻百一

(3)爲領導全國之計宜使播音漫布四境冬夏晝夜一律清晰至少須擴充電力至十啓羅瓦特

(4)經費約四十萬元

(5)同時可供國省政府各機關播發政令

時會休明，萬端待理；訓導國民，誠當今急務！宣傳黨義，尤根本要圖，惟廣土衆民，意志難一；交通梗阻，文化懸殊，當茲時代落伍，宜有統一宣傳之計劃，廣大敏捷之實施；樹普及教育之先聲，謀提高國際地位之基礎。則無線電話之越山邁海，費簡效宏，洵屬宣傳利器。此職台所以應時勢之要求，作初步之軔創。惟應五中急需，僅選滬上現貨，經費固省，電力僅五百瓦特。開幕以來，節經努力；迭更波長，以期適合，並於收音方面，種種改進，及自製天線調整器，頒發各地收音員應用。較遠之處，如湘贛津豫，均能收音清晰，錄登報紙．平粤二處，亦能於夜間聽錄，是成績業已漸著！惟無綫電話，固屬繁盛區域所必需，尤僻遠邊疆所切要．職台爲中央惟一播音機關，非各省自設播音台祇須播發一省之政令新聞於百餘縣者可比．必須高瞻遠矚，精詳規劃；爲宏大久遠之謀，作領道全國之計．務使遐邇清晰，日夜明瞭，俾達上述目的．然無線電話音波所達區域之遠近，及音調之清晰模糊，胥視播音台電力大小以分．至收音方面之裝置，電波長度之選擇，暨射程與時令之關係，不過一部分原因而已．職台電力既僅五百瓦特，以視歐美各國播音台電力有五十基羅瓦特者，固屬望塵莫及！卽較之日本及朝鮮之電台電力十基羅瓦特，印度電台電力五基羅瓦特者，亦屬相差懸殊．外觀大勢，內察國情；宜將職台改爲十基羅瓦特中波播音機，則中樞播音，萬方環聽；此發彼至，不啻面聆；一字一句，咸能鈔錄，舉凡闡揚黨義，發佈政令，及紀念週，集會演講，宣誓等項，恍如集全國人民於一堂．從此三民五權之精義，建國興業之宏規；自能家喻戶曉，朝令夕行；工作一致，效果宏偉！而况添置活動增音機，接通專線，則發音地點，隨時可以移動。是職台之擴充，不獨黨之所必需，而亦國省政府，及其他機關所不可或少也．至於經費綜計，不過四十萬元左右，尙不及一省一市，舉辦一二項建設事業之經費．較之國家其他各種建設，尤屬渺小．而收効之普速，則非任何事業所可比擬！茲將計劃略述於下，俟批准實行時，再爲精密之擬定．

機件說明

提要 (1)另購十啓羅瓦特中波廣播機及百匹馬力柴油引擎發電機各一座

(2)另備傳話器及活動增音機通專線至國民政府以便隨時移往備直接播發政令之用

擴充計劃，可分爲二部份：(甲)另購十啓羅瓦特中波無線電話廣播機，並擇相當地址，另建播音台，將現在電機，轉售任何省政府應用．(乙)另添活動增音機二座，茲特分別說明於下：

(甲)另購十啓羅瓦特中波播音機，現有之機轉讓其他省政府．

按遠東各國，如蘇俄日本朝鮮印度，均設有十啓羅瓦特以上之電台．美國電台，又多至數百中有電力大至五十啓羅瓦特以上者．我國幅員廣大，再四權衡，至少須擴充至十啓羅瓦特以上之電力，所播之音．方能晝夜冬夏漫布全國，邊隅僻壤無遠勿屆．所需機件，約分發音播音兩部：

一、發音部

發音室置傳話器一只或三四只，視播發節目性質而定．該器性質，完全與普通有線電話之講話機相同，所發聲浪，藉電流由電綫通至增音室之放大機，該機中裝有自動控制機，凡音樂聲調之過高，或發音者與傳話器距離過近時，該器可以自動調整

·並有接通播音台之專線，以及附屬機件，如電瓶馬達發電機等·凡值發音，祇須按動機鍵，各種機件自動接通·

二、播音部

發音部來線經第二次放大機，再至調幅機而達發射機，發射機包含振盪機一級·及放大機二級至七八級不等·以收電波準確，損失減少之効。中間接入調幅機座，使電波波幅隨音浪而調整，庶收音者所得之音，乃與原音絲毫無異·另有音浪攷量表，可量發音高下·及合度與否？本機波長·自二百至五百五十米達，可隨意選用·天線鐵塔約高三百餘尺，天線長短，視所用波長而定，餘如電瓶馬達發電機·以及整流器等，所耗電流，至少須五六十基羅瓦特·除本京電廠日間或可供電外，尙須自備百匹馬力柴油引擎發電機一座，以備不時之虞·此外須有清水池等設備，因本機所用眞空管，大半用冷水繞流，以免受熱過度，致遭損壞·

全部機件，均採用自動開關，凡值開機播音，祇須將應接機鍵依次按捺·立時便可播發。

(乙)攷職台擴充之意，本擬同時供給國民政府·省政府·或其他機關播發政令，傳遞消息之用，必須按時到台，諸多不便，則活動增音機自不可少·該機包含傳話器放大機·

(卽增音機)以及電池等附屬機件．裝置簡單，移動便利，祗須各播音機關，放置專線，直通播音台．凡値播音，卽將該機移往該處，不過接線按鍵之勞，便可直接播發各地．至於充電修理保管之責，均歸職台辦理，

一、地點及設備

提要 (1)播音部須設在鍾山頂上，至少限度當在北極閣或清涼山最高處．

(2)辦公室仍附於黨部內，以資便利．

無線電話廣播電台，普通分爲發音播音兩部；發音部包含發音室．增音室．以及辦公室．休息室．會客室等．爲發展黨務敏捷便利起見，仍宜附設本黨部內．同時裝有電話，可與職台播音部．或別處播音機關，互通消息，以資接洽．發音室爲廣播手續之初步，其於減除回聲，保持音調之自然，尤宜特別注意！故該室四壁須懸絨幕，地上敷設地毯．再無線電播音，與普通演說，完全不同，當面並無聽衆可以增加發音者之興奮，故凡光線設備，務求精美，庶發音者不自覺其獨坐之爲無聊也．該室並須設置鋼琴留聲機以及其他樂器等，按時奏播，以鼓勵聽衆興趣．

休息室備來台發音者休息之用，其他各室．均屬辦公需用，不復詳贅，

播音部主要部分爲天地線設備播音機件室．原動力室．電瓶室．修機室．材料室等．按

播音遠近，雖視機力大小而分。惟電台地位之高低與環境，亦頗有影響。本京四周多山，故播音台位置以鍾山頂爲最宜。同時須求交通及管理之便利，故至少限度，須設置在北極閣或清涼山最高處，如是無形中將電台天綫增高數百尺，地面吸收電浪，自可大減。而地位適中。管理亦便。

二、節目

提要　(1)宣傳黨義

(2)傳播黨政消息及命令議決案

(3)報告新聞

(4)播發音樂

職台隸屬中央，自以宣傳本黨主義，及中樞黨政重要消息，及各地新聞爲原則，然對於聽衆方面，亦須時時鼓勵其興趣，陶冶其身心；故於音樂餘興一項，亦須極端注意，應廣徵博攬，輾轉招致相當人才，來台奏播，務求指導訓示之餘，爲風尙之楷模，治健全之國民。一面提倡高尙娛樂，一面防止無益虛靡。此外多延名人，演講時事；廣攬專家，演講學術；庶幾影響及於萬民，教育普及於無形也，

三、收音

提要　(1)先於各省會各特別市及各商埠均裝置收音機
(2)次於全國一千五百餘縣各裝收音機一架
(3)製訂無線電話使用條例

查現在已由職台派往各省市黨務指導委員會之收音員，攜收音機前往裝置，暨由各該指委會自行派員來台領機者，計有京，蘇，滬，浙，皖，贛，閩，粵，湘，鄂，漢，鄭，魯，汴，平，津，晉，共十七處。江蘇各縣，已由該省政府飭裝收音機者，計有三十九縣。浙江各縣，亦均裝機，除收該省自辦電台之播音外，並可收職台之播音。其他各省縣政府及個人，自行裝機者，雖尚未詳查統計，惟來函請發播音時間表者，紛紛不絕，約略調查，上海北平天津各有收音機數千百架不等。此後發達，一日千里，不可限量，職台擴充後，一面先於各省會、各特別市、及各商埠，一律裝置收音機。次於全國一千五百餘縣，一律飭由各省政府轉令裝置。蓋每機價值二百餘元，固任何縣份力所能勝也，一面當請中央函國民政府立法院、及建設委員會，會同職台製訂無線電話使用條例。於設立播音台、及使用電波長度、發音時間，暨裝置收音機，及與無線電報之避免衝突方法等項，詳細規定，一致遵守，以免妨礙而資完善。

四、試驗

提要 (1)添置無綫電話最近發明儀器，研究試驗，併以所得公開演講，以資提倡，

按無綫電機件，日新月異，科學進化，對於物質文明、有無窮之影響！我國不欲求國基鞏固，建設猛進則已！否則舍提倡科學，獎勵研究，別無他途。職台就所有之機件，供微妙之研摹，應深造之探討，至爲便捷。理宜將無綫電方面最近發明之儀器，逐漸添置；並以所得，公開演講；以提高國民對於科學之信仰，而顯示科學救國之重要。至於步武歐美，急起直追！是有賴於當局之獎掖，與民衆之興奮焉。再目下所用之收音機，全係外貨，職台當與本國各製造廠合作試驗，以求精密而挽利權。

經費

經費分開辦及經常兩種

(甲)開辦費約需銀四十萬元

(1)十啟羅中波機件，全套約需美金十五萬元。

(2)播音部房屋，建築費及天綫鐵塔等裝置費，合計約銀二萬八千元，

(3)發音部房屋建築費，約需銀一萬二千元。

(4)傢具設備連鋼琴留聲機地毯唱片絨幔等，約需銀八千元。

(5)活動增音機兩部，約需銀二千元。

(6)研究用各種機件，約需銀二萬元。

(乙)每月經常費約需七千五百元。

(1)機器燃油，約需五百元。

(2)機器潤油，約需二百元。

(3)修理費，以全部機價百分之一計算約需四千元。

(4)職員生活費。約需二千元。

(5)活動費及雜費，約需八百元。

註　1.活動費指臨時添購另件而言

2.雜項指電話租費，專線租費，請人來台演講時招待費，及派員視察各處收音機之旅費等項。

附組織系統圖

十啓羅瓦特無線電播音機所需房屋圖

中國國民黨中央執行委員會廣播無線電台組織系統圖

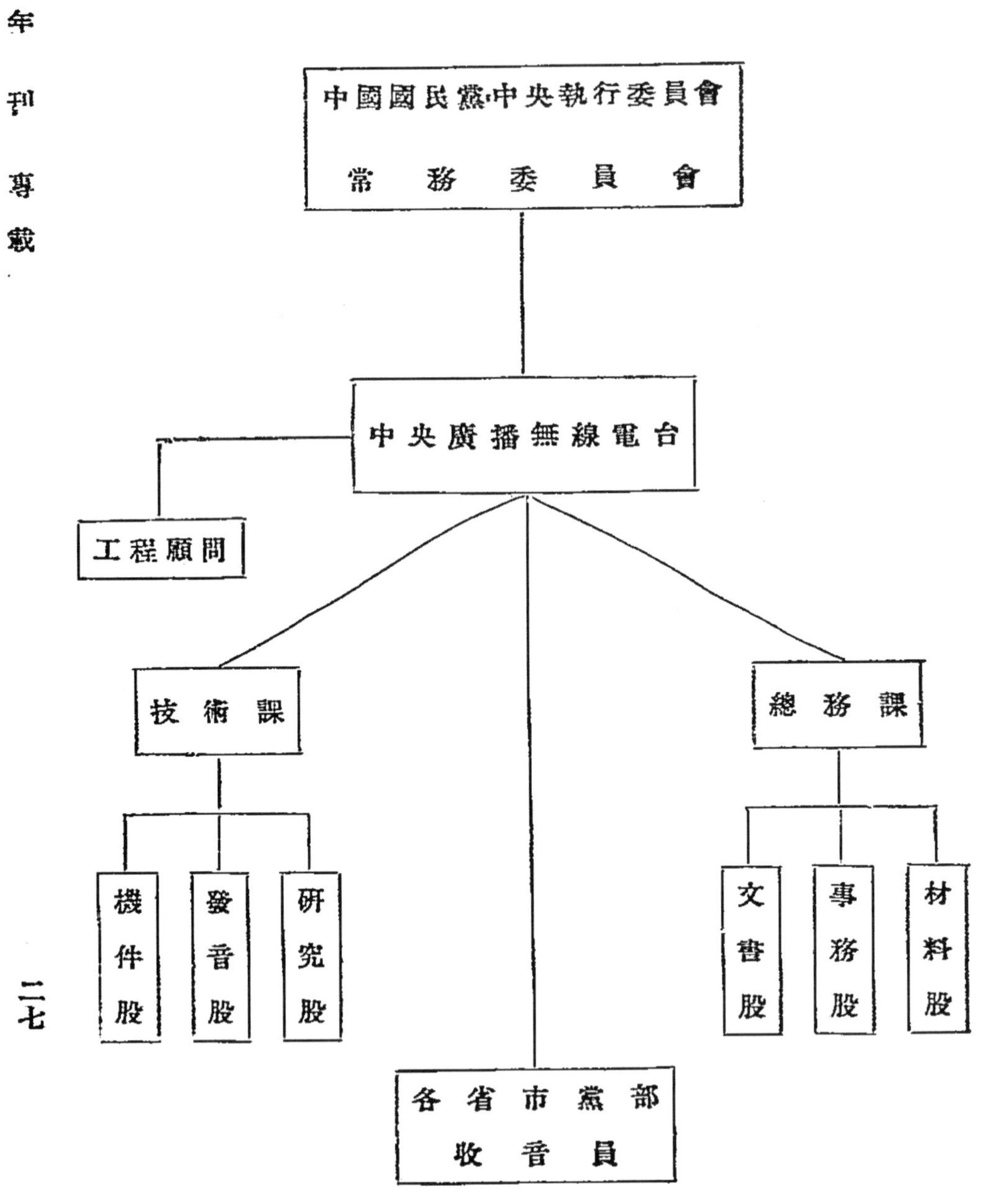

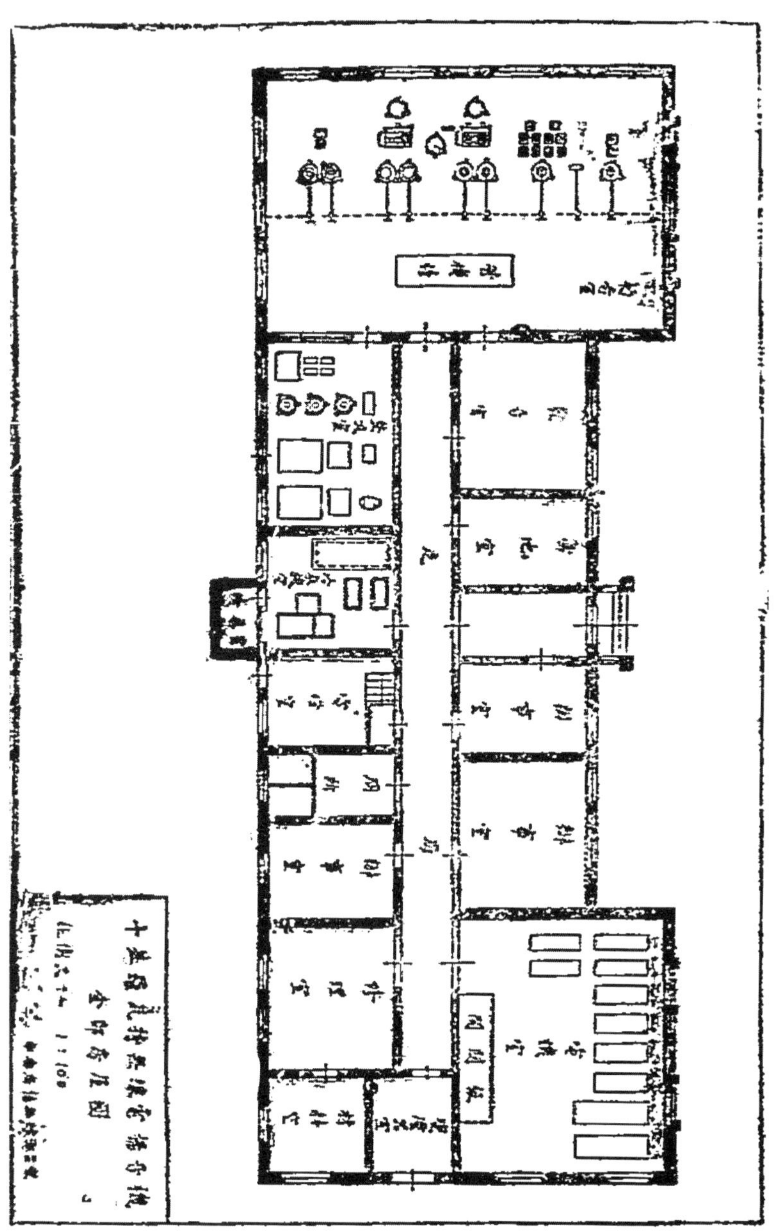

一年餘工程之回顧

溯自十七年三月中購訂機件，四月底建造播音室房屋，豎立鐵塔，七月初裝置機器，八月初開始播音，同時派遣收音員赴各省市黨部，管理收音，歷時四月，粗觀厥成。以電力祇有五百瓦特，故較遠之處，如平津閩粵等地，每爲當地播音台及無線電報所擾亂，致收音未能常期清晰；節經從事改進，略著成效，茲將一年餘工程經過，略述於後：

一　播音經過

從去年八月一日播音迄今，共計播發二千三百七十四小時零七分。一載以來，對於機件方面之缺點，節經改良；並爲避免衝突，波長屢次更改，選擇適合尺度，茲將其情形分述於左：

(甲)機件方面之缺點及改善略情

(一)播音台位置—播音台設置於中央黨部內，四週多樹木叢林，電力吸收頗多；況南京峯巒環峙，電波播發，宛如谷中呼嘯，當時因便於管理及傳達消息起見，得開洛公司同意，遥擇現址，播音以後，本擬另選相當地點，以資改進。嗣以遷移需時，播音未便作長時間之停頓，且擴充計劃，正在進行，遂不多費手續。

(二)電力供給—調幅機及振盪機之屏極電流及燈絲電流，由三聯馬達發電機供給．訂購機件之時，南京電廠既無日電供給，而其電壓又復不足，故隨機購訂蓄電池及引擎發電機，以供給馬達電流．但蓄電池電量一經充足，祇供給播音八小時，而用作充電之引擎發電機，電力過小，遂致屢受電力供給不足之困難．嗣於本年春，中央黨部自設電燈廠，即向滬行訂購交流馬達發電機一具，藉資充電，前項困難，始得解決．

(三)調幅及振盪機之安放—調幅機及振盪機眞空管之安放，本採平放式，而開洛公司裝機之時，未曾加以相當注意，致播音四閱月後，兩機各管屏柵二極，忽患接近時生屏極電流過大之現象．然時有時無，試驗困難．迭經查察，始明其故．而屏極發電機，雖有保險絲之裝設，因頻受過量電流而損壞．遂另購一具，原機加以修理，并於今歲三月，將眞空管改作直豎式．迄今將及一載，前述情形，從未發現．

(四)振盪機綫路—振盪機線路係哈脫萊乘哈姆司屈倫直接絞連式 (Direct Coupling Hartley-Armstrong Circuit) 此種線路，裝設簡單，極易發生振盪，但與調幅機直接，易受其影響．往往因發音聲響過高，而致振盪停止．勢非將調幅成分減少，致影響播音效力，而絞連用直接式，効力固可較大．但天線一經風吹，波長易生變動．致各處收聽音訊，常有音浪高低之現象．乃於今歲八月，購辦材料，改線路爲振盪放大式 (Master Oscillator)，方得完善。其改善經過，另文詳述。

(五)濾波器—濾波器所用之容電器，原係一千伏爾次一爰法拉特，四只並串，聯合爲一組，共八組，計八爰法拉特，其可受最高直流電壓，祇二千伏爾次，而屏極所用電壓，在一千八百伏爾次以上。故播音後五閱月來，損壞此項容電器，至四十餘只之多。後經改用德律風根一萬伏次容電器，損壞始得免除。

(六)三聯馬達，發電機—現所用之三聯馬達發電機，係二千伏爾次，高壓發電機居中，直流馬達及十四伏爾次發電機各居一端。因電壓之震動不定，使播音雜有馬達聲，並使波長隨同變更，雖前經設法校正地軸，終以馬達不在發電機之中部，轉動之時，未能勻整。其發出電壓，高低變化，情形複雜。雖用濾波器，仍不能免，又若自動開動器(Auto-startor)之設備，雖開機較易，惟開動時電流至大，使馬達屢受過量電流。現擬購辦手旋開動器 (Hand Startor)一只，以免此弊。(按此種馬達發電機，用於發報，尚屬相宜，用於發話，殊不合式。)

(七)他如音調控制器 (Volume Control)，設備之不精，音調不能精密調整，乃放設紅綠燈線，由播音台直通發音室，使音調之過大過小，管理發音者得隨時校準距離。使用以來，尚稱適合，又如振盪器，用二百五十瓦特眞空管二只並聯，而各個之調整燈絲電壓設備缺

焉；因二管之特性，勢難完全相同，故損壞較易，自換用五百瓦特眞空管後，眞空管壽命，可以較長，迄今七月，全無損壞，

(乙)波長之選擇

本台以長一百十英尺，高一百二十五英尺之天線，其本身波長，已超過三百六十公尺，最初因欲與上海開洛新新及日本各台之波長尺度遠離，減少衝突起見，擬定三百公尺．惟天線中須直接容電器，電力多損失，殊非所宜．初改三百四十八公尺，旋以與日本電台波長太近，近處收音，如上海、江西、安徽、等處，時有別台衝突之報告，遂改四百十公尺，復爲船舶電台所常用之波長，沿海沿江各處，仍多衝突．不久卽改用四九五公尺，播發三月，屢接安徽、河南、天津等處報告，請求更改，以期適合，遂試改五二五公尺，復因電報衝突，反多增加．再改爲四二零公尺，據各處報告，電報衝突較少，遂採用焉．

二　收音經過

自十七年八月一日播音以來，先後派赴各黨部收音員，計有南京、漢口、天津、北平、上海、鄭州、六市、蘇、浙、贛、鄂、皖、湘、豫、閩、粵、九省，今夏訓練班畢業，加派青島、宜昌、九江、徐州、四處，所用收音機，分三號機(PierceAiro)，十六號機(R. C. A. Radiola 16)，滬敞式機(Chigrora)，及德律風根九號機(Telefunken 9)四種．當以德律

風根九號機，最適合於遠距離收音。十六號機及滬廠式機，收音相彷，而十六號機製造較精，三號機(Pierce Airo)音調較準，惟收音既不響亮，機件又易損壞，蓋僅適合於近距離收音。初各收音員赴各黨部後，即接洽裝置天地線，其天線多採倒(L)式，初裝之時，長度方向，每有不合，後經函電指示，視距離遠近，定天線之高度長度。現各處所裝長度，約自一百尺至二百五十尺。高度約自三十尺至五十尺。（收遠距離播音，天線裝置之適合與否？關係頗鉅。）至於甲組電池之充電，大都送電燈廠代充。嗣後河南、安徽、湖南、山東、浙江等處，均陸續自購充電器，自行充過。其充電手續，及修理試驗收音機方法，併經指導。復研究自製天線調整器，編著說明書，頒發各地，以補十六號及滬廠式收音機效力之不足。又試驗地下天線，編印說明書，分囑依法裝置，以避夏暑天電強烈之夾雜，固各有相當進步。迨至訓練班畢業各員派出之後，突顯進步！播音線路改善以來，更著成績，（見逐月收音比較表）現正力謀擴充收音地點，以資提倡而廣宣傳。

三　裝設本地收音機情形

本台設立宗旨，原以宣傳黨義、播發消息爲重，自應推廣收音機，以謀普及，故於發給各級黨部收音機，委派相當收音員，及設施日常工作之餘，採辦十六號，三號，及滬廠式收音機多架，備京中各機關購用；並以本京尙無出售無線電收音機之商店，民衆方面，需用小收音機之裝置。另購晶體收音機五十具，德律風根十號，及三號收音機，共七十架，以應需求。分別編印說明書，俾裝機者得有簡明之使用及管理方法，計前後代辦十六號機，二十二架，三號機，四架，滬廠式機三架，德律風根三號機，一架，晶體機二十七架，大都派員裝置，并以各機關管理尚乏相當人員，時盡義務修理機件。共計八十一次，至於各省縣之來本台購辦收音機，暨派遣實習員者，無不竭力授以裝置管理常識，使有相當經驗，總期引導民衆，羣趨無線電化。

四 試驗短波播音

短波無線電，機件簡單，費廉効遠，電報既漸改用，播音亦當試行。爰於十二月間，將原備按時寄發通告通令及重要新聞，以補播音不足，所配置之振盪放大式五十瓦特短波發報機一具。於原用中波播音機正式播音之餘，接通原機調幅器，用屏極調幅法，試驗短波播音十餘次。惟係臨時裝設，機件簡陋，各地短波電台，亦未及接洽就緒，分別收聽，僅接徐州上海河南等處短波台來電，迭稱收聽情形，尚能記錄。查此次試驗，本欲藉此探知短波播音情形，及電報擾雜之關係，氣候與音調高低（Fading）之影響，以備他日正式裝置機件較爲精良，電力較大之短波播音機，同時設置發報機件，與中波機分別播發，相互濟用，以資研究，而謀增加國際宣傳之効率。

五 雜項

建設委員會之公共演講機，於去歲十月、移交來台，凡黨國大典，如國慶典禮，元旦閱兵典禮，　總理誕辰紀念；歡迎張惠長飛行大會，　總理銅像揭幕典禮等，概行運機前往裝設，第三次全國代表大會，以會場曠闊，音調不能暢達全場，亦經裝設，迎櫬宣傳列車，併在車上裝置放音，中央政治學校授課，迭次裝卸供用，及代購另件，擬製一具備該校專用，此外　總理奉安大典，陵場播音，事屬重要，乃與電話局接洽，裝設耑線，臨時播發，並派收音員訓練班畢業學員，赴中山路沿途裝置收音機十架，使沿途民衆，咸聆陵場情形，而陵場上則另裝公共演講機，俾參加人員，得悉祭堂鳴贊，其他簡單工程，如臨時修理機件等項，均未列入。

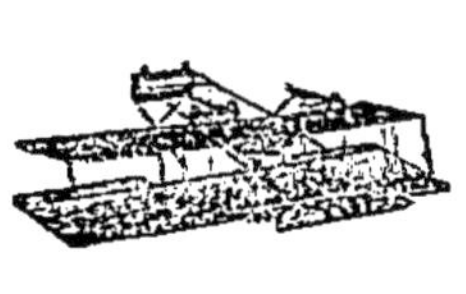

本台播音線路及改善以前之機件概況

(一)位置

凡屬廣播電台，除辦公室外，大部分發音室(Studio)，增音室(Studio Amplifier)，及播音台(Transmitting Station)三部，本台初建播音台於中央黨部後面廣場，計有房屋八間（第一圖）左爲充電室，再左爲材料室，右爲電池室，再右爲試驗室，中間前爲客室，後爲播音機室，旁爲三聯馬達發電機室，及機工宿舍，天線鐵塔及地網，（第七第八圖）在播音機室後方，所有發音室，增音室；暨辦公室等，暫設中央大禮堂後側餘屋，離播音台約有六百餘碼，但以辦公發音同在一室，非特地位擁擠，而聲調方面，時虞滋擾；嗣於十八年春，建築新屋（第二圖）於部內西南隅，計有三層：下爲辦公應接之用，中設發音增

播音台房屋及機件佈置圖

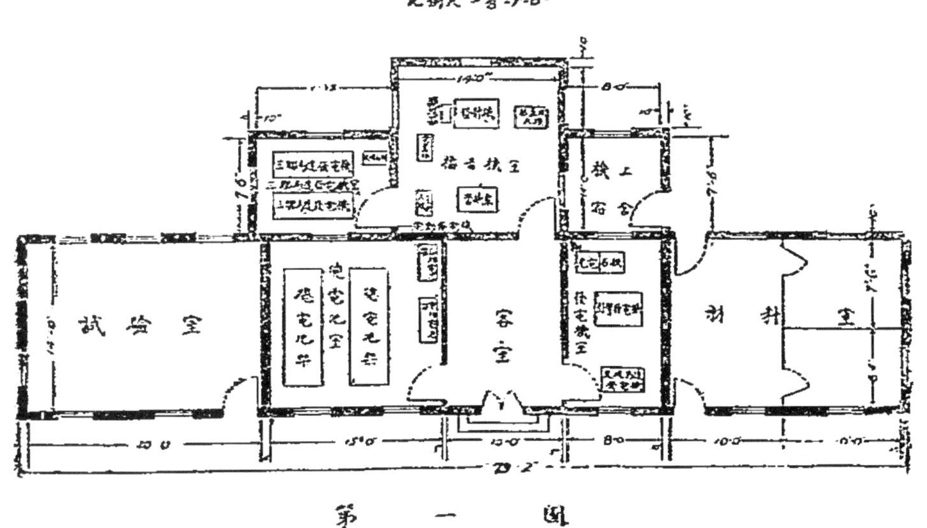

第一圖

音休息三室，上供職員住宿，於是辦公房屋，時感不足之問題，完全解决。

（二）發音室（Studio）

發音室長三十英尺，寬二十二英尺，壁懸絨幕，地鋪絨毯，所以防回聲之擾亂音調也・中置傳話器（Microphone）多只，並留聲機及鋼琴各一具，傍設棹椅茶具等數事・傳話器係炭屑雙鈕式(Double Button carbon Microphone)，共有三線，圍以膠管，其一端之中線，接連鍍金薄膜，其外二線，則接連該膜前後之炭精匣，另一端直接於增音室內初級放大機上（M_1 M_2 M_3）三

發音室辦公室房屋佈置圖

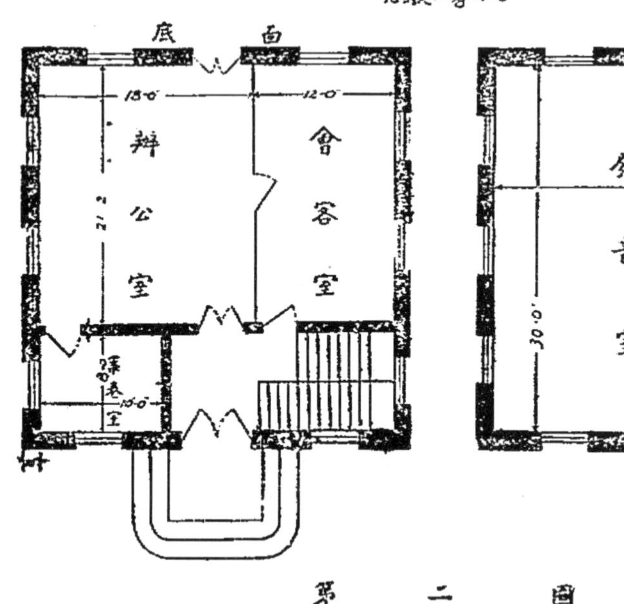

第二圖

點，至於傳話器與留聲機或發音者之距離，關係於調幅（Modulation）甚大・而間接影響於射程遠近，及音調清濁亦鉅　甚至因調幅過量，竟至使振盪機（Oscillator）停止振盪，而危及真空管之安全，故發音室另裝傳話器遠近信號燈，（紅者指太近綠者

指太遠）而其樞紐，（Button Switch）則裝於播音台，以便管機者得隨時按捺指示，以較準其距離，適合調幅機（Modulator）之動作。此外尚有報告時刻鐘一隻，以備播音時報告時間之用。平時播發節目之際，不准閑人擅入，以冀減少雜聲，而使音調清晰。

（三）增音室（Studio Amplifier）

增音室位於發音室之旁，裝有初次放大機（Microphone Amplifier）一具，及充電設備（Charging System）

（甲）初次放大機—此機計二級，所用眞空管 V_1. V_2. V_3.（見第三圖）皆爲美國無線電合組公司之UX 210眞空管，其線路布置，如第三圖。第一級爲變壓器放大級（Transformer Coupling Amplifier），其柵極輸入，即接該級中傳話變壓器(Microphone Transformer）之次線圈，第二級爲推挽式放大級（Push-pull Amplifier）。傳話器來線，接於 M_1.M_2.M_3.三點上。其電流由乾電池供給，MR爲節流器，用以調整傳話器內電流，使常在自十五至二十孕安培之間。傳話器內薄膜，受音波之震動，變更炭精之距離與耗阻，而電流隨同變化，經傳話變壓器 T_1.（Microphone Transformer），而影響初級眞空管之柵電壓，由是屏極電流之經過推挽變壓器(Push-pull Transformer)，亦發生電壓變動，直接影響於眞空管 V_2. V_3. 之柵極，該二管之屏極電流，因之變動，復由

變壓器 T_8，經輸出線接通鉛包電纜，逕至播音台之管機桌(Operator's Desk) 上之插座 (Drop & Jack)，至於柵電漏 (Grid Leak) R_1 之功用，所以使傳話變壓器次線圈之電壓變遷，不受眞空管柵路總電抗 (Impedance of Grid Circuit) 之改動影響，使音調得以勻整，R 為繼力控制器(Relay) 當管機桌播音塞子 (Plug) 插入插座時，播音台二次放大器 (Speech Amplifier) 之總線電流 (Line Current) 經鉛包線過總電抗線圈 I (Impedence Coil)，而至繼力控制器線圈，過地線而復至播音台，電流接通，繼力控制器吸引接點，燈絲電流及傳話器電流，自動接通。SL 為信號燈，裝發音室中，當眞空管燈絲電流接通時，此燈亦亮，使發音者知機件已開用焉。各級所用電池種類，電壓數值，列表於後：

級數	燈絲用電		屏極用電		柵極用電	
	電池	電壓	電池	電壓	電池	電壓
第一級	一百四十安培小時八伏爾次蓄電池	八伏爾次	六千亳安培小時五十伏爾次蓄電池四只	二百伏爾次	乾電池	十伏爾次半
第二級	一百四十安培小時八伏爾次蓄電池	八伏爾次	六千亳安培小時五十伏爾次蓄電池七只	三百五十伏爾次	乾電池	二十七伏爾次

乙)充電裝置—甲乙組蓄電池之充電，均用整流器，線路連接如第三圖下部，甲組電池充電

之整流器，係半波鎢絲六伏爾次五安培式，（Half Wave Tungar Rectifier, 6 Volts 5 Amps Rate）雙向開關A充電時放至C處．鎢絲器內部線路，如第三圖TR所示，交流電由電燈廠供給，爲二百二十伏爾次．乙組蓄電池充電之整流器，用全波四眞空管式，眞空管爲合組公司之UX 281式，交流電亦由電燈廠供給，爲二百二十伏爾次．因該項眞空管之110/550伏爾次屏極變壓器P.T（Plate Transformer），及110/7½伏爾次燈絲變壓器F.T（Filament Transformer）之正線圈（Primary），均用一百十伏爾次，故採用自變壓器A.T（Auto-transformer），變二百二十伏爾次，爲一百十伏爾次．此器利用兩極眞空管之整流作用，每兩只合爲一組，使成全波，當應用時，可將雙向開關B，放至C處．充電電流之限制，則用電燈泡一只作爲電阻，使電流至適當數量．（目下所用乙組電池，爲惠勒公司CBR六千毫安培小時式．其充過電流量，最大爲二百五十毫安培．）而眞空管之屏電流，不至過大．俾免眞空管或變壓器負荷過量而致損壞．

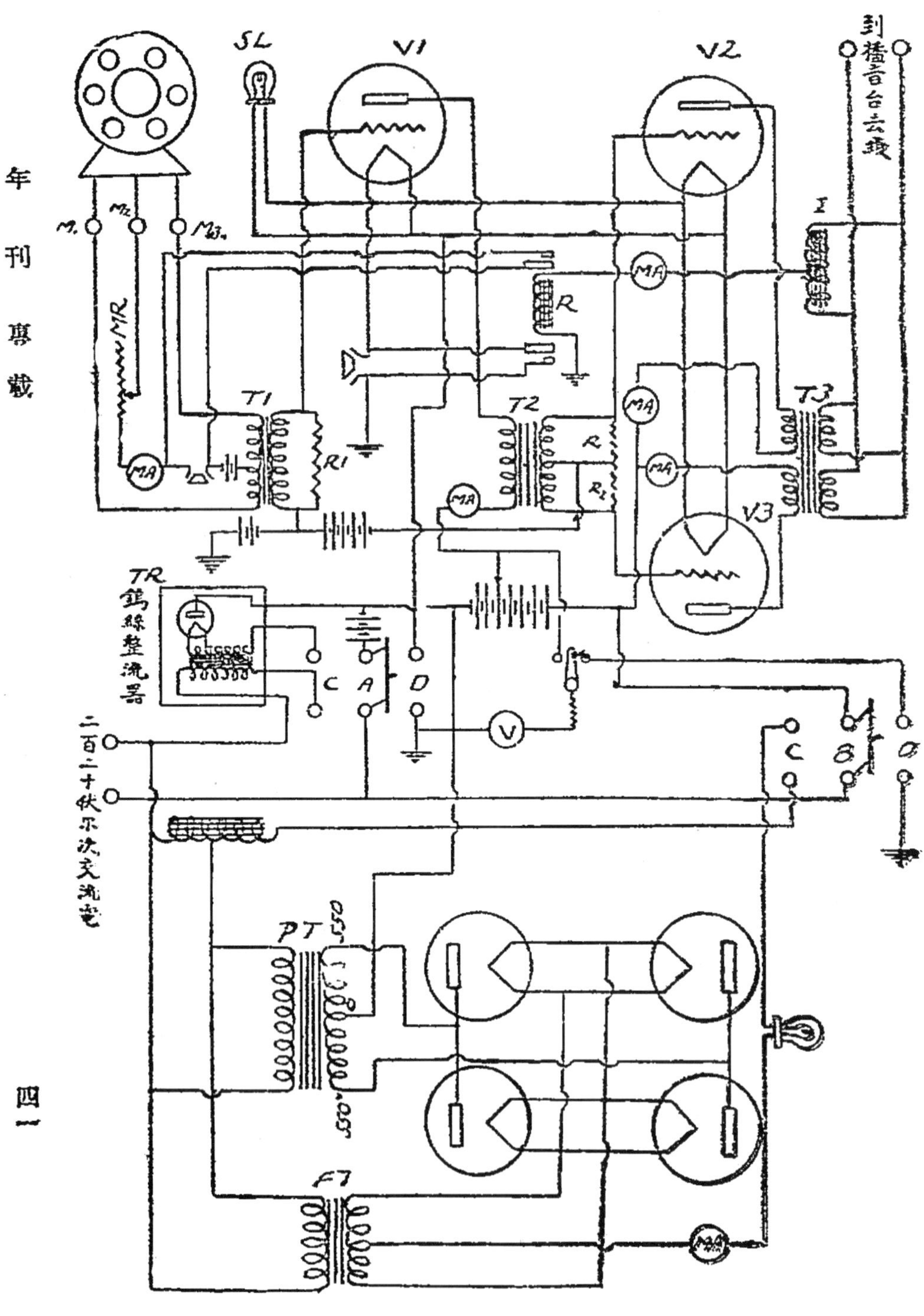

第三圖 初次放大機及充電裝置

(四)播音台機件設備列後

(甲)管機桌 (Operator s Desk) 該桌裝有電話及播音插座各十副，電話及播音塞子各一個，蓋此桌預備供給十處發音之用，而同一專線，可供通話與播音之用也。目下祗有發音室及中央大禮堂二路，國民政府專線業經放設，尚未播音。將來使用時；於該處發音地點，裝設活動增音機 (Portable Amplifier)，用專線接通管機桌，管機員祗須按照節目時間，換塞插座，至爲敏捷，

(乙)二次放大器 (Speech Amplifier) 該器來線，卽從相當插座，經播音台塞子而來。計有推挽式放大1級 (Push-pull Amplifier)。眞空管爲合組公司 UX 210 式，其線路布置如第四圖。V.C. 爲音調控制器 (Volume Control)。其作用在變動柵電漏，以收調幅合度之功効，機上亦設有繼力控制器，總線電流由四十五伏爾次電池供給。播音塞子插入插座後，與初次放大器之繼力控制器，卽成串連。兩器接點，同時吸引，二機卽行開用。玆將各級所用燈絲屏柵電池種類，及電壓數值，列表於後：

燈絲用電		屏極用電		柵極用電	
電池	電壓	電池	電壓	電池	電壓
一百四十安培小時八伏爾次蓄電池	八伏爾次	六千毫安培小時五十伏爾次蓄電池八只	四百伏爾次	乾電池	三十二伏爾次

充電設備——甲組蓄電池共二只，預備輪流充供，充電時之電力，由十四伏爾次發電機供給，乙組蓄電池充電，則用五百伏爾次三百孚安培電動

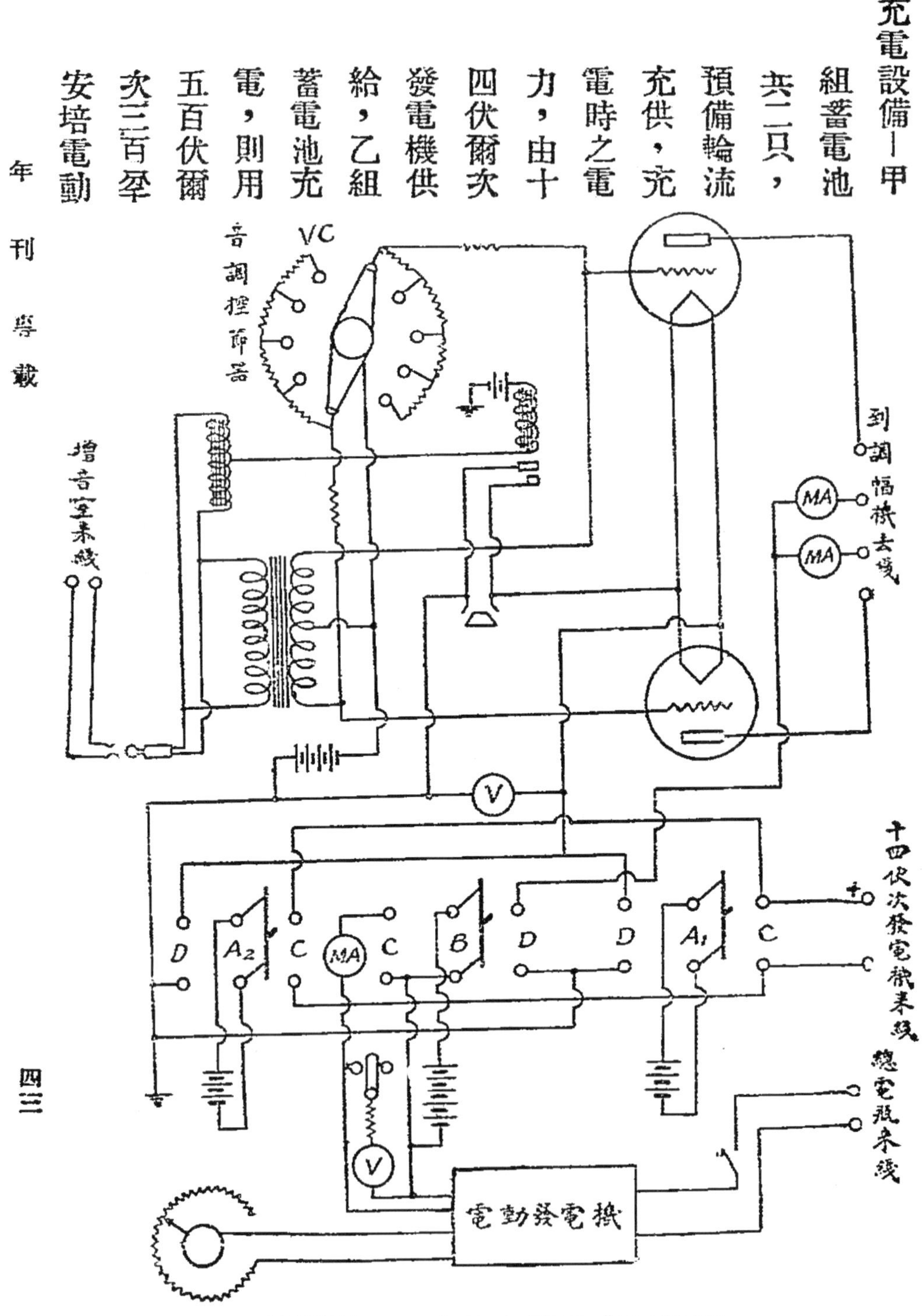

第四圖　二次放大機及充電裝置

發電機(Dynamotor)一具。電力由總電池供給，充電時亦用電燈泡一只作電阻，所以限制電流過大。

(丙)發射機(Transmitter)—發射機板(Transmitter Panel)設0—500 毫安培直流表一只，以量調幅機及振盪機屏電流。0—100 毫安培直流表一只，以量振盪機柵電流。0—3安培射電週率電流表一只，以量地線電流。0—15 安培射電週率電流表一只，以量天綫及地網電流。全線分調幅機及振盪機二部：

1.調幅機(Modulator)該機爲屏極調幅式(Plate Modulation)。二次放大器來線，經調幅變壓器 M.T.(Modulator Transformer)，而至調幅機之柵極(見第五圖)屏電流隨柵極電壓而改變，但因成音週率阻流圈 A.F.C.(Audio Frequency Choke Coil)之電抗甚高，總電流常保持不變，故振盪機之屏電流，隨調幅機之屏電流而反向改動，天線輸出之波幅，得以調入發音之波節。R.F.C. 爲射電週率阻流圈(Radio Frequency Choke Coil)，防過高週波之漏入調幅機屏路。調幅機所用眞空管，爲合組公司 UV851 一啓羅式，其限定燈絲電壓爲十一伏爾次。電流爲十五。五安培。屏電壓二千伏爾次，最大發熱力(Maximum Plate Dissipation)，七百五十瓦特。故最大屏電流爲三百七十五毫安培。但用爲調幅機時，屏電流須較準至一百

四十孕安培左右　調幅機屏電流隨發音尖鈍而大小，但其變動過大時，每易改變音調，過小則播音不能及遠，是以較準調幅機，最爲重要．調幅變壓器次線圈，與高電阻(High Resistance) 並聯，其作用已詳初級放大器中，不另贅．

2 振盪機 (Oscillator)—此機爲哈脫萊兼哈姆司屈倫直接絞連式，(Direct Coupling Hartley Armstrong Circuit) (見第五圖) 此式發生振盪雖易，惟効率不高，調整極難得最大之輸出電工率 (Power Output)．當屏電壓施於屏極時，因天線及地網所成容電量之容電及洩電 (Charging and Discharging) 關係，屏極線路發生射電週率電流，因柵線圈與屏線圈所成交連 (Coupling) 而感應於柵極．於是柵極，受射電週率電壓，而應響於屏極因眞空管有放大作用，屏路變化常較柵路爲大，此種回授作用，循環不停，而至平衡狀態，眞空管卽發生振盪．其振盪之週率 (Frequency of Oscillation)，胥視天線容電量 (Antenna Capacity)，及天線至地網線圈之誘導率 (Inductance)，與絞連疏密而定．調整波長時，先移動天綫至地網綫圈至適合波長圈數，(大概天線與地線及地網與地線間圈數相等)．同時較準屏極至地線圈數約爲柵極至地線圈數之二倍左右．迨眞空管發生振盪後，將屏極並柵極線圈，加以相當之移動，使天線輸出電工率 (Antenna Power Output) 最大．并得適宜之屏電流，如波長不符原定數値時，可增減天線地網間圈數，如有地線電流，則移地綫綫圈接點，以減去之，而增發射効力。C_3,R_1, 爲柵極容電器及柵漏(Grid Condenser & Grid Leak) 係自動供給相當柵電壓 (Grid Bias) 之用，振盪機下部慮線內，爲濾波器(Filter)，所以濾去屏極發電機發生電壓之不勻。C_1 爲隔離容電器 (Blocking Condenser)，用以免除屏極發電機發生短路。C_2 L_2 爲調柵容電器及誘導率，以防止柵極電路內發生本身週波(Natural Frequency)。此機所用眞空管，原係二座並聯，因管內柵屏容電量 (Plate Grid Capacity) 關係，極易發生極高週波之寄生振盪(Very High Frequency Parasitic Oscillation)。使管內屏柵導線 (Plate and Grid Leads inside the base)，發生强度之熱量，且每致減低發射効力，免除此種振盪，其法有二：卽柵極線路內接入一電阻，或阻流圈，L_3 卽爲柵極阻流圈，用以阻止寄生振盪焉。振盪機所用眞空管，原爲合組公司 UV 204—A 二百五十瓦特式。二座並聯，現因並聯後而無各個燈絲電壓設備，二管之特性，旣不能完全相同，眞空管易致損破，故改用合組公司 UV 849 五百瓦特式一座，其限定燈絲電壓爲十一伏爾次，電流爲五安培。屏極電壓爲二千伏爾次，電流最大三百五十孚安培，最大發熱力爲四百瓦特。

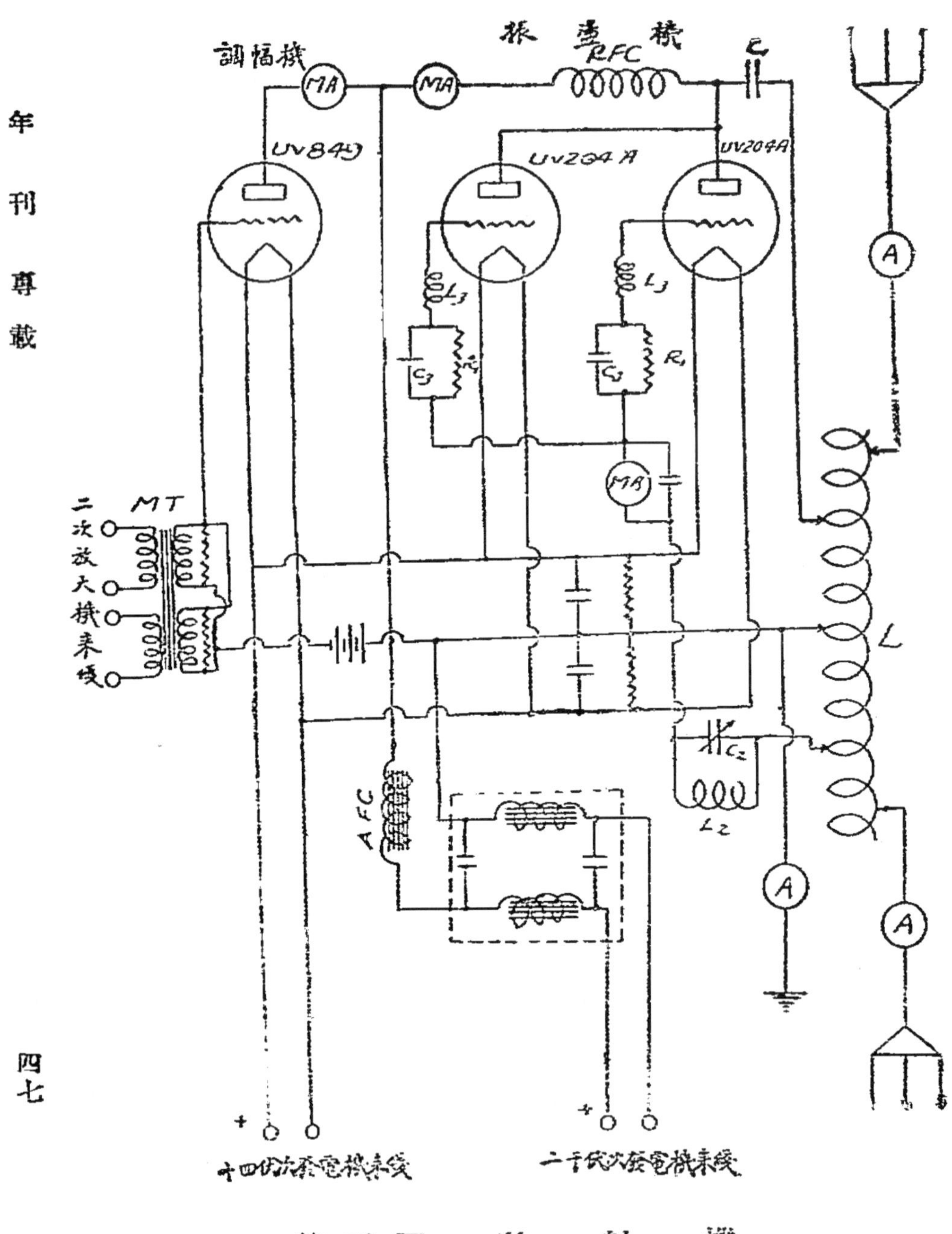

第五圖 發射機

(丁)電力供給 (Power Supply) 電力板 (Power Panel) 設有0—2000伏爾次，0—15伏爾次電壓表各一只，以量屏極及燈絲之電壓，0—1.5安培直流表一只，量發射機屏極總電流，其馬達之開停，亦以此板管理・本台所用總電池，計二伏爾次・二百安培小時蓄電池五十六只串聯

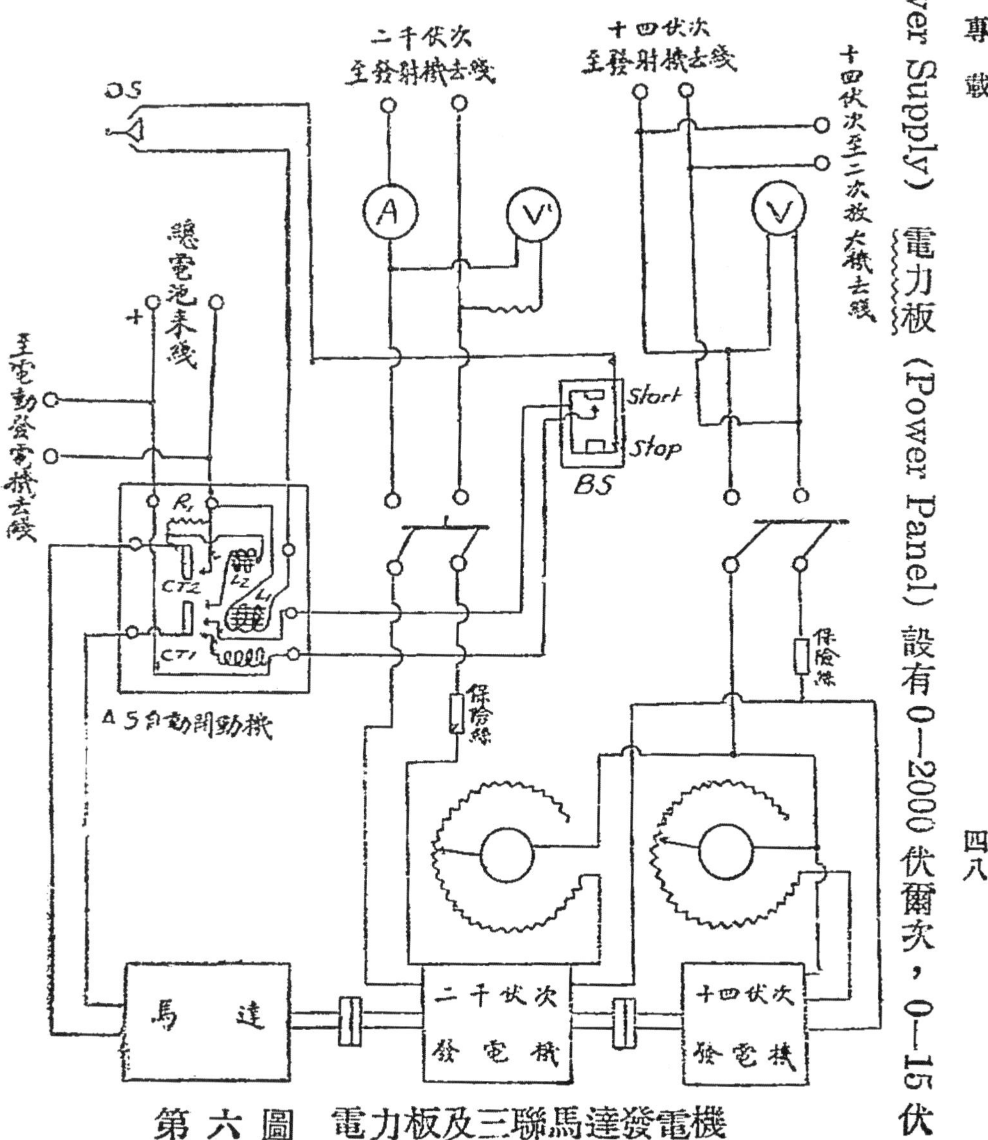

第六圖 電力板及三聯馬達發電機

，以供給三聯馬達發電機電力，發電機爲十四伏爾次，二千伏爾次各一具，以供給發射機燈絲及屏極用電，開動馬達，用自動開動機（Auto-Startor）．其線路連接如第六圖AS所示，當馬達開停器BS(Start)向下一撳，總電池來電經開停器BS，過管機桌上之開關OS，電磁線圈L_1，而接連，磁石吸引接點CT1，於是電池來線過電阻R_1接通，而馬達卽開動（Starting）．同時另一電路，過電磁線圈L_2，經電阻R_1接通．接點CT2卽被吸引，馬達電流可不經電阻R_1直通電池，馬達至是，正式開用（Running）矣．欲停止馬達時，可將開停器BS（Stop）向下撳，或將開關OS開去（Open），則線圈L_1及L_2之電流，先後不通．磁石失去吸引力，馬達卽停止矣．電力板及三聯馬達發電機連接之線路，如第六圖，總電池之充過，初用五匹馬力引擎發電機一具，後因電力不足，添購十匹馬力交流馬達發電機一具，以作充電之用．

（戊）天線地網及地線—天線爲T式，長一百十尺，高一百二十五尺，（指離地網之高度）架於二鐵塔之頂，以二十二號光銅線四十九根組合成纜，共用三纜，以長七尺之鐵管（Spread）分離之．三纜二端，各有長一尺之玻璃絕緣體，並於鐵管之他端，各置磁質絕緣體二個，三纜之中段，結束成扇骨形，直垂三線，繫於一柱上，然後併合引入播音台，地網散佈於天線之下，亦成扇骨形，高十尺，共四纜，每纜之二端，亦各用長一尺之玻璃絕緣體，亦由中段結束點，引入播音台。地線以鉛管深埋地中，鐵塔雙峙台屋之兩旁，高一百四十呎，相距一百五十尺，塔頂有鐵滑車，以便天線之升降。塔旁有起重機，可將天線收放，天線地網及地線引入線之連接於發射機，如第五圖，

(五)結論

本台播音年餘。所有機件線路，迭經改良，本年九月復從新布置，大加改善。其後收音進步，成績顯著！而擴充電力一案，亦經中央核准，積極籌備其詳細情形，與年餘來工程經過，均各另述專篇，茲不復贅。

播音台天綫佈置圖

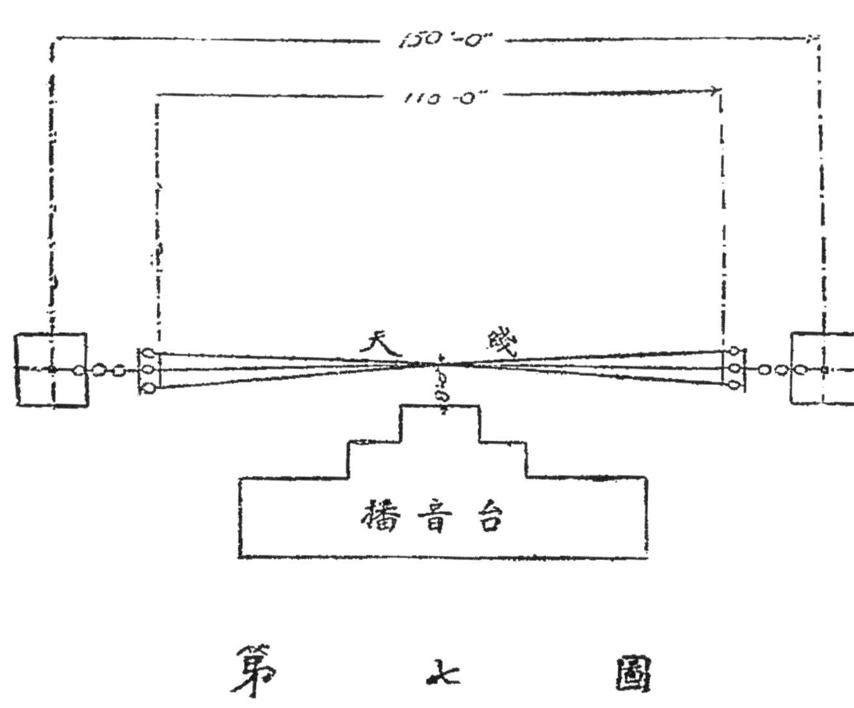

第七圖

播音台鐵塔地網佈置圖

比例尺 = 1/32" = 1'-0"

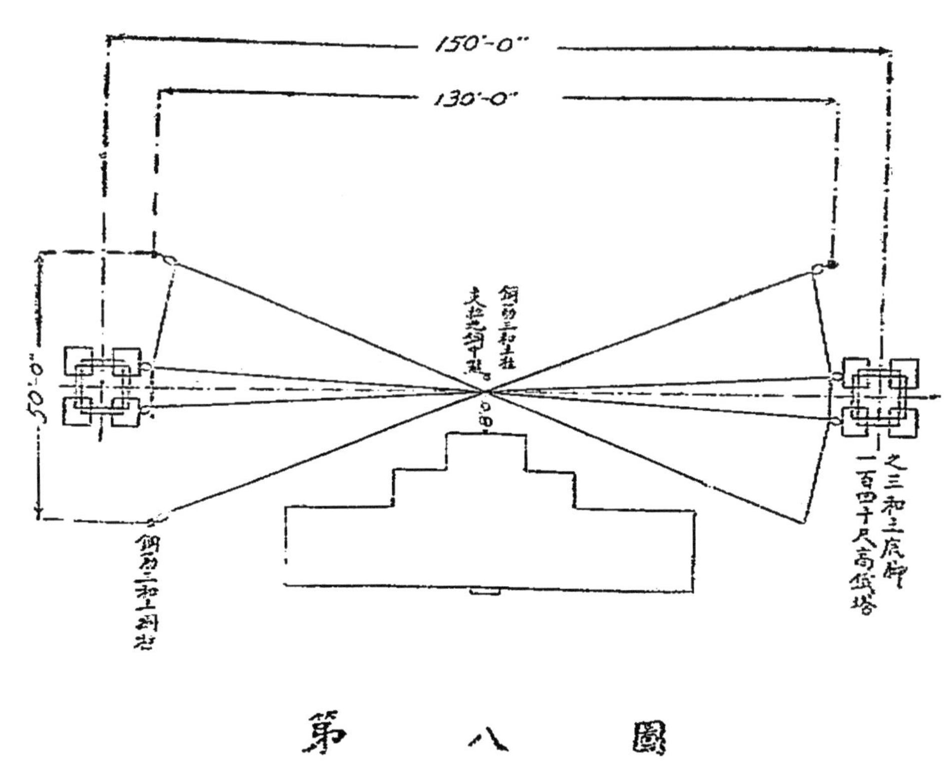

第八圖

重行佈置播音機線路之經過

一、引言

本台原有機件之詳細說明，及其欠善各點，除已於前編敍述外，要以電力微弱，機械簡單，組合未能盡善，以致遠地收音，未盡滿意，前以大電台雖在籌劃進行中，而距觀成之期，尚須一年餘，過渡之際，勢難坐待。爰於本年九月間，從事改良，根本原則，不外下列諸端：

(一)爲減除週率搖動及馬達雜聲。

(二)爲使調幅成分增大，振盪穩固。

(三)增加輸出電力。

二、理由

(一)此間振盪器所用屏極燈絲電壓，俱從一三聯直流馬達發電機供給，其排列方式，係二千伏而次高壓發電機居中，直流馬達及十四伏而次發電機各據一端，此種排列，既欠平衡，而直流馬達速度，往往因炭精刷 Carbon Brush 變流板 Commutator Segment 之接觸與分離，及磁感圈之多寡與地位，而情形益形複雜，當其發出各電壓，無論在各發電機未有負荷，或滿載負荷時，各表指示，往往不絕搖動，雖經濾波器而效用仍微　以此接入振盪器，遂使屏電流頻頻變値，因係自感振盪式，屏電流之變更狀態，囘授於柵極，再及於屏極，故其影響放射電力，至大且險，遂致振盪週率，常呈搖動變化，而同時馬達轉動聲，亦受調幅作用，隨波四射，致遠地收音，時患高低，並有雜聲，又振盪器配諸線路，直接絞連於天地線，風雨擾動，及寒暖伸縮，俱易影響於週率之平衡．而調整電力，尤難得最高之一點．次波嘈雜，復不能免，補救之方，宜採用振盪放大制，另裝電力較小之振盪級，及放大級數級．並以現有之振盪級，改爲射電週率放大級，至天地線與末級放大級絞連方法，宜採用感應絞連式，如此則三聯馬達發電機之電壓變化，僅及於屏電流，而放大級週率，既無從變更，馬達雜聲，自然大減，天線調整，較前爲便矣。

(二)調幅器直接振盪器，故發音聲調，偶有高下，隨變振盪波長，有時發音稍强，振盪器驟失平衡，常告停止．同時屏極熱度驟高，每一不愼，損害隨之，欲求工作穩定，不得不將調幅成分減小，而電台播射効力減矣．採用振盪放大制後，調幅器作用，在末級放大器，發音方面，可以加高聲響．（音調過高因而發生變調者仍在防止之列）末級眞空管級，因係放大級，固無由停止振盪，前述險象，得以免除．

(三)以上所述，祇以改革線路爲原則，而電台電力，一如其舊．因馬達發電機業已滿量，眞空管存貨又缺，現尙擬作進一步之改善，將調幅作用，移至電力較小之放大級中，（在末級前）當能增加調幅成分，減低播音雜聲。（在發音段落間之雜聲）同一電力，更能及遠，一俟配齊材料，試驗有效，卽將移去調幅器，使末級改成一啓羅瓦特，屆時馬達發電機，尙能維持焉。

三線路說明

此次改善計劃，係採用振盪放大制，（Master Oscillator）故其更動，祗限於振盪器一部份，餘如成音週波各級，除精密的較準各電壓，使減少變調外，餘皆一仍其舊。茲將振盪放大各級線路，詳述於後：（見附圖）

（一）振盪級（Oscillator）美國新製振盪器，大都用晶體控制，其週率平衡，莫與倫比。然在我國，不易採購，故暫行採用自感式。（Self Excitation）線路擇哈得萊（Hartley）式，取其製用簡捷焉。眞空管爲 UX $_{210}$，配諧線圈（L_1）係用十六號光銅線所自製，計繞三十圈，其直徑爲四吋，圈之距離空間爲 $\frac{1}{8}$ 吋。配諧容電器（C_{10}），爲二只收音機式、○○○五毫法拉特之變量容電器，並接而成，藉以減少（L_1）圈數與直徑、維持美觀。蓋自感振盪器宜用高容電量線路，以減低別級應響。其餘柵極容電器（C_8）爲、○○一毫 拉持，柵漏阻（R_3）爲一萬二千歐姆，電位器（Potentiometer）合爲二百歐姆，燈絲支路容電器（C_7）、各爲、〇〇二兖法拉特，俱係收音機式．燈絲電壓爲八伏而次，用一百二十安培小時之甲組蓄電池供給，屏電壓爲二百五十伏而次，用六千孚安培小時之乙組蓄電池供給，所用射電阻流圈 R F C ，爲三十號絲包銅絲圈，共繞三層，約一百七十圈，其直徑爲一吋半，該級全部，裝在鉛質方箱中，以免別級影響．

(二)隔離級 (Buffer Stage) 該器用三千三百伏而次．〇〇〇二五兖法拉特之固量容電器，絞連振盪級，其與(L_1)接通之點可以移動，以求適當之感應，(Excitation)所用眞空管及配諧線路，L_2 及 C_{10} 俱與上級相同．惟添一四十八伏而次六千孚安培小時之柵極蓄電池，屏電壓與上級公用，惟加高至四百伏而次，其相銷容電器(C_{11})(Neutralizing Condenser)爲 Pilot 23片之小容電器，而取去片數之半者，(每間一片計取去十一片其容電量約爲、〇〇〇〇二兖法拉特) 接振盪級 (L_1) 之柵極一端．此外另添一個二吋直徑$\frac{1}{8}$吋距離二十圈十六號光銅絲之線圈，(L_3) 接通(L_2)，則爲下級抵銷管內電容量之用．

(三)第一放大級(First Stage Amplification)該級亦用三千三百伏而次、〇〇〇二五兖法拉特之固量容電器，直接上級 (L_2) ，一如上述．眞空管爲 UX-211. 電力爲七十五瓦特，(L_4) 係十二號光銅絲圈，繞六十，圈其直徑爲六吋，圈之距離空間爲$\frac{1}{4}$吋，其中四十圈爲配諧絲圈，餘二十圈接下級相銷容電器 (C_{13}) ，配諧容電器 (C_{12}) 爲 〇〇〇三五兖法拉特之高壓式，（由上海大華購來）因較大容電器無處可得，遂致線圈形式微嫌過大，該級相銷容電器（C_{11}），與前級相同　燈絲電壓爲十伏而次，用甲種蓄電池供給。柵電壓用九十六伏而次，取之於六千孯安培小時之蓄電池。屏電壓與上兩級公用，惟加至八百伏而次，不日尙擬添置一千伏而次之小號電動發電機以供給之。至所用阻流圈電位器，亦與前級相同。但各種固量容電器（俱向大華定製）指定電壓，均爲五千伏而次。

（四）充電設備，以上各級甲組電池，俱用鎢絲充電器(Tungar Rectifier)充過。乙組電池分爲兩組，充電時可祇充一組，或兩組並聯，用原有之五百伏而次電動發電機充過之。

（五）末級放大級(Modulated Amplifier)該級眞空管爲UX-849，電力爲五百瓦特，亦用一、〇〇〇二五毲法拉特五千伏而次之固量容電器，絞連前級，配諧線圈（L_5）。隔離容電器（C_g）Blocking Condenser，及燈絲屏極，各電壓來源，仍延用原物。惟柵電壓爲一百九十二伏而次六千孯安培小時之蓄電池，同時添二十八號絲包線圈繞三百圈，直徑三吋之射電阻流圈於柵路中，相銷容量器爲、〇〇〇一毲法拉特變量式。（稍嫌太大，但別無小者。）

（六）天線配諧線路(Antenna Tuning Circuit)，天線絞連線路，暫仍沿用舊法。惟直接絞連，既感配諧不便，而次波紛雜，擾亂空中秩序，亦所不取。一俟購得相當高電壓器，接入末級放大器，配諧線路及天地線線路後，即可改爲感應絞連，以期完善。

中央廣播無線電台改善後線路圖

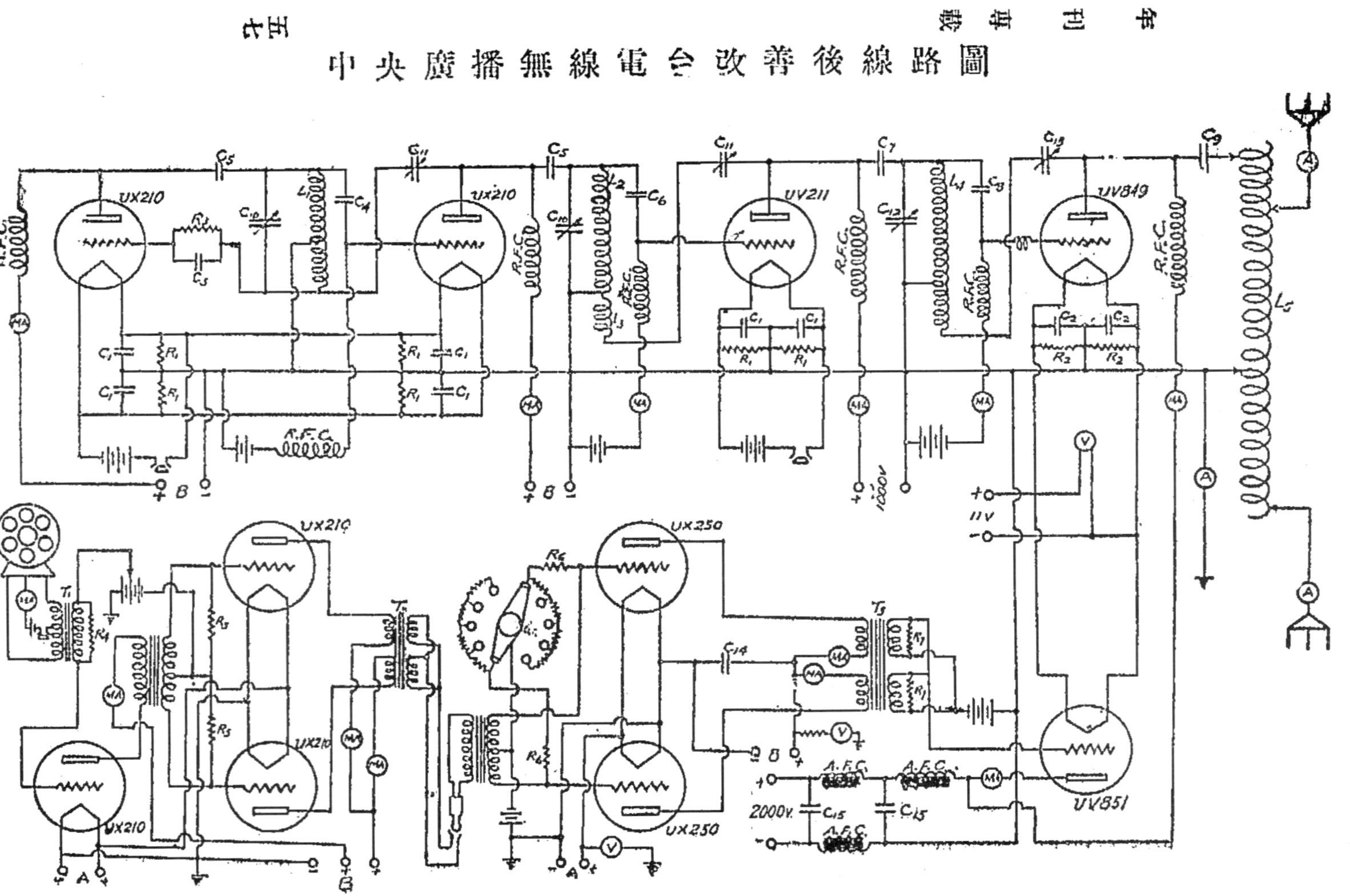

四、使用方法

目下波長仍爲四百二十公尺，配諧手續，先從振盪級依次調準，至各級線路完全諧振，而應加注意之點，在各級相銷容電器之較準，與天地線之絞連，線圈之配諧．往往稍欠正確，非特各級栅屏電流，常呈不穩之象，卽天線電流減至甚小，不可不愼也，

（一）振盪級　先將屏栅兩級出線，接（L_1）上下兩端，燈絲電位器（R_1）中心點，接（L_1）中間．次以燈絲及屏極電壓接上，乃以波長表置於四二〇公尺處，移近（L_1），徐動容電器（C_{10}），以求諧振地位，並卽注意屏電流，是否適當．（按UX-210眞空管在振盪時最大屏電流應爲六十毫安培）如有不及，可將（L_1）接電位器（R_1）接點略移向上，如嫌過大，則略移向下．

（二）隔離級　在振盪級未開前，將屏極與電位器中心點接通（L_2）上下二端，同時將燈絲屏栅各電壓接上，注意屏電流，務將栅極電壓略事增減，求得屏電流適爲零度．此卽第二種放大制(Class B Amplification)應需原則．其次將屏電壓開去，並開用振盪級，徐轉相銷容電器（C_{11}）　同時轉動配諧容電器（C_{10}），此時振盪級屏電流，必有變動，逐漸較準（C_{11}），待至一點，雖動（C_{10}），振盪級屏電流毫無變化時。卽爲本級眞空管內容電器完全抵銷之點．乃將屏電壓推上．重行配諧，卽轉動（C_{10}），至屏電

流最小處是也．但在全機開用時，因各有負荷，各級定數微有變動，須再依法略行較準，現在所用屏電流，約爲三十孥安培．

(三)第一放大級　該級因便於製用，故配諧線圈與相銷線圈合而爲一（L_4），取其易於伸縮，配諧原則，亦如上述．該級接有柵電流表，以便查量，其在諧振最高點，屏電流最低，柵電流最高；現在開用時，屏柵電流均在四十孥安培左右，相銷容電器，亦如上述．

(四)末級放大級　該級使用手續，與前相彷．但柵電壓應爲能使屏電流得零數之兩倍，以增加眞空管效力，而適合調幅原則，卽所謂第三種放大制也(Class C Amplification)該級配諧線路內，容電器卽爲天線地網間之容電量，不能變換數値，致配諧手續，較爲麻煩．普通入手方法，以天線地線間之圈數，與地線地網間之圈數，使之相等．而以屏極出線與天線接連甚近。然後將各電壓開上，同時將天線地網兩接點等量增減，迨至屏電流最小，天線電流最大而止．於是更增減屏極接點，以求屏電流適合該眞空管之指定特性（Rating）．現在配諧既甚周折，其相銷容電量方法，亦感不便，最近辦法，係將(L_5)上天線地網兩端，暫行卸下。另配一收音式變量容電器，接於(L_5)上屏極燈絲兩接點，然後先將燈絲電壓推上，另以波長表置四百二十公尺處，與之絞連·將相銷容電器置於零度，配諧該線路，迨至諧振，再動相銷容電器，迨波長表電流表，指度最小，此時屏電壓尙未推上，並無危險·最後將各線接點，恢復原狀，依法配諧·現在所用屏電壓，約爲一千七百伏而次，燈絲電壓十個半伏而次，柵電壓一百九十二伏而次，屏電流約爲三百毫安培，柵電流約爲四十毫安培，天線地網電流約爲七個半安培，柵極輸入電流，不求過大，但求足用，變更之法，在增減該級輸入線接入（L、）之圈數，蓋甚便也·

五、試用情形

改用以來，馬達雜聲銳減，播發聲響大增，調幅成分因以加大，而週率不穩現象，亦消除殆盡·至於管機方面，有宜較以前更宜注意者·即各級相銷容電器與線圈，宜配置適當，各級配諧，宜極審愼·;各級電池，宜時查量否則有一不愼，各級屏電表，即時呈搖動現象，同時波長不穩，雜聲稍作。但其程度，固遠不及未改前之鉅大焉·是以改變線路以來，結果固以大著，而管理手續，亦屬較繁，此後播音成績良好與否？大半係於人力是否周至，非如前時之盡依機件爲轉移矣·

六、結論

改裝完竣，試行播用後，迭據各地收音報告，均稱聲響倍增，雜聲大減　茲將改善前後各一星期中之收音成績，另製一表，以資比較。兩週銜接，時令尚無若何變化，並將去年同月收音情形，一併列入，用資參攷。此外新新公司來書，據稱彼處收受中央播音，有時與該處本地開洛公司所播，同其聲響云

此次從事改善，最感困難者，爲選購材料，難得相當之件。實因我國各經理行廠，概趨於短波發報機所需用之一途，致中波機應添配之材料零件，絕少存貨。尤以電力較大之固量變量容電器，爲最不易得，羅掘幾遍，尚難滿意，故原擬改天線與末級絞連方式爲感應絞連(Inductive Coupling)，亦坐是不能實現。因是所得結果，仍未能十分完滿焉。

各地收音情形比較表 1

黨部名稱	收音機種類	距京里數約計	收音情形 日晝 機件未改善前	收音情形 日晝 機件已改善後	收音情形 夜間 機件未改善前	收音情形 夜間 機件已改善後	發表報紙	備攷
南京市黨部	三號機							
青島市黨部	滬式廠機	850	無電報時清晰	無電報時清晰	不甚清晰	清晰	青島民國日報 正報青島時 青島快報	
山東省黨部	十六號機	980	音微不甚清	音低稍清時有强烈電報	音高清晰	音高極清可以全錄		
福建省黨部	德九號機	1200		音微電報雜擾難聞		音較大但天電夾雜勉可聽	福建民國日報	
鄭州市黨部	十六號機	1150	可聽	清晰可聽	有電報天電夾雜尚可錄	音洪大惟有天電電報夾雜	壁報	
九江市黨部	滬式廠機	670	清晰		尚有天電不甚清晰	洪大清晰	九江日報 九江晚報	

各地收音情形比較表 2

黨部名稱	收音機種類	距京里數約計	收音情形 白晝 機件未改善前	收音情形 白晝 機件已改善後	收音情形 夜間 機件未改善前	收音情形 夜間 機件已改善後	發表報紙	附錄 去歲九月收音情形 白晝	附錄 去歲九月收音情形 夜間
湖北省黨部	十六號機	890	清晰略微	明晰	尚可聞悉	洪大明晰間有電報		音微	清晰間有電報
漢口市黨部	十六號機	900	音微且有電報	音晰略微而電報夾雜甚烈	電音夾雜略可聞錄	音大清晰間有電報	武漢日報	不能聽	可聽惟電報夾雜甚烈
江西省黨部	十六號機 滬廠式機	920		清晰		洪大清晰	江西民國日報 南昌新聞日報	音稍微可聽	清晰間有雜音
河南省黨部	十六號機	970	音大	音甚大	有天電及夾雜聲難記錄	雖有天電夾雜可紀十之七八	河南民報	明晰	音響間有電報夾雜
安徽省黨部	滬廠式機	465	清晰	清楚	時高時低及電報夾雜不能完全聽清	清響間有電報	安慶民國日報	清晰	清響時有電報夾雜
湖南省黨部	十六號機	1340	音微	音微難聽	清楚	極清晰	中山日報	不能聞	清晰
天津市黨部	法九號機	1500	音微	音微且電報夾雜難收聽	尚明晰可聽	洪大清晰間仍略有高低			被津播音台夾雜難以聆悉
江蘇省黨部	三號機	120	清晰	清楚	未收音	未收音			
浙江省黨部	十六號機	410	尚清晰	清楚	天電電報夾雜難聽	無電報夾雜極清晰	杭州民國日報		
銅山縣黨部	十六號機	500	清晰	洪大清晰	有天電及雜聲不甚清晰	洪大清晰	徐州民報		
廣東省黨部	德九號機	2030							
山西省黨部	十六號機	1650							
北平市黨部	德九號機	1700							

各地雜音滋擾之情形

廣播無線電之效率，迄隨氣候爲轉移。各處收音聲調之强弱純雜，亦隨環境而變化不定以致按字按句之收錄，不能有固定確實之把握。固爲普通之現象，正待研求尙未解決之問題。惟本台爲中央機關，播音力求其遠被，收聽更患其遺漏，雜音之騷擾與音波之衰落，尤當盡力之所及以圖救濟。溯自十七年八月開始播音；初以我國無線電事業方在發軔時期，對於國內眞空管機電台，使用波長暨取締火花式發報機，以及限制外國軍艦商船駛行內地任意使用波長，或濫用火花式發報機，各項辦法；正待主管機關，外交當局，切實規定，嚴厲執行。在此過渡時期，頻受電報滋擾影響，妨害播音，至深且鉅！迨經再一試改波長，力避長度相近，以免衝突 祇以新舊電台林立，其波長亦時有更變。船艦駛行，更屬無定；左右趨避，僅收相當效果，仍不免時受妨害。而火花式發報機週率廣泛，每使收音機收音時，失去選 特性及配諸能力。所有近海沿江各埠，如上海、福州、廣州、漢口、武昌等處、及遠距離收音，被其騷擾，迄易間斷。雖經呈請中央宣傳部函達國府主管各部，依照華府會議，各國無線電公約，設法取締，惟以茲事體大，一時未收實效。至於天電雜聲，據各地報告，略有不同。以本台各種測量設備，採辦尙未完備。察其大概，約自五月起，日益增烈，夜間較强，白晝略微，天氣漸涼，隨之減少。至九月後，漸歸消滅，而天氣較熱之際，仍不能免，南方各省，較之長江以北，騷擾尤甚。其有特殊情形者，則開封附近，每值三四月間，時有颶風，兼旬不息，天電特强，此項關於季候之雜音，亦深爲收音之阻力。前曾印發地下天線說明書。安徽山東等處收音員，依法裝置，頗有相當效果，嗣後播音電力擴充，較遠之處亦能適用以減少天電之滋擾。其他聲調高低，時有變動，亦爲較遠各處，常感之困難。半屬氣候關係，半係播音原機製造欠精，馬達排列，亦失平衡所至。業經積極改善播音線路爲振盪放大式。(詳情另述耑篇)此外尚有數處，每因電燈電車電話之感應，及收音機所用各組電池，電壓不足，均易發生雜音。節經指導，詳細查察，改良裝置以減除之。浙江省黨部，更以辦公各處電鈴，擾亂收音，亦經函飭加裝容電器於電鈴綫路中，消除其患。綜上所述，在未能完全解決以前，暫時救濟辦法，特於播發重要事件時，反復報告，以便各地收音校對紀錄。雖屬事倍功半，尚有顯著成績。一俟電力擴充，播音力强，當能勝此難關也！

對於發音所得之經驗

廣播無線電台之基本部分，爲機械工程；然其效用之重要部份，厥爲發音．蓋雖有機械而無聲音發出，則機械絕不能單獨表示其效力；如祇發音而無機械電力之播送，亦屬不能及遠．是機械與發音二者，相依爲用，缺一不可．故發音一項，實佔廣播電台之重要位置．其嘹喨低弱，清楚模糊，準確含混，遲速段落，實有注意之價值．茲特分述於下：

(一)發音經過機械之步驟　音波由發音者及音樂器具發出，首經傳話器，通至增音機，遂將原音放大，傳至播音室，再經一度之增大。寄於無線電週波，由天綫播出．

(二)發音與發音室之關係　聲音發出之清晰與否？固與發音之清晰爲正比例，然與發音室之布置，亦有極大之關係！故發音室與其辦公室之布置，截然不同．稍明物理學者，咸知任何聲音，皆有聲波傳遞．若與牆壁接觸，即不免有迴聲與吸收之影響．佈置若不合度．殊足擾亂原來聲調，則收音機關覺模糊不清晰矣．故牆或板壁及天花地板等，均當根據音學原理，用相當物料，酌量懸掛鋪墊，藉以適合需要，而增收音清晰之效能．本台目下佈置，較之歐美最新研進所得適合之辦法，尚未盡符．則以國內尚乏相宜材料，可資採用故也．

(三)發音之類別　發音之種類，約分下列三類：

1.報告　包括各種集會報告　政府各機關施政報告，工作報告及宣傳報告，一切新聞決議案，明令通令通告條例規程等。

2.演講　有名人演講、科學演講、特種演講等。

3.音樂　有國樂、西樂、軍樂、歌曲、戲劇、崐曲、及其他中西唱片樂器等。

(四)發音法　普通發音，應使聲音發出時正對傳話機，其距離應隨時調劑，使能適當，過遠則較弱，太近又模糊；偏向則音波散漫不專，不能全入傳話機，遠處收聽不免較低。除依普通之經驗，分別各人喉音之高下，而定其距離，（普通約距離一二英尺）及樂器聲調之宏微，排其遠近外，應依管機員觀察調幅電流表所指示及察聽播音台監察收音機所收音調是否清晰？而發出應行變更之信號。（信號爲紅綠兩燈，加綠燈亮，則發音宜稍高，或距離宜稍近；紅燈亮則發音宜稍低，或距離宜稍遠。）格外注意之。茲將各項發音略述於下：

(甲)普通報告發音　此種發音，須先按材料逐句報告，隨卽加以極普通之詮釋，使收音者咸能了解紀錄。然後再作逐字分句之讀報，俾可校對一次以免遺漏，此指決議案通令通告等項，因其絕對不可稍更字句。而本台派出之收音員，須求　全紀錄，發交各該地報紙上登載公布。至新聞之發播則略有不同，應先將每則新聞之標題，加以銓釋，然後將整個新聞之意義，用語體講述。遇專門名詞及人名地名等項，隨加詳細解釋。復將全篇要點提出報告一次，則收音者咸明意義，不難撰述。

（乙）演講發音　此種發音，以演講者來自各機關，籍貫不同，年齡互異；喉音各別，語氣亦殊；所發出之聲調，當然不能一致。有備語體文稿者，有備綱領稿者。解釋有詳畧，報告有疾徐；求其合法，自頗爲難　惟無論如何，既從事播音之工作，當求其效率之宏偉！總宜用極通俗之語體話，以國音勻緩發出，務使字音準確，無涉疑似類同之音；句讀清朗，毋現牽聯間斷之病。如遇專門名詞及重要處所，不妨複述，而在終了時，應將全篇綱領，重述一次。蓋雖極力緩慢，終恐紀錄遺漏。如將全篇綱領重述一次，則最小效力，亦可紀其梗概也。至對紅綠燈之注意，亦屬必要焉。

（丙）施政報告發音　國府各機關之施政報告，材料內容甚爲複雜，各有系統，來台播音者，概備稿件，固使各處收聽較易明瞭。然用語體文直接讀報，收聽者只得聞其聲而不能見發音之姿勢及動作，不能有助於聽覺，仍恐難於通體明晰。其唯一之法則，爲報告者無論備具任何體裁之稿件，報告時均須用極通俗之語體話，（卽最普通

之白話）．緩緩報告，仍注意上節所述各點．則播音及收聽之効，又事半而功倍矣

（丁）音樂唱片發音　此種發音，與前三法迥乎不同．蓋以事實問題，有時需用傳話機常在一二具以上者，恆以樂器之多寡，樂音之强弱，聲調之高低，而定傳話機之多寡及距離之遠近，均須隨時根據聲學原理及發音經驗，注意佈置，以適應環境而增加播音効率．故合配得宜，則播音之調，每易較原奏之音更爲悅耳．奏樂唱歌之團體或個人，宜參照本台管理發音人員之意見，加以諒解！

以上諸端，係一年來播音經過隨時改良應用之方法，挂一漏萬，未足以稱完善．如蒙聲電專家及夙擅播送音樂者，加以指正，尤所歡迎而感激者也！

訓練收音員之概況

本台設立之旨，重在宣傳，所播各種資料，當求効率之偉大，則各地收音，自宜格外注意。分派相當人員，負責管理。擇要紀錄，隨時發表，以饗社會，藉符原旨。惟初因國人對於無線電原理，迄少研究；物色人材，殊屬不易。求其合於廣播事業之需要，更須特別造就以應之　爰經擬就訓練和任用收音員計劃，陳由中央宣傳部，提經中央第一五八次常會通過，託由軍委會上海無線電機製造廠，代爲訓練。惟因五中全會時期，各地急需收音關係，爲期僅歷一星期，未及充分訓練，即行派出服務，而借用無線電報務人材，亦屬同源異流，不甚適合。函電指導，迄感困難，而陸續添設收音地點，更屬不敷遴選。於是擬具設立收音員訓練班計劃，呈由中央宣傳部，提經中央一九二次常會通過，開班訓練，畢業後派赴各處工作，成績頗著。茲將先後情形，略述於後：

一、第一次訓練收音員

甲、計劃

中央宣傳部訓練和任用無線電收音員計劃　十七年七月二十三日中央第一五八次常會通過

中央廣播無線電台，行將落成．各省市黨部收音，及管理機械人員，亟須訓練．茲暫擬辦法如下：

一、招致長於數理略曉工程學術中學畢業生三十人，來京學習收音事宜，學習完畢。擇尤選派．

二、應付目前急需，先招十人．其中四人，由甯滬蘇浙四黨部派選；其餘六人，由上次徐恩曾同志所介紹者中遴選，預備分派皖漢廣平津豫六處．

三、訓練時期以一星期爲限，至遲於二十六日派出

四、訓練時間不供膳宿，但得由電台酌給補助費十元．

五、派出時發給旅費，并携收音機前往各黨部．

六、收音員派出，須覓人負責保證．

七、經費預算，共需洋二千二百九十元．(一)補助費三百元，訓練期間每人補助十元，以三十人計，共如上數．(二)旅費一千七百七十七元，訓練完畢由本部派赴各地服務，酌給旅費．(三)收音機一架，一百五十元，全副收音機需洋二百五十元．現在預備練習學生，使他們練習裝置，及修理等手續，需另件一架，價約如上數．(四)雜費六十三元．包括講義費．印刷費，及實習時各種工具，如鉗錐釘鋸等之設

備費·

八·收音員由本部備函介紹，前往各省市黨部宣傳部工作，除管理收音事宜外，得由各該黨部酌給別種工作·

九、收音員生活費，以每月五十元爲最低限度·

十、收音員到各省市黨部工作後，須將收音情形隨時報告電台，并隨時訓練當地同志，以備擴充收音地點·

十一、收音員如有溺職或其他不法行爲，得由各該黨部隨時加以警告或撤換，同時須呈報中央宣傳部·

乙、收音員服務條例

無線電收音員服務條例

第一條　收音員於派出時，須覓人負責保證·

第二條　收音員由中央宣傳部備函送往各省市黨務指導委員會宣傳部服務，除管理收音事宜外，得由各該黨部，酌給別種工作·

第三條　收音員到各該黨部工作後，須將收音情形隨時報告中央廣播電台，并須隨時訓練當地同志，以備擴充收音地點·

第四條 收音員生活費，以每月五十元爲最低限度，向各該黨部支領。

第五條 收音員如有溺職或其他不法行爲，得由各該黨部隨時加以警告或處分，同時須呈報中央宣傳部。

第六條 收音員對於收音機須負全責保護

第七條 本條例由中央宣傳部部長核准施行

丙、所訓練之收音員及服務地點

1. 直接選派者：計陳濟略赴天津特別市黨部，楊永振赴北平特別市黨部，王致崇赴漢口特別市黨部王學敏赴安徽省黨部，陳沅赴湖南省黨部，李崇林赴河南省黨部。

2. 由各黨部自行保充者：計浙江省黨部徐文台，江蘇省黨部徐心芹狄平初，南京特別市黨部周景龍，上海特別市黨部馮志芳，

丁、由各處所薦選之無線電報務人材，計許然赴江西省黨部，陳邦俊赴鄭州市黨部，包鴻儀赴福建省黨部，胡壽倫赴湖北省黨部，忻元璠赴廣東省黨部

二、收音員訓練班

甲、呈文計劃

1. 呈文 呈爲擬辦無線電話收音員訓練班，繕具辦法，仰祈 鑒核提案核議示遵事。竊

查：無線電話播音與收音有連帶切要之關係，職台初次派往各處之收音員，限於時間，未克充分訓練．或以學術欠精，或以經驗未富；或因常識缺乏，或因紀錄未嫻．甚有未諳國語，不辨字音；記憶力弱，遺漏要義；每致成績欠佳，殊乖初願．函電指導，輾轉稽延。迄感困難，頗鮮進步．欲謀完善解決之方，惟有訓練專才，擇尤派赴各省市黨部收音，並期漸及全國各縣．庶幾指臂相聯，工作適合，以應需要而策進行，除將辦法另開清單隨文附呈外，是否有當？理合具文呈請

鑒核，提請常會核議施行．謹呈

中央宣傳部

附中央廣播無線電台訓練收音員計劃（十八年一月二十四日中央第一九二次常會通過）

2 計劃 (甲)應考者，須具左列各項資格：1。中學畢業者。2。文理清通，明瞭黨義者．3。長於數理，略曉工程學術者．4。能諳國語者．(乙)被錄取者，須備具志願書，聲明能耐勞苦，聽憑派往各處，不論遠近等項．其書式另訂之．(丙)應授課目：1。黨治概要．2。電學大要。3。無線電學大意．4。國語 5。紀錄法．6 收音實習，及收音機修理法。(丁)時期暫定兩月，以一月為學習時期，一月為試驗時期．(戊)地點暫設本黨部內．(己)名額1。第一批二十名，訓練期滿，成績及格者，發給證書，派充各省市黨部

收音員。2。第二批定六十名，派充江蘇等省各縣黨部，及縣政府收音員。(庚)收音員服務條例另訂之。(辛)第一批訓練經費：1。教員生活費及津貼，四百元。2。紙筆墨費，一百元。3。雜費，及試驗用品等。共五百元。約共計銀一千元。(壬)附註收音員派出時，所需旅費，酌按中央組織部派給各省黨務指導委員川資支付

乙、簡章 經中央宣傳部部長簽准

中央廣播無線電台無線電話收音員訓練班簡章

第一條 本台為造就無線電話收音技術人員起見呈准中央常務會議開設訓練班

第二條 學額 定二十名

第三條 應考資格1。中國國民黨黨員2。高中畢業（或具有同等學力）略曉工程學術者3。年在十八歲以上二十五歲以下者

第四條 訓練期限 暫定二月

第五條 訓練科目 1。黨義研究2。電學大意3。無線電學大意4。國語5。常識6。收音實習7。收音機修理法

第六條 新生入學時應填具志願書畢業後聽憑派往各省市黨部服務無論遠近不得托故推諉並覓保證人填具保證書送呈本台核存

第七條　本台供給各生宿舍不收宿費其膳食書籍等費概歸自理

第八條　訓練期滿成績及格者陸續選派赴各省市黨部及其他各處充收音員按其學業成績依各該部幹事或助理幹事生活費支給之

第九條　學生申請退學或犯規經除名者應追繳學宿費四十元但經事務會議議决認爲有特殊理由准予免費退學者不在此限

第十條　學生須絕對遵守本台訓練班各項規則服從師長之教誨違者分別懲戒

第十一條　操行分甲乙丙丁四等甲乙等爲合格丙等應加誥誡丁等應卽除名

附錄(1)報名手續　應備最近二寸半身相片二張連同證明文件於考期前送(或函寄)交本台報名註册

(2)考期及地點　定於二月十五日上午八時在中央黨部大禮堂試驗(臨時須呈驗黨證)

(3)試驗科目　1.黨義2.國文3.外國文4.理化常識5.口試及測驗6.體格檢查

丙、籌辦情形　案經決定後，卽行規劃一切·聘請中央宣傳部編撰科主任崔唯吾同志·擔任黨義教師·並推定本台職員劉振清同志綜理教務事宜，兼授無線電大意，及電池學·俞曰尹同志，教授無線電實習·蔣德彰同志，教授電學大意，及電學實習·黃天如同志，綜理訓育事宜，兼授國語。陸以灝同志，教授常識。杜文彬同志，管理事務事宜。其招生考試日期初擬二月十五日舉行，嗣以報名投考經審查合格者，爲數寥寥，倘不及原定取錄名額，恐難選擇。遂改於三月一二兩日舉行，屆時投考者，計四十五人，分別試驗，事竣，審閱試卷，評判分數，堪以及格者甚少，不得已。僅取錄正取胡孔殷湯一鶚徐學鎧虞家騋趙劍張慈涵劉學愷劉際斯余倜李秉新等十名，備取鄭春鏗何文達等二名，隨將減少名額緣由，分呈

中央常會及中央宣傳部備案。規定十一日開班授課，並函知各該生先一日報到，辦理入學手續，屆期舉行開學禮。茲將課程表、連同保證書，志願書，及授課規則，併附於後：

1.收音員訓練班課程表

2.收音員訓練班保證書

3.收音員訓練班志願書

4.收音員訓練班規則

中央廣播無線電台

收音員訓練班課程表

時間	科目	月	火	水	木	金	土
上午	八—五〇	黨義研究	電學大意	黨義研究	常識	黨義研究	電學大意
	九—五〇	紀念週	電學大意	常識	電池學	常識	電學大意
	十—五〇	電池學	無線電大意	無線電大意	無線電大意	無線電大意	無線電大意
	十一—五〇	無線電大意	國語	國語	國語	國語	常識
下午	一—五〇	電學實習	無線電實習	無線電實習	電學大意	無線電實習	無線電大意
	二—五〇	電學實習	無線電實習	無線電實習	電學大意	無線電實習	
	三—五〇	電學實習	無線電實習	無線電實習	無線電大意	無線電實習	
附錄	八·三十—九·三十	開課後二星期內每日溫習各項課目以後按時改爲收音實習紀錄及整理		仝右	仝右	仝右	仝右

保證書

今保　　在

貴台無線電話收音員訓練班練習俟期滿聽憑派往各省市服務如有違背訓練規章服務條例及不良行爲發現保人願完全負責此證謹呈

中央廣播無線電台

保證人

職業

籍貫

現在住址

永久住址

黨證字號

中華民國十八年　月　日

志願書

今投考

貴台無線電話收音員訓練班業蒙

錄取自當遵守訓練章程及各項規則肄習學術俟畢業後聽憑選派各處服務不論遠近遵從指揮忠心和努力於職務如有違背願受處分謹呈

中央廣播無線電台

立志願書

籍貫

永久通信處
黨證字號

中華民國十八年　月　日

中央廣播無線電台無線電話收音員訓練班規則

子　關於訓育方面者

1.各生在訓練期間不得請假其因特別事故呈請核准者不在此例
2.各生除星期外不得擅自出外
3.教室寢室值日生由本台指派負責維持秩序風紀事宜
4.教室膳室寢室之座次榻位由本台支配之
5.各生應遵照授課時間表作息時間表先行準備一切
6.各生學業成績操行優劣由本台考核獎懲之
7.各生之獎懲分嘉獎警告除名三項
8.各生不得擅入黨部各辦公室等處致礙工作
9.機械器具棹椅牆壁均不得有意或無意加以破壞

丑　關於教室方面者

1. 按照授課時間表依次鳴鈴爲號各生一律齊集教室按次就座聽候點名授課不得無故遲到或早退
2. 上下課時須向教師致敬禮
3. 授課時不得隨意離座談笑妨礙他人課業
4. 如有疑義應逐一起立發問不得同時爭越
5. 授課時不得退席但經教師許可者不在此限
6. 授課時各生須振作精神靜聽教師指導不得萎靡怠惰
7. 上課時非應用之書籍物件不得攜入教室
8. 不得任意涕吐及其他不潔行爲

寅　關於寢室方面

1. 各生應依照規定之榻位不得揀擇擅自移動
2. 各生所攜行李不得逾三件須置於榻下爲限
3. 每晨七時起應將臥具整理齊正
4. 每晚十時半就寢十一時息燈
5. 不得燃置燭火等危險物品

6.不得隨意涕唾及有不潔行爲

7.門窗之門鎖由值日生管理之

本規則如有未盡事宜得由本台隨時修正之

丁 訓練情形 三月十一日開課，按照預先選定各課本，及所編撰之講義，依上列課程表授課，計每週無線電大意八小時，無線電實習九小時，所以使受訓練者，略明無線電之原理，及其組合與作用，並悉裝置、管理、使用、修配等方法。電學大意六小時，電池學二小時，所以使受訓練者，先明電之原理効能，及傳導感應之各種變化，電池之構造，分析、充過、量驗之方法。國語四小時，所以使受訓練者，嫻熟國語，易於聆音辨義。黨義三小時。常識四小時，所以使受訓練者，洞明黨義，備具收音紀錄時所需要之常識，則對於專有名辭，深奧辭義，容易了解。收音實習六小時，藉以練習技能，使漸嫻熟，俾應用不致常感困難。

戊 畢業及分派工作情形 至五月中旬，上課已逾二月。凡收音員必需之簡單學術，先後教授完竣，經台務會議，決議於十五日前結束授課，分日考試學業成績，評定分數，仍留各生在台實習遠距離收音，聽錄他台播音。並候

總理奉安大典時，分派前往中山路一帶，以二人爲一組，各自裝置收音機一架，練習管

理·嗣於六月六日，舉行畢業典禮，所有成績及格者，陸續選派赴各省市縣黨部工作，並將姓名成績，及選派服務地點，列表於後：

中央廣播電台無綫電話收音員訓練班

畢業考試成績

姓名＼科目	黨義	無綫電大意	無綫電實習	收音實習	電學大意	電學實習	電池學	國語	常識	平均	操行	服務地點
胡孔殷	90	83	86	92	95	97	85	85	84	88.1	乙	湖北省黨部
湯一鶚	68	78	81	83	82	91	86	84	91	82.1	甲	漢口特別市黨部
徐學鎧	80	70	76	79	65	94	86	77	75	77.2	乙	浙江省黨部
劉學愷	78	67	64	83	55	89	77	85	89	75.1	甲	福建省黨部
陳濟略	68	63	75	76	65	90	66	84	75	73.0	丙	天津特別市 部
虞家騄	65	51	72	82	44	90	74	86	75	70.3	甲	青島特別市黨部
趙劍	62	60	68	72	60	68	68	74	75	67.2	丙	鄭州市黨部
張慈涵	65	47	47	74	42	70	74	79	71	61.4	乙	九江市黨部
李秉新	65	48	50	81	42	42	54	84	88	61.1	甲	銅山縣黨部
佘[illegible]倜	62	55	45	59	42	42	70	75	75	57.0	丙	已回籍
王致崇	70	30	55	61	42	55	30	86	77	54.3	甲	留台工作
鄭春鏗	85	29	39	53	30	61	39	77	57	49.2	丙	已回籍
謝沂周	60	23	50	55	30	30	43	81	58	46.5	乙	已回籍

巳 結束公牘

（一）呈報畢業六月四日

呈爲職台無線電話收音員訓練班第一期學生訓練期滿舉行畢業典禮仰祈鑒核備案并請蒞臨訓話事竊查設立該班暨開始訓練各原由業經呈報各在案其訓練日期原定兩月至五月十一日滿期卽經飭據各科教員分別舉行試驗評定分數開單送核前來復經道一詳加審察均尙適當應予畢業嗣由職台台務會議決議應先結束并飭各生實習遠距離收音俟總理奉安時於中山路臨時裝設收音機多架試驗管理方法完竣後再行畢業典禮酌量派往各級黨部服務以資歷練而重大典現在奉安事竣各省市黨部對於收音專才需用孔亟擬於本月六日下午四時舉行畢業典禮理合具文呈請 鈞部鑒核備案部長蒞台指導訓話并將及格各生姓名年齡籍貫及試驗成績另開清單隨文并送指令祇遵一面仍由職台斟酌人地相宜擬定選派地點再行呈請察奪函送各省市黨部服務以重收音實爲公便謹呈

中央宣傳部

附收音員訓練班畢業各生姓名及成績清單一紙

（二）呈報分派地點

呈爲呈送職台無綫電話收音員訓練班第一期畢業各員選派地點暨該班經費收支報告清單各一份仰祈

鑒核示遵事竊查職台業於六月五日將該班畢業情形呈報在案所有及格各員內胡孔殷一員原擬選派山西省黨部服務嗣經函詢該部未准覆到由該員請准給假二星期回籍安置家事現在尚未到差其湯一鶚等八員均經分別選派各省市黨部服務擕機出發並已呈報到差日期前來除函飭努力收音勿稍怠忽外理合開列人名地點清單具文呈送

鈞部鑒核備案至於該班用欵亦經造具收支報告單一紙分類報銷表八紙連同單據八十一張彙訂成册合併呈送

察核轉送監察委員會核銷令遵實爲公便謹呈　中央宣傳部

附選派收音員姓名地點清單一份

無綫電話收音員訓練班收支報告單據等一册

(三)呈請修改條例

呈爲呈請事：竊職台派往各省市黨部收音員，現係遵照十七年七月所訂無綫電收音員服務條例施行，惟時歷一載，正値職台籌備擴充之際，原條例條文簡略，未盡適用．茲將另行修訂收音員任用條例草案，備文呈送

鈞部鑒核，批示遵行，實爲公便，謹呈

中央宣傳部

附修訂收音員任用條例草案一份

十七年七月所訂收音員服務條例一份

（四）中央宣傳部復函

爲通知事：查該台收音員任用規則，經於本年六月十三日本部第九次部務會議，決議修正通過在案，合行錄案通知，卽希查照，此致

中央廣播無綫電台

附中央廣播無綫電台收音員任用規則一份

中央執行委員會宣傳部印

附一

中央廣播無綫電台收音員任用規則 十八年六月十三日中央宣傳部第九次部務會議通過

第一條 本規則根據十七年七月訂立之收音員服務辦法修訂之

第二條 凡具左列各項資格之一經本台審查合格者得充任收音員

1. 高中畢業曾習無綫電學者

2. 無綫電報電話速成班畢業者

3. 曾任無綫電台工務者

4. 曾充廣播電台收音員者

5. 曾經本台專設之訓練班畢業者

6. 隨同本台所派收音員學習收音在三個月以上經本台調試合格者

第三條 各地黨部收音員須由本台遴選呈由中央宣傳部派送各級黨部管理無綫電收音事宜受本台指揮及各該黨部宣傳部監督

第四條 收音員應塡具服務誓書及覓具妥保塡具證書負責保證

第五條 收音員之職責如左

1. 裝置管理使用修理收音機之全部

2. 按時充換各種電池

3. 按照本台播音節目時間表開機收音

4. 紀錄整理所收消息報告所隸屬之黨部宣傳部並送交當地報館發表並須將該報按日郵寄本台一份以便查核

5. 按週將收音情形塡表報告本台

6. 隨時訓練當地同志管理收音事宜

7. 其他關於收音事項

第六條 凡充收音員者得由本台隨時遷調不准托故推諉辭職改業

第七條 收音員生活費由本台依照派達黨部幹事薪級分別規定函知各該黨部宣傳部支給之

第八條 收音員前往服務地點時所需川資由本台酌量發給嗣後因公來台接洽由各該黨部發給

第九條 收音員裝設修理收音機應負完全責任所需材料經費各該黨部應予以便利

第十條 收音員請假者須請人代理並須經各該黨部宣傳部核准請假至一星期以上者須呈報本台備案

第十一條 各該黨部宣傳部應按月將收音員服務成績函報本台彙同收音員週報表審核優劣分別獎懲之

第十二條 收音員獎懲分左列六種

嘉獎 加薪 遞升 警告 減薪 撤職

第十三條 收音員不得無故免職其有溺職行爲者得由各該黨部函請本台處分之

第十四條 本台得隨時派技術員視察各地收音情形指揮收音員加以改良

第十五條 收音員工作增繁時得聲請各該黨部酌派助理人員分擔紀錄等事項

第十六條　收音員除收本台播音外並得酌收其他各台播音

第十七條　收音員除遵守本規則外並應遵守本台及各該黨部宣傳部各項章程

第十八條　本規則如有未盡事宜得隨時修訂之

第十九條　十七年七月所頒發之收音員服務辦法於本規則頒到日廢止之

第二十條　本規則由本台呈請中央宣傳部核准施行

附二

中央廣播無綫電台收音員服務誓書

今由　負責介紹蒙

中央廣播無綫電台派赴　省/市黨部充任收音員誓以至誠遵守收音員任用規則努力服務如有違背願受處罰

簽名　蓋章

黨證號數　字　號

負責介紹人簽名　蓋章

黨證號數　字　號

中華民國　年　月　日

附三

經費

預算原定經費一千元收音員出發旅費另按遠近發給茲經核計實支銀一千一百八十二元三角二分

1. 書籍材料銀三百五十六元一角二分 內除學員所交書籍費三十三元應以三百二十三元一角二分

2. 津貼及工資銀四百二十一元二角

3. 膳食銀一百二十四元二角二分

4. 雜支銀三十九元七角八分

5. 旅費銀二百七十四元

本台電力擴充之籌備情形

(一)緣起

本台開始播音，已逾一載，就其經過，深知我國幅員廣大，交通梗阻；値玆訓政時期，深有賴於敏捷偉大之宣傳利器，若廣播無綫電機者！特以扼於現有機件，電力微弱，而國人對於遠距離無線電話收音，多乏深刻之研究與適當之經驗，因之艱苦備嘗，成績尚未大著。爲適應需要，慰羣衆之渴望起見，爰有大事擴充之規畫。嘗考歐美各國電台，星羅棋佈，每多利用專線，互相轉播，使重要節目，全國同時聞悉 所有收發機件，俱可簡省，實其疆域較小，各地聯絡互助所致。律以我國，尚有不同，故擴充計劃，自以建設一强有力之播音台於中樞，暫以直接播送爲原則。異日各省陸續興建電台後，再訂聯絡轉播之互助辦法，一倡百和，効更偉大；在草擬擴充電力計劃之際，原擬添置二啟羅瓦特短波（一百公尺以下之波長）廣播機件一座，同時復留用現有原機，略行改善，以補充其射程。迭經旁徵博訪。鄭重考慮；僉以短波原理，尚未大著，通報僅限號碼，自屬簡單易收。至於廣播目的，在使音調清晰，不失眞相。但因天時變化，影響射程甚大，而時高時低之病，無法避免，故歐美各廣播台仍用長波（一千公尺以上之電波）中波（一百公尺以上一千公尺以下之電波）二種。我國如果卽行採用短波，或長波，則京滬平津粵漢等處，現有各收音機，更將不適於用。再四斟酌，决用中波，一俟大台成立，及短波試驗成効卓著後，再當另建一强有力之短波電台，盡力於國際之聯絡。至於電力一項，常以東鄰日本之十啓羅電台，每當夜間播音時，我國內地各省，如鄂豫湘粵等處，尙能聽聞淸晰計其距離，固已近乎我國各省繁盛區域離京之程。故當擬定選用中波機後，卽擬定電力爲至少十啓羅瓦特，並擇要錄陳

戴委員季陶，陳委員果夫，葉委員楚傖，於十八年二月十八日提經第二屆中執委會第一百九十八次常會通過，茲將原提案等項，附載於後：

（二）提案

爲中央廣播無線電台，甌創半載，漸著成効，惟以我國幅員廣闊，邊遠省區，尙未能一律暢達，實由於該台電力，現僅五百瓦特。允宜迅速擴充，以闡揚黨義，訓導國民。茲將該台擴充計劃，提請討論，核准施行。是否有當？敬候公决。（計劃已見前）

决議：通過。並指定陳委員果夫，葉委員楚傖，負責籌備。

（三）徵集

案經决議通過當卽徵集歐美各公司廠行中波十啓羅瓦特播音機說明書及承辦價格手續等

項同時並徵集二十五、五十啓羅瓦特播音機說明書會同審查內容比較參考當卽繪製各廠行十啓羅瓦特二十五啓羅瓦特五十啓羅瓦特播音機機件及價格比較表陳由籌備委員議擇五十啓羅瓦特電力機械再於十八年六月二十四日提請第三屆中央執行委員會第十八次常務會議變更計劃

(四)第二次提案

爲提請核議變更擴充中央廣播無線電台計劃，改用五十啓羅瓦特，將機械經費，增爲六十萬元，以便普及宣傳，是否有當？敬候公决施行。

理由

案經第二屆中央執行委員會常務委員會第一九八次會議，决議：通過中央廣播無線電台擴充計劃，并指定果夫楚傖負責籌備，當經飭由該台主任吳道一同志，精密籌擬切實辦法，愼選精良機械，先將歐美各公司各種播音機之電力價値，付款辦法，交貨日期，及機件內容，詳細詢商，考核比較，列表送經果夫等審核，僉以原案，本擬至少擴充電力爲十啓羅瓦特，惟當此訓政肇始，建設方殷；似宜逕選五十啓羅瓦特播音機，則音波遠達鄰國，卽遇其他電台同時播音，亦不致爲其音浪遮掩，間有擾亂不清之處，預算機械經費，約須銀六十萬元，較一九八次常會通過原案，共需四十萬元，所增尙屬非巨，

衡以時勢國情，實有變更增加之必要。

辦法

謹將各公司機械及價格之比較，列表附呈審核。如蒙通過，當再詳擬具體方案，積極進行，一俟商選某公司出品，訂立購機交貨付款保用合同，再行分批撥款，並籌備建設工程，總期從速觀成，藉副鈞會普及宣傳，提高文化之至意。

附件一、各公司機械比較表二十紙（表稿見另頁）

二、每月經常費預算比較表二十紙（表稿見另頁）

決議：通過，仍由陳葉兩委員，負責辦理。

乙組乾電池有効時間表

收音機	收音機所用眞空管	普通表乙組電池有効府間
各種三眞空管式長短波收音機	UX201-A 三只	八月
合組十六號收音機 滬廠式收音機 三號收音機	UX201-A 五只 UX112-A 一只	四月
合組二十號收音機	UX199 四只 UX120 一只	四月半
合組二十八號收音機	UX199 七只 UX120 一只	三月
德律風根十號收音機 德律風根三號收音機	RE054 二只 RE124 一只	六月
德律風根四十號收音機	RES044 一只 RE054 一只 RE084 一只 RE134 一只	五月
德律風根九號收音機	RE144 三只 RE054 一只 LE134 一只	四月

上表所列電池有效時間係指用電最多一只計算並假定每日開用收音機五小時

凡乙組乾電池電壓跌落至三十四伏爾次時卽須更換新電池

歐美各廠行廣播無線電機機械及價格比較表

電台電力	承辦行廠	天綫輸出(啓羅)	天綫輸入(啓羅)	機價 外幣	機價 國幣	工程費 外幣	工程費 國幣	交貨日期	付款辦法	全台需用電力(啓羅)	機件保證	通話遠近	該行廠已成電台	備攷
五十啓羅	西洋門行子	50	240	G$ 238,100	五十八萬五千餘元	免收		八月後運出 上海交貨	定貨時付四分之一、貨到時付四分之一、餘待裝機完竣後付清	360	機件裝置完竣一年之內因質料欠精而損壞者由該公司負責	一萬華里	六十啓羅挪威一座	全套
五十啓羅	惠勒公司	50	200	G$ 209,940 G$ 219,190	五十一萬六千餘元 五十三萬九千餘元	六月收 G$ 12,000 過六月每天 G$ 30	六月合二萬九千五百餘元 過六月每天七十三元	八月後運出 上海交貨	定貨時付一半餘待外洋出廠時付清	260	定貨後一年內質料欠精者由該公司負責	在收音情形良好時可達中國全部及遠東	美國三座	電力廠重要備貨均不在內鐵塔有兩種故機價亦有兩種
五十啓羅	法商電話長途公司	50		G$ 281,700 G$ 285,200	六十九萬三千元 七十萬零一千餘元	免收		八月後運出 上海交貨	待商	360	除真空管外一年內質料欠精者由該公司負責	夜間可達八千一百華里		全套 鐵塔有兩種故機價亦有兩種
五十啓羅	馬可尼無綫電公司			£ 47,720	五十四萬八千餘元	三月免收		八月後運出 上海交貨	定貨時付一半提單到時付四分之一貨到中國六月內付清	275		三千華里	六十啓羅瑞典一座 五十啓羅英國兩座	重要備貨不在內
二十五啓羅	西洋門行子	25	120	G$ 177,450	四十三萬六千餘元	免收		八月後運出 上海交貨	定貨時付四分之一貨到時付四分之一餘待裝機完竣付清	200	機件裝置完竣後一年之內因貨料欠精而損壞者由該公司負責	七千華里	三十啓羅德國一座二十啓羅芬蘭何加利各一座	全套
二十五啓羅	法商電話長途公司	25	80	G$ 155,600 G$ 158,200	三十八萬二千餘元 三十八萬九千餘元	免收		八月後運出 上海交貨	待商	180	除真空管外一年內質料欠精者由該公司負責	夜間可達六千華里		全套 鐵塔有兩種故機價亦有兩種
二十五啓羅	馬可尼無綫電公司			£ 30,900	三十五萬五千餘元	三月免收		八月後運出 上海交貨	定貨時付一半提單到時付四分之一餘待裝機完竣付清	175		二千四百華里	瑞典一座	重要備貨不在內
十啓羅	西洋門行子	10	40	G$ 117,900	二十九萬元	免收		八月後運出 上海交貨	定貨時付四分之一貨到時付四分之一餘待裝機完竣付清	70	機件裝置完竣一年之內因質料欠精而損壞者由該公司負責	四千華里	十五啓羅德國一座 十四啓羅奧國一座	全套
十啓羅	惠勒公司	10		G$ 109,610 G$ 118,860	二十六萬九千餘元 二十九萬二千餘元	六月收 G$ 12,000 過六月每天 G$ 30	六月合二萬九千五百餘元 過六月每天七十三元	七月後運出 上海交貨	定貨時付一半餘俟外洋出廠時付清					鐵塔有兩種故機價亦有兩種 詳細說明書尚未收到
十啓羅	開洛公司		10	G$ 45,000	十一萬元									說明書太簡各項均未提及
十啓羅	中國氣電公司	10		G$ 78,285	十九萬二千餘元	二月收 G$ 5,300 過二月每週G$ 275	二月合一萬三千〇卅八元 過二月每週六百七十六元	十週後運出 上海交貨	定貨時付一半提單到時付四成裝機完竣後付清					電力廠及裝機用雜綫不在內 詳細說明書尚未收到
十啓羅	法商電話長途公司	10	41	G$ 117,400	二十八萬八千餘元	免收		九月後運出 上海交貨	定貨時付三分之一提單到時付三分之二	60	除真空管外一年內質料欠精者由該公司負責	夜間可達六千華里		全套
十啓羅	馬可尼無綫電公司			£ 18,925	二十一萬七千餘元	三月免收		六月後運出 上海交貨	定貨時付一半提單到時付四分之一貨到中國六月內付清				英國二座意大利一座捷克斯洛伐克三座羅馬尼亞一座印度二座日本一座	鐵塔及重要備貨均不在內

說明

（一）電台通話遠近恆視天綫輸出電力而定該項電力與天綫輸入電力相較常小四五倍

（二）工程費係裝機時承辦廠行所派工程師之津貼

（三）機價一項係指機件本身價格而言其他關稅運費等等概不在內

（四）全台需用電力係指該台全部機件需用之電力須由本京電廠供給或卽由該台預備之電力廠供給

（五）通話遠近係指用六燈真空管收音機不分日夜可通之距離秋冬夜晚尚不止此

（六）各廠行所開機價每有缺少附屬機件者均在備攷項中載明

（七）從發音室通播音台之專綫因距離遠近不能預定故未包含機在價內

（八）上列機價項中國幣一項係以美金一元合國幣二元四角六分英金一鎊合國幣十二元五角計算將來正式訂購時金價容有變更但仍以外幣爲標準

十八年六月　中央廣播無綫電台製

中央廣播電台擴充後每月經常費預算比較表

電台電力（啟羅瓦特）	全台機價約數	全台需用電力（啟羅瓦特）	經常費						備考
			機器燃油費	機器潤油費	修理費	職員生活費	活動費	合計	
50	600,000元	360	1,800元	400元	7,500元	4,000元	1,600元	15,800元	
25	400,000元	200	1,000元	300元	5,000元	3,000元	1,200元	10,500元	
10	300,000元	70	500元	200元	4,000元	2,000元	800元	7,500元	

（一）電台需用電力係照各廠行所開之最大數

（二）機器燃油費以每日播音十小時每馬力小時用柴油半磅柴油每噸約價五十元計算如需用電力直接由本京電廠供給按度付價尚不止此

（三）修理費以全台機價千分之十二左右計算

十八年六月

(五)請財務委員會決定撥款辦法提案 九月六日中央財務委員會第十一次通過

案由

提請籌撥擴充中央廣播無線電台經費，及規定技術人員薪給案．

理由

查無線電話，需用日廣，普及宣傳，良深攸賴．擴充中央廣播無線電台一案，前經第二屆中央執行委員會第一九八次常務會議，決議通過，并指定果夫楚傖負責籌備，當先調查各種播音機械効用價值審核比較詳細列表，并擬採用五十基羅瓦特電力機械，預計價格約需六十萬元，提經第三屆中央執行委員會第十八次常務會議，決議通過．嗣卽積極籌備，現在歐美各公司廠行所送各種圖表說明書等，均已彙集，不日添聘專家，會核決定．訂約購機，進行建築，所需欵項，應卽分期籌撥，以利進行，從速觀成，藉慰衆望．

辦法

機械價銀共約六十萬元，可以分作四期交款，建築房屋約需銀拾萬元左右，亦可陸續支付．現在第一期至少需銀二拾萬元，除付購機定銀外，餘作房屋等項之用，擬請籌撥的款，備領應用，俾免停頓，而資發展．其現在計劃建築等事，暨將來一切工程管理，擬聘總工程師一人，負責襄辦，惟事屬高深技術，迥與普通職員有別，每月薪金至少約需四百元。其餘工務方面人員，亦請特予規定，不按中央各部處會職員生活費標準支給，以資策勵而期努力，是否有當？統候

公決

決議1.每月在中央經費內提撥二萬元，另行存儲。

2.暫在華僑捐款項下借廿萬元，按月還二萬。

3.餘候向承購人商定詳細付款等方法後，併案呈請常會核准。

4.技術人員薪給照辦。

5.三全大會餘款，及國慶紀念餘款，罰金、黨費印花，浴室盈餘，本年六月及以前之各項利息，概行撥交。

並經財務委員會移送中央執行委員會第三十四次常務會議，決議：第二項改為十五萬元，餘照通過。

(六)專家會議

本台以五十啓羅瓦特電力播音台，在國內實屬初創，對於選購機械，尤宜格外愼重。集思廣益，當將歐美承商，美商合組無線電公司代表惠勒公司，德商德律風根無線電公司

代表西門子洋行，英商標準無線電公司代表中國電氣公司，法商聯合電氣公司，英商馬可尼無線電公司代表中華無線電公司，所送價格及說明書各種圖表，逐一審察，編訂節略，並繪製統計比較表，請由中央宣傳部，函送國內各無線電專家，審查考慮，備具意見說帖，于九月十六日，到台開選擇機件審查會。茲將敦請函件，及會議情形，附載于後：

1.中央宣傳部致各專家函

逕啓者：查無線電話需要日繁，擴充中央廣播電台一案，兩經中央常會決議通過，積極辦理，採用五十啓羅瓦特播音機械，彙集現願承辦之歐美各公司廠行所送價格及說明書等項。將其內容，擇要印就比較表一種，詳經審核。惟茲事體大，不厭精詳，價格固取低廉，機械尤重精良，効能務須廣大。茲爲集思廣益，愼重選擇起見，尙擬廣徵專家意見，再行決定。除訂於九月十六日上午，在該台開會討論外，久諗

執事學識優長，于無線電界，夙著聲譽！特將該表附送一份，即希

察核，詳加考慮，究以何家之貨爲最合宜，并于是日

惠臨該台，到會商酌，發抒偉論。會同裁奪。如果公務紛繁，不克撥冗到會，亦希

將卓見備具說帖，函覆逕寄該台，以備參考，至紉公誼！此致

朱其清 顏任光 溫毓慶 徐恩曾 張貢九 張承祜 李範一 馮簡 李熙謀

趙以廉 莊智煥 王崇植

2. 本台擴充電力選擇五十啓羅瓦特播音機件審查會

時　間　十八年九月十六日

地　點　本台發音室

出席者　顏任光　徐恩曾　李熙謀　莊智煥（聶傳儒代）　李範一（顏任光代）

劉振清　吳道一

主　席　吳道一　紀　錄　俞日尹　蔣德彰

開會如儀

（一）主席報告籌備經過——敝台擴充動因，始于去歲。時當統一告成，需要日繁。播音方面，限於電力，不克暢達全國，而腹部各省市收音，常隨時令環境關係，致發生不良影響。經積極計劃擴充電力，至少爲十基羅瓦特，由戴委員季陶，陳委員果夫，葉委員楚傖，提經中央第一九八次常會通過，並指定陳葉二委員，負責籌備，旋卽向上海各行徵詢十、二十五、五十、基羅瓦特播音機價格及說明書，嗣又採納各方

意見，決定擴充電力至五十基羅瓦特。使東亞各埠，及國內各地，可聞悉中央播音，藉收擴大宣傳之效 迨各行機價及說明書寄到後，即經摘錄機件，造具開辦及經常費預算約數，仍由陳葉二委員，提經第三屆中央執委會一八次常會通過，現計各行機價及說明書之合者有五家，其要點已列表送交各專家審查，諒蒙閱悉。尚有專家五六人，因事不克趕到，陸續均有意見寄台，現擬由本會從機件方面，選定二三家。至于價格一層，當即會同中央會計科，中央財務委員會，從長評議，另行呈由籌備委員，簽訂合同。

(一)決議：暫擇惠勒公司(合組公司代表)，西門子洋行(德律風根公司代表)中華無線電公司(馬可尼公司代表)。

(三)決議：囑上列三行開電廠價格，並機件製造廠家。

(四)決議：付欵辦法列後。第一期簽訂合同時，付四分之一；第二期提單到時，付四分之一；第三期貨到三月後，付四分之一；第四期裝機完竣二月後，付四分之一。

(五)決議：交貨日期，須確實規定，如逾期限，應如何處罰，則俟評價時規定之。

(六)決議：上列三行機件及備貨方面，應囑增減各點計廿七條。

附英文

THE TECHNICAL REQUIREMENTS

1. Provide crystal control but also self excitation with limitation of variation of frequency according to Washington Conference.
2. An automatic cut off device in high tension circuit when the temperature of circulating water is too high.
3. An automatic cut off device in high tension circuit against false in grid bias.
4. Supply automatic Limiting device (Automatic volume control) in speech input amplifier.
5. Use self supporting towers at least 120m. high; it must be strong enough to meet cyclones, tornado, etc.
6. Install valve holders for every stage with changing over switches.
7. Factor of safety of all high tension condensers at least should be 4 or 5; if possible, use oil condensers.
8. One complete set of spare running machineries equiped.
9. Two sets of spare valves including rectifier valves.
10. One set of spare filter for every stage installed, if use oil condensers, only spare choke coils are needed.
11. Supply all standard types of Microphones obtainable with one set of spares.
12. Supply two portable speech input amplifiers.
13. Supply two studio equipments.
14. Supply two remote control equipments.
15. One set of telegraphic sending equipment installed for ready operation (if possible, use typewriter sender).
16. Install false indicating lamps.
17. Supply five spare quratz crystals.
18. One complete set of spare batteries equiped.
19. Supply one megger, one wavemeter and one instrument for measuring field intensity.
20. One complete set of power transformer coils and inductive regulator
21. Make a complete list of the detail parts.

THE BUSINESS REQUIREMENTS

1. Furnish living expenses of 3 Chinese Engineers for 8 months in the manufacturing company.
2. Free service of installation until the station placed into operation and free consultation and advice by the engineers of manufacturing company afterwards.
3. Guaranteed life of each kind of tubes used in the transmitter.
4. Terms of Payment:-

   25% upon signing contract

   25% against shipping document

   25% 3 months after arriving of all the materials

   25% 2 months after official operation of the station
5. Quote power plant and specify maker.
6. Make a price list of all the valves.

3.未出席各專家意見大概

張貢九　贊成馬可尼

理由(一)十成調幅之保證，最爲可靠．(二)電力銷耗較小，減省經常費，而增加全台効力．

朱其清　贊成西門子 馬可尼

理由(甲)關于馬可尼者，有(一)採用直線式調幅法．(二)全台機件効力較高．(三)校正及控制設備最完備．(四)射程保證最可靠．(乙)關於西門子者，調幅成分曲線，可於數分鐘內繪就．

莊智煥　西門子較優

理由(一)各廠所開電力，雖均爲五十啓羅瓦持，獨西門子指天線輸出，餘皆指天線輸入．電力不同，與發射遠近極有關係．(二)柵極直流調幅法較佳，

趙以廑　以西門子較爲可靠．

馮　簡　以西門子機器，較爲精廉．

張承祜　贊成西門子

理由(一)全機使用四級，眞空管只用兩種，構造管理，俱爲簡單，(二)柵極調幅法，管

理節制均易，發音或較清晰。（三）全機無電力甚大之眞空管，偶損其一，所費不大。（四）全部電池發電機，均用兩套，電機行動，均用搖控自動制，似屬完善。

4.致英美德三公司函

逕啓者敝台擴充電力所需機件前承　貴公司所送五十啓羅中波播音機說明書及圖畫照片等項均已收到業經彙集各公司所送者合併審查詳加研究除原開詳單外再由敝台擬就關於機械方面應行添改補充各點及關於事務方面應行討論各點另紙函達希　迅將大機總價及其他各點詳細開明即日寄台以便比較決定再行議訂購機合同惟此事爲我國廣播無線電事業偉大計劃之初步亦各國無線電機械對華貿易巨大發展之先聲機件務須精良價格尤貴低廉果經我國最高機關採購滿意則各省市政府陸續興建電台添辦播音收音機械源源不絕正未有艾併希　特別注意尤盼速辦切勿延誤爲荷此致

馬可尼公司

惠勒公司

德風律根公司

附補充機件單一紙（英文已見前）

（七）評價會議

根據專家會議决議，將機械方面、照各廠行所送說明書應行補充各點，及訂約方面應行討論各點，分別函致西門子洋行，馬可尼公司，惠勒公司，轉電歐美，徵集答覆。於本年十二月廿三日，邀同中央財務委員會及中央會計科，在本台會客室開評價會議。計到聞亦有趙棣華吳道一劉振淸四人，由吳道一主席。討論結果，將各家所開價格，打個折扣。並請籌備委員决定日期，親向各行廠負責人員接洽價格以昭鄭重。

嗣將專家會議結果，及徵得三公司之答復，暨評價會議决議，陳由籌備委員陳葉兩委員，擇於十九年一月六日，召集三公司代表談話，再行選定承辦商行。

附各家價格比較表

續前論著篇三十二頁補白之馬可尼氏演講辭

予曾與在 Cornwall 之助手約定時刻以相當速度發出連續之"S"信號以資收聽十二日爲予長時間奮鬥而卒達目的之日雖遇狂風予等仍飛放一負有三百英尺天綫之紙鳶前此予所常用之收受機均用凝屑檢波器 Coherer 經一繼力器 Relay 與馬爾斯機 Morse Recorder 自動記錄電報但以吾人耳膜較馬爾斯機分外敏捷故決定更用一聽筒接於自動恢復之凝屑檢波器 Self-Restoring Coherer 約在午後十二時半忽有連續『得得』小聲三響出諸聽筒適合"S"字之符號累累可辨無可疑義予之助手 Kemp 君所聞亦同予此時始知已達準確信仰見諸事實之境證明電波之自 Poldhu 發射空間者並不受當時認爲困難地面曲勢之阻隔而橫越大西洋通訊竟於新芬蘭之收受機試得之其後數日中仍得收受雖不似前此之淸晰然知距不用導綫而使電訊飛越大洋之期已近斯舉實開歷史之新紀元但有一事須申說者即當時尚無 Hea viside Kennelly 氣層與電波受空氣返折之理論及眞空管放大器過益差率收受機與定向播射機收受機等幅波發射機等之儀器當時用以發射電訊者祇能利用不規定之火花洩電而成之粗陋之減幅波所用收受器亦遠不若現時之精巧

迨試驗成功後英美電報公司卽警告予謂該公司有全權建設與應用新芬蘭與其他各處通訊之電台而予之工作侵犯其利益要求卽日停試撤移機件否則將訴之法律予驟聞之頗驚奇惟其深信予之成功且恐受無綫電越洋收發之競爭亦足自慰

嗣經相當說明後予卽蒙加拿大政府之熱烈邀請在 Nova Scotia 建設電台其時科學家對余所發表事實猶多懷疑尤以英國爲甚至於美國工程界則無此觀念當在紐約舉行宴會以表慶祝時美國之名科學家如發明電話之 Graham Bell, Elihu Thomson 教授 Steinmetz 博士 Michael Pupin 博士 Frank Sprague 君等等都來參加此後三月中予復在航行歐美之 S. S. Philadelphia 船中累次試驗而長途通訊益爲彰明在今日遠距離通訊固已幼童能爲凡用 "T" 式之定向天線及其他用無線電報電話台每月與地球各部交換消息恆至數十萬字無線電話與傳遞照像通達全球已成事實甚至活動傳眞成爲普通常識之期亦已不遠至於其他利用此新電力之法讀者自行推測大概令人驚異之處或與余等前此所遇大略相類也今 Kemp 與 Paget 兩君亦同在傳話器旁予謹敬祝賀美國諸君及大西洋對岸諸老友平安快樂

美德英三公司價格比較表

	項別	惠勒公司			德律風根公司			馬可尼公司		
		說明	價格		說明	價格		說明	價格	
			美金	國幣		美金	國幣		英磅	國幣
1	天地綫設備	該件已包含在第三項內，但無備件			連同備件	2,350		該件已包含在第三項內，但無備件		
2	外加備換之電動發電機等	祇有播音室二套，餘缺，價格已包含在第三項內			全套	8,760		全套	2,355	
3	全套播音機件	天綫最大輸入爲二百啓羅瓦特	187,922		該公司最近爲使該項機件確能聲聞全國自動增加電力至天綫輸入爲三百六十啓羅瓦特，機價照舊	152,935		天綫最大輸入約爲一百七十啓羅瓦特	28,016	
4	電力廠	四百五十匹馬力迭塞爾引擎，備件不在內，須外加裝費五百兩	30,802		六百匹馬力迭塞爾引擎連同備貨	38,000		引擎馬力未經說明，電機輸出爲275 啓羅瓦特	13,500	
5	鐵塔　四百呎高					27,100			9,960	
	鐵塔　三百呎高		17,000			14,000			2,760	
6	全套備貨眞空管		7,441			20,840			2,292	
7	自動發報機件		2,000			3,000			850	
8	全套備貨傳話器	原機已有六只無須備貨			原機有二只，現開備貨二只連全放大機二套	915		原機已有二只		
9	手提放大機二套		2,046			1,280			276	
10	全套備貨濾波器	已包含在第三項內			祇開綫圈，容電器均浸油內不易損壞	2,115		計共有二套均已包含在第三項內		
11	全套變壓器綫圈		2,335		每種綫圈各一只	1,110		共二種每種一只	355	
12	無綫電波測量器		1,120			2,225			785	
13	絕緣測量表及波長表		451		已包含在第三項內			波長表已包含在第三項內，下開價格，係絕緣測量表一只	73	
14	全套備貨電池	不全，價格已包含在第三項內			已包含在第二項內				245	
15	裝機工程費	四月免收			九月免收			三月免收		
16	付欵辦法	定貨時付四成餘須銀行負責担保不能中途退貨提單到時付四成，貨到四月內付二成			定貨時付四分之一，提單到時付四分之一，貨到三月付四分之一，裝機完竣後二月後付清			定貨時付一半提單到時付四分之一貨到六月內付四分之一		
17	眞空管壽命保證辦法	各種眞空管壽命約爲二千五百小時但此時不能有所保證			大號發射眞空管及收音眞空管均爲二千小時，小號發射眞空管爲一千小時			水澆眞空管四千小時小號發射眞空管三千小時，收音眞空管二千小時		
18	機件保證辦法	貨到一年內如有因機件製造欠精損壞者免價調換			全機裝竣交貨後一年內如因機件製造欠精而損壞者免價調換			機件裝竣開用後一年內如確因機件欠精而損壞者由該公司負責補換或修理不另取資但本易銷耗之物不在內		
19	通程保證	在收音情形良好時可達中國全境			在收音情形最佳時可達一萬華里平時日夜通程爲七千至八千華里			平時日夜可達三千華里		
		合計價格	251,117		合計價格	260,680.00		合計價格	£58.707.00	
	備攷									

十八年十二月十八日

中廣五號演講機機件說明及使用法

一 引言

本台嘗于去歲接收建委會移交之美國西方電氣公司所製公共演講機，凡值國家大典，重要集會，無不攜往裝設；聽衆雖多，會場雖大；審音辨義，如在咫尺。近以中央政治學校課堂廣大，學生衆多；迭次借裝應用，交口稱便。但因該機設備煩重，裝運欠便，該校遂託本台代製一較爲簡省之演講機，以便常時開用。當時預計製機用五眞空管放大器，連同充電器、傳話器、擴音器，以及全套電池等項材料，需款不過乙千五百元；以視舶來品需價萬餘元或四五千元者，固已簡省甚鉅。迨經製就試用，聲調之高朗清晰，較之外貨，相差甚微。竊以演講機需要日繁，舉凡團體集會，宣傳演講，運動報告，旅舍款客，以及公園娛樂，戲院奏曲，咸可藉以擴大範圍，將見雨後春筍，前踵後接。如盡購外貨，爲費旣昂；種別有限，恐無以適社會各個需要。設法自造，減少漏巵，洵屬急務！爰以製配經過，略述於後，聊備參攷。

二、機件說明

(甲)演講機功用，全在成音週率之放大。故機件設計，宜注意全機放大倍數，及輸出電力，

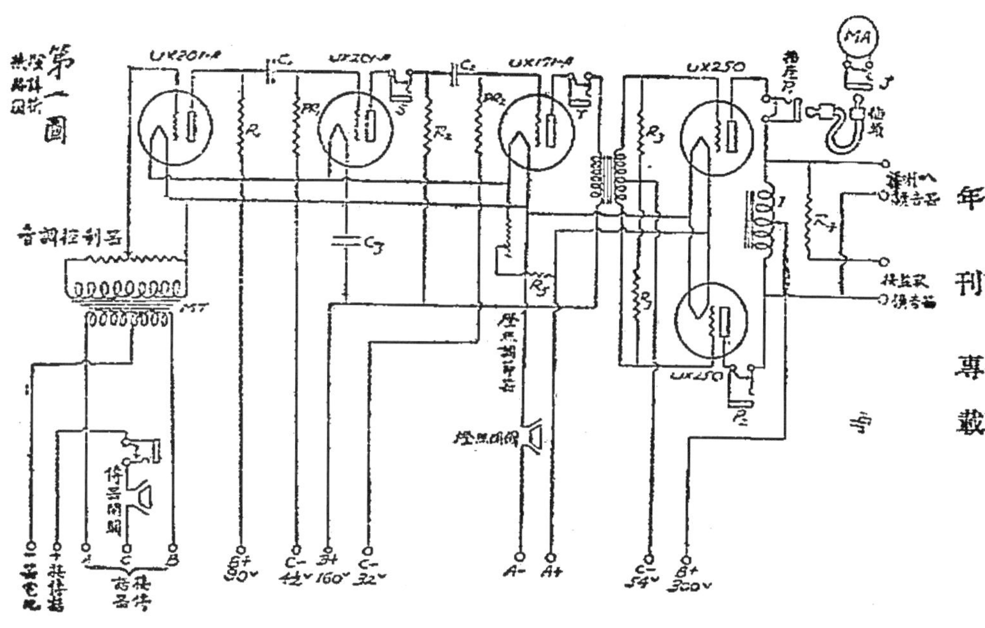

以適合各個需要・並於保持音節之自然，尤宜鄭重注意・按該機專爲課堂授課之用，放大倍數，不求過大；傳播講辭，尤貴清晰；入手辦法，先定全機級數爲四級制。絞連方法，選用容電耗阻式・及推挽式兩種・線路佈置如第一圖，首爲傳話變壓器，其正線圈接炭屑雙紐傳話器，惟中線另接供給傳話器電流之電池，並裝有插座，可隨時測量・音調控制器實爲一十萬歐姆之電位器，並接於傳話變壓器次線圈兩端，其作用有二：一則使第一級眞空管之柵路總電抗，不受發音高下而變其數値・二則該級柵極輸入電壓，可用電位器中間移動之點以調節之；但因一時不易購得適當材料，暫以一萬歐姆之玻管電阻八支串聯以代之；雖控制手續不甚精密，而普通應用，尚無大礙；第一二兩級眞空管俱用UX－201，因此

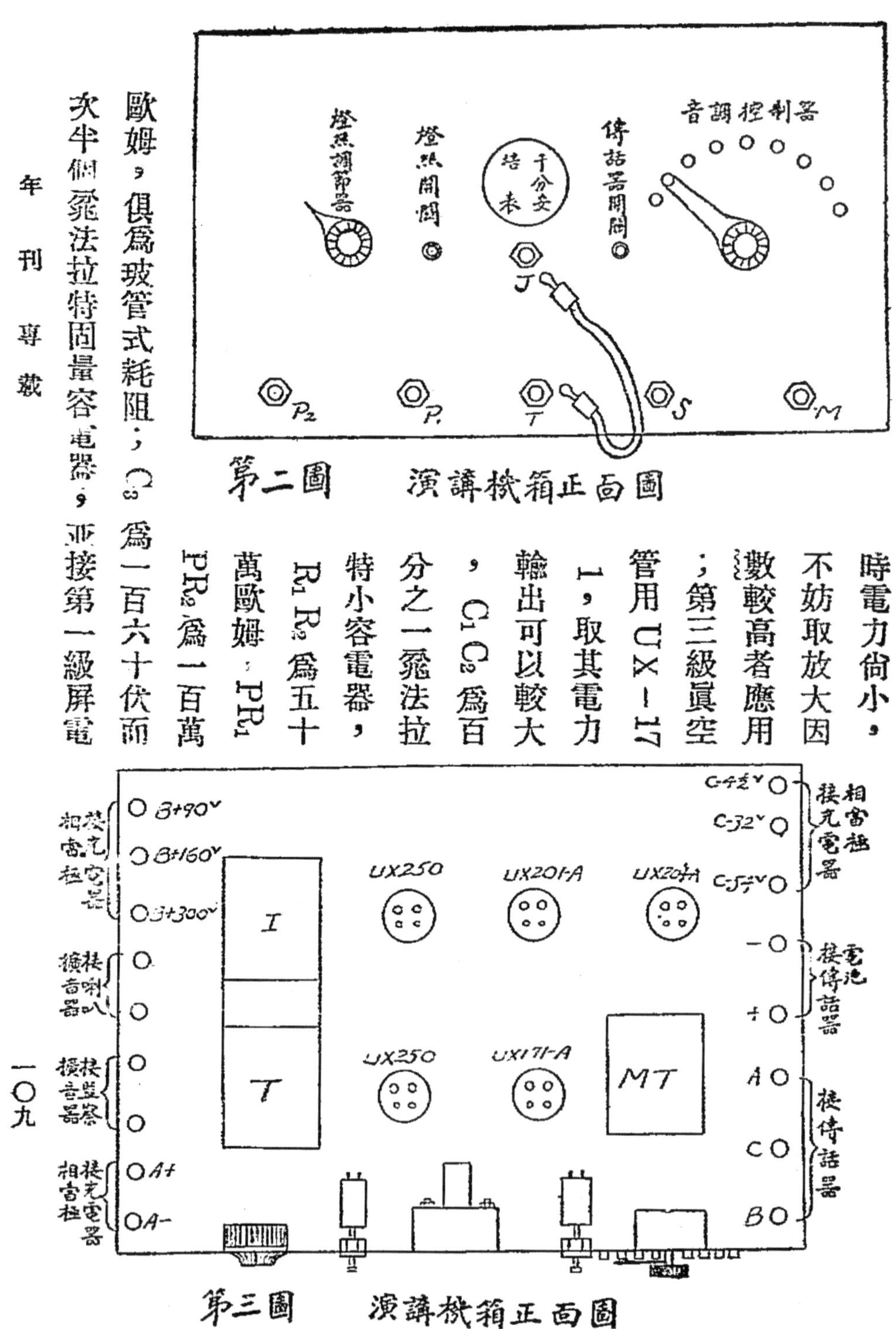

第二圖　演講機箱正面圖

時電力倘小，不妨取放大因數較高者應用；第三級眞空管用UX－171，取其電力輸出可以較大，C_1C_2爲百分之一𤨏法拉特小容電器，R_1R_2爲五十萬歐姆，PR_1PR_2爲一百萬歐姆，俱爲玻管式耗阻；C_3爲一百六十伏而次半個𤨏法拉特固量容電器，並接第一級屏電

第三圖　演講機箱正面圖

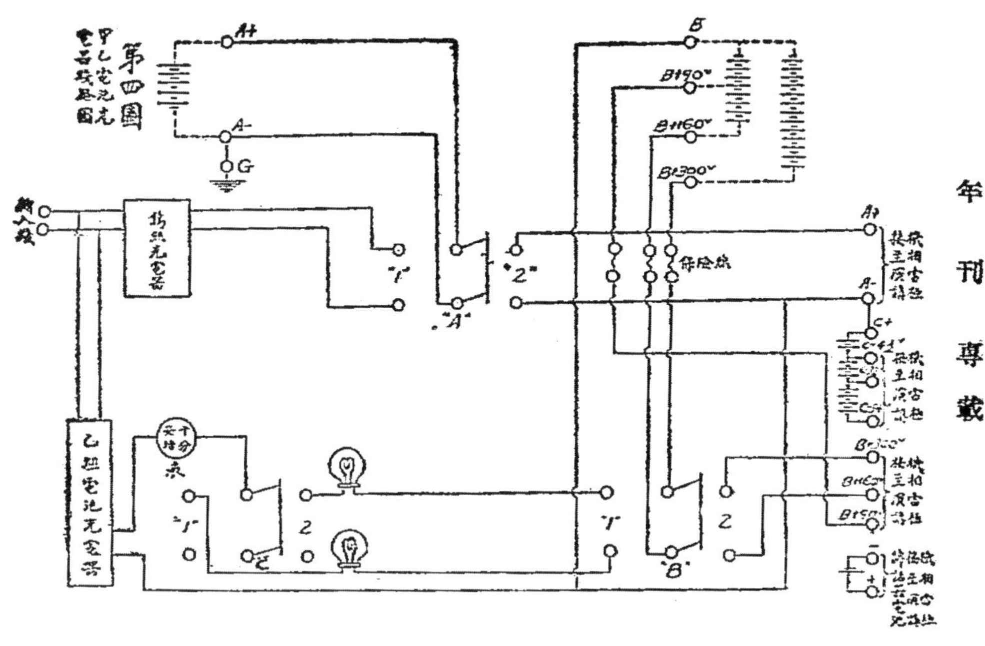

壓，以便於成音電流之行動；R_5為一個量耗阻，用以減低八伏爾次燈絲電池至六伏而次左右，以供給上述三級眞空管，另備一變値耗阻與之串聯，使隨時可以較準電壓，調節聲響，以補上述控制器之不足；

第四級為推挽放大級，其輸入變壓器，依理祇可用於UX－171眞空管，惟電力輸出似覺不敷，故改用UX－250眞空管，同時限制屏電流至三十毫安培左右，

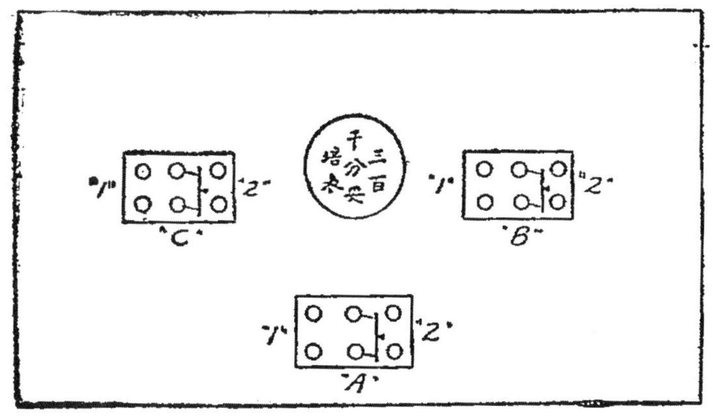

第五圖　甲乙電池充電器正面圖

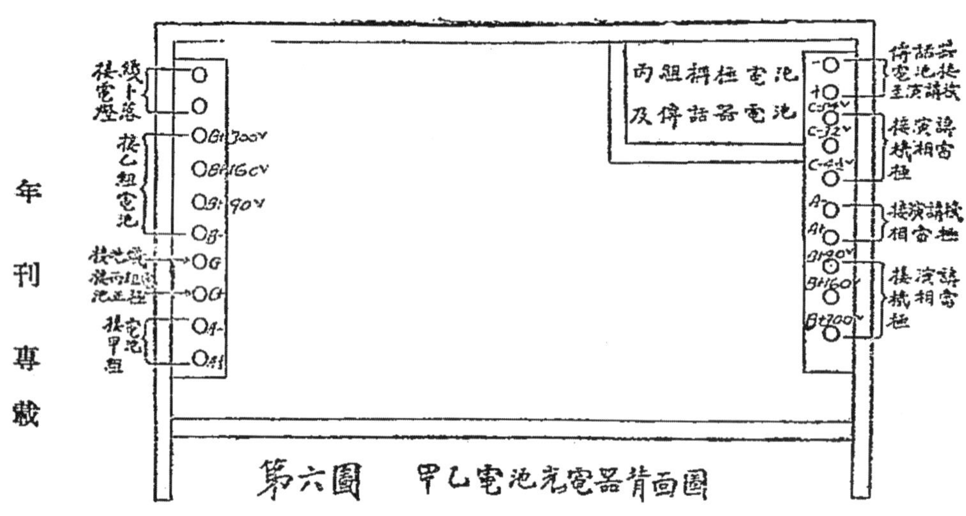

第六圖　甲乙電池充電器背面圖

以保變壓器之安全。各級屏路除第一級外，俱裝有插座，便公用之電流表可以隨時測度，他時如能購到專爲 UX－250 眞空管之推挽式變壓器，則電力可以加大，聲響當然更宏；R_3 各爲十五萬歐姆之玻管耗阻，其作用亦爲保持該兩級柵路總電抗之定數，以減少變調。輸出方面，計分兩路：一爲放大演講聲度之擴音器多只，並接於輸出電抗之兩端；一爲監察擴音器經一千歐姆之耗阻而接於該電抗，所

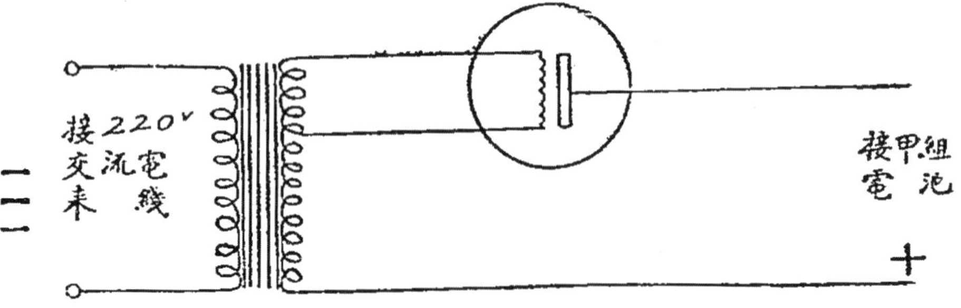

第七圖　鎢絲充電器綫路圖

請監察擴音器者，專裝機件附近便於管理員之聆辨音節隨時控制之用，全機各變壓器，俱用鋁質方匣包蓋，各種線路，但求其短，力避平行，所有各級電壓，另表於後：

級數	所用眞空管	燈絲電壓	電池種類	屏電壓	電池種類	柵電壓	電池種類
一	UX201眞空管	六	八伏而次一百四十安培小時蓄電池經一耗阻降至六伏而次	九十	一千二百安培小時蓄電池	零	
二	UX201眞空管	六	仝右	一百六十	仝右	四—五	乾電池
三	UX171眞空管	六	仝右	一百六十	仝右	三十二	仝右
四	UX250（兩只眞空管）	八	與上公用惟不經耗阻	三百	仝右	五十四	仝右

（乙）充電設備，分甲乙兩組，線路如第四圖。甲組專爲充過八伏爾次之燈絲蓄電池，用奇異公司出品之二百二十伏而次五安培鎢絲充電器，見第七圖，裝有雙線雙向開關，爲充電及供電之用；乙組專供充過兩套屏電池，（一爲一百六十伏而次，一爲三百伏而次，）用一整流眞空管半波充電器，見第八圖，該器所用眞空管爲UX281一只，其供給燈絲屏極電源之變壓器，俱由大華公司定製，其通連電池線路，亦裝雙線雙向開關二付，以

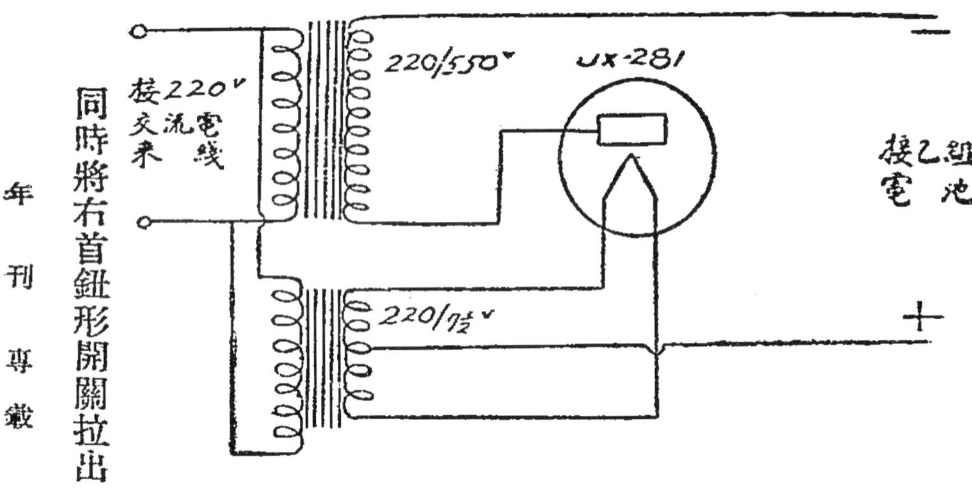

第八圖　真空管半波充電器綫路圖

減省充電供電之換接手續；同時於接入兩套屏電池線路中，裝有相當耗阻之電泡，以較準適宜之電流，一經較定，此後毋須更動。此外柵電池，均用乾電，無庸充過。

三、使用方法

該機既爲課堂講授之用，擴音器與傳話器自當合裝一室，因此每以回聲返入傳話器、而發生成音週率之振盪，其聲嗚嗚，擾亂正音；故傳話器宜裝入木箱，祇空一面，網以鐵紗，以便演講者準對發音，其擴音器宜用錐體形者多只，散置全室，以求聲調之清晰，散射之平勻。茲將管理使用應行注意之點，列舉如下：

(甲)傳話器三線接演講機 A,B,C 三頭，如第三圖。傳話器電池爲二只一·五伏而次之圓筒式乾電串聯而成，此時宜將電表電纜插頭一端接J，一端接M；同時將右首鈕形開關拉出，以查測傳話器電流，約以十五至二十五毫安培之間爲適當、如將傳話器接入該機之A,B兩點，再行依次啣接，則傳話兩鈕各箇電流，亦得分別查量，大概兩鈕相差，當在十孥安培以內；否則係爲使用日久，炭屑凝附薄膜現象，宜除去電源，將傳話器輕輕拍動，假使拍動後仍不見効，須送原製造廠修理

(乙)全機佈置，係採用橱式；上爲放大器，下爲備置零星用具之屜斗。橱下一架，則充電設備，可參看本刊插畫類照片。此外尚有電池架一具，安置甲乙兩組電池。放大機各眞空管地位及種類，俱見第三圖，用時可按次插入，然後將各級屏柵燈絲電壓，依第三第六兩圖之注明，先接充電架，再至放大器，其手續祇須將前面兩鈕形開關（如第四圖）拉出，並以電表電纜插頭依次插入M,S,T,P_1,P_2各點，以查量傳話器及各級屏電流是否合度，除傳話器應有電流已如前述，及第一級電流微弱不計外，計S爲第二級，應爲二至三孥安培；T爲第三級，約爲十六至二十孥安培，P_1 P_2爲末級，約爲三十至三十五孥安培，此時卽可試發，由管機員耳聆監察擴音器之聲響，卽用音調控制器以調節之；該器共分八級，極左一端爲靜止狀態，如依鐘路旋轉，聲響卽以加高，當傳話器擴音器距離過近，發生怪叫時，可調整上述控制器或燈絲調節器，至適當爲度。

(丙)擴音器計有兩種：一爲克勞司來錐體式者，用爲正式放音；二爲德律風根六六六號者，用以監察；俱爲普通收音機中常見之物，不復細述。

(丁)充電設備，其聯接見第四第五兩圖，用時祇須將輸入線兩端接入電燈卜落，充甲組電池時，將雙向開關"A"推向"1"。但開用全機時，須推向"2"；充乙組電池時，先將雙向開關"B"推向"1"，其次將雙向開關"C"推向"1"時，則充過一百六十伏爾次一套；推向"2"時，則充過三百伏爾次一套。其充電電流，有電表指示，並須較準在柒十毫安培左右，其在開用演講機時，"B"須推向"2"。

四、損壞情形及修理方法

(甲)如發音時擴音器不發聲，須查驗傳話器電流，及各級屏電流，並試量擴音器是否完好合度？

(乙)各級屏電流過小時，可測量各該級乙組電池，察視眞空管座之接點，是否鬆脫？眞空管用久，亦有此現象，應換用新管，過大時查量丙組電池，並加變動或調換，以求適當。

(丙)如無屏電流時，須察視保險絲，(見第七圖)是否損斷？各該級眞空管是否發光？倘皆完好，電池正負有無接差？再試各級屏路，如總電抗變壓器或電阻等，是否中斷？(見第三第五圖)

(丁)發音時有雜聲怪叫，可測量甲乙丙組電池電壓，及查看地線接頭，是否完好？

(戊)各電池電壓，須時時量驗充過，如在降落過低時，始行充電，每易損壞充電器。

(己)電池接頭，須時加清刷，否則電流易致中斷，或數值不準。

(庚)甲組充電器，是否完好？可於充電時查視鎢絲整流管是否發光？如不發光，可查視交流電來源，是否有電？或電壓過低，或開關接點鬆脫。

(辛)乙組充電器電表不動時，須查量交流電電壓，及開關接點保險絲 L_1 L_2 兩電泡，是否完好？倘電表指示較規定數値太小，則查量交流電電壓，過大時或因電池電壓降落太低，或 L_1 L_2 燈絲短接，惟 L_1 L_2 兩泡更換新管時，須用燭光相同者。

(壬)兩充電器不用時，須將輸入線拉出卜落之外。

五、全機材料各費

全機材料，至爲繁瑣；條分列舉，殊佔篇幅。玆將全機各部總價約數，分列於後：

物類	件數	約價
炭屑雙組傳話器	乙只	叁百元
放大機全部（連眞空管全套電池在外）		二百元
電池	全套	二百元
甲組充電器	乙套	六十元
乙組充電器	乙套	一百四十元

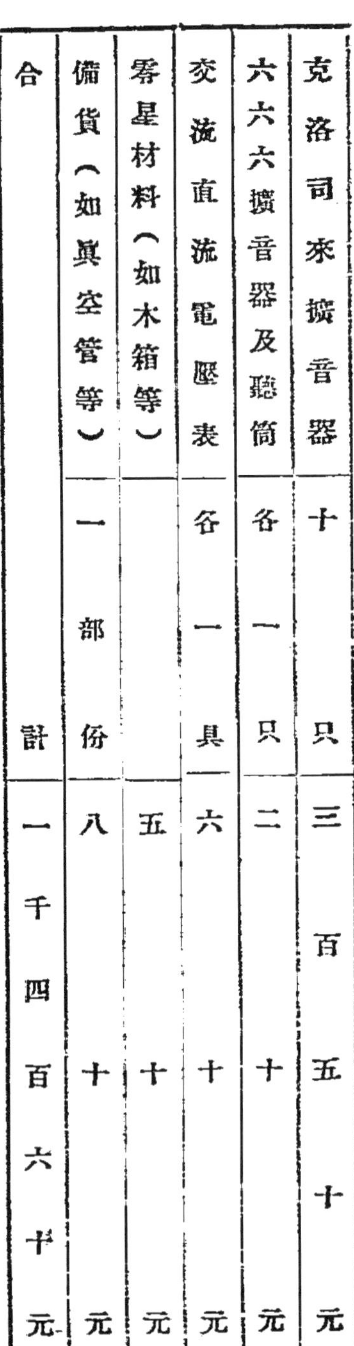

克洛司來擴音器	十只	三百五十元
六六六擴音器及聽筒	各一只	二十元
交流直流電壓表	各一具	六十元
零星材料（如木箱等）		五十元
備貨（如真空管等）	一部份	八十元
合計		一千四百六十元

六、結論

演講機效用既廣，而依此自製，爲費殊廉，手續亦極簡便。各處果能陸續倣製，則應用日廣，對於各校授課，及宣傳方面，効率驟增，獲益寧有涯際！至於研究改良，端賴國人之相互努力，以期達於盡善盡美之一途。

本台十九年度工作計劃

本台播音電力，經中央決定擴充爲五十基羅瓦特，較之原有之五百瓦特增大百倍，所有十八年度工作，一爲日常進行事務，一爲籌備擴充事務，均已另載專編；此後十九年度工作，將由繼續上述任務，進而完成大電台。頭緒紛繁，責任深重；自當斟酌需妥，適應環境，隨時規定工作步驟，努力進行！茲先將已定工作計劃，撮其綱要於後：

一、簽訂購辦大電台機械合同

查關於訂購大電台機械，業經決定於一月六日，由籌備委員陳果夫葉楚傖兩委員，會同邀集英，德，美，三國承商，磋商承辦價值等項，俟議定確實價目，最後擇定某公司承辦，即當協議訂立合同之詳細條件，預擬要點列後：

1.一切應需房屋，機器底脚、天線、鐵塔，及工程裝置，各種詳細線路圖樣、及說明書，應由承辦廠行供給，

2.承辦廠行，應免費供給富有經驗之無線電工程師一人，擔任監造全台工程，及處理調音試驗事項，以該台可以發音後爲止。

3.應選派技師五人，赴外國承辦廠行，視察電台全部機械之製造，並練習使用；考察各

該國已成大電台之組織，及辦理情形。所需旅費薪給應由該廠行承認。

4.應規定幾個月爲交貨期限，如逾限期交貨，處以相當之罰金。

5.每批貨物運到南京後，應會同查驗。如有損壞遺缺，應由承辦廠行負責補換修理。

6.播音通程，應由承辦廠行擔保若干遠度。

7.機件應由承辦廠行，擔保以最優等材料製造，並負移交後至少十二個月內，如發生直接或間接損壞情事，應卽負免費調換之責任。

8.機械內所有眞空管燃燒鐘點，應由承辦廠行確實擔保。

9.機件全部價銀，應分四期交付：於定貨時提貨單到時，交貨後三月，裝竣後三個月，各付四分之一。

10承辦廠行，應請該廠所隸國之駐華公使，備函證明該廠行履行合同。

11所有進口稅等項，由本台自理。

12合同以中文爲準本。

二、興建應需房屋

大電台安置機件，需屋甚多；應俟購辦機件合同簽訂後，卽會同承辦廠行所派工程技師，選擇勘定最爲適宜之建台位置，從事建築。蓋外國機廠製機交貨，往往按工程次序先後運送，此間即須陸續裝置，按程進行；免因建築遲緩，影響裝機工程。惟房屋之多寡距離高低廣狹，宜依機件之體積，預計合用之地步。其施工圖案，通例由廠行供給草稿，再行斟酌環境情形，妥爲設計。約略計之，一爲播音台：包含播音機室，電動機室，變壓器室，整流器室，冷氣室，打水機室，電力控制室，修機室，儲藏室，試驗室，辦公室等；一爲電力廠：包含引擎發電機室，燃料儲藏室，修機室等。其建築材料，均須極爲堅固。如電台地位，過於偏僻，幷宜添造馬路，以便運輸；如水源過遠，亦須添埋水管，或另建水池，以資應用。

發音部，因現有房屋，已不敷用。當於黨部附近壙地，揀一適當地位，另建三層大樓一座。委托建築專家之諳於近代發音室之需要者，代爲設計。下層爲辦公室，案卷室，應接室，儲藏室；二層爲發音室，休息室，控制室，電動機室；三層爲平場，小屋三四間。發音室計須大小三間：大者，可容音樂隊百餘人之奏播，中者可容音樂團體二三十人之奏播，小者專備報告演講之用，環境需要，各有不同；計劃設備，自以適合發音類別；幷注意審美觀念爲標準，均宜各隔相當之休息室，而相互間隔離之窗門，俱當極其緊密，不通聲響，免致混亂，其控制室當居三發音室之間，各有玻璃窗可以窺察發音情形，隨時調度控制，以期合用。第三層爲發短波電報之機械室，收音機試驗室，暨其應需之天地綫等項，統應分別規定建築期限，以次落成供用。

三、選派工程人員赴外國視察五十基羅瓦特播音機之製造和使用

電之爲用，分門別類。學識經驗，貴於專一，無線電僅爲電學之一，廣播事業，亦僅爲無線電事業之一部分。其機械之發明，日新月異；製造之精巧，各有不同。良窳優劣，既須工程專家之監察；變化奧妙，尤當有適當之嫺習。而將來之使用保管，亦當有所考察，俾資摹仿 至於電台組織管理，以及播音網聯絡線種種事宜，亦應參考先進國之成規，斟酌適合之辦法；是宜選派工程專家數人，至承辦廠行，監守考察。對於所製全機各部分，一律愼重注意！務須充分了解其特性。一面考察現用該廠所製機件已經成立之電台，所有一切播音事務，俾作將來之借鏡。

四、續辦收音員訓練班

大電台成立，通程既遠，各地需要收音人員尤多，自當陸續辦理收音員訓練班，以資應用。本年度當先辦一二班，授以(1)電學大意，(2)無線電大意，(3)電池學大意，(4)黨義，(5)國語，(6)速記術，(7)電報收發，(8)廣播收音，(9)常識等課目。並使認識了解交流電．直流電．各種收音機之組合，及各種眞空管之特性，擴音器，聽筒和各組電池之構造，天地線之裝設，收音機之管理，及修理等方法。並須充分實習收音，及練習收發報務

，嫻熟敏捷。儲才備用，以免臨時物色為難。

五、擬訂各項法規

電力擴充，事務愈繁；統籌全局，關係綦巨；應組織中央廣播電台管理處。擬訂各項法規，規定辦事系統，進行程序，以期分工合作，有所依據；

1.中央廣播電台管理處組織條例

2.處內各科辦事細則

3.專線播音辦法

4.與國內各台相互轉播通則

5.關於訓練收音員方面種種規則

6.修訂收音員服務條例

7.各級黨政機關裝用收音機辦法

8.各地日報通訊社等採用中央廣播消息辦法

9.代裝收音機手續

10材料報告經費報告等細則

11試驗方面種種規則

12調查視察各地收音狀況細則

13公共演講機裝卸手續

14其他

六、增加播音節目及地點

廣播事業，除工程外，播音節目，實爲首要。本年度除將原有各項節目，儘量充實外，更宜依照今後設施方針，先行酌量增加節目，日夜播音。

甲、屬於黨的：

由中央各部處會供給材料，或派員擔任報告，

(子)宣傳方面：

1.隨時隨事指示下級黨部：宣傳方略，宣傳大綱，宣傳要點，標語口號。

2.傳達解釋、關於本黨之主義、政綱、策略、宣言。

3.對於農、工、商、青年、軍、警、婦女之宣傳事項。

4.對於國際間應行宣傳之事項。

5.對於中亞、東亞民族、及弱小民族、應行宣傳事項。

(丑)訓練方面：

1。指示下級黨部之訓練方針。

2。指示農、工、商、青年、婦女之運動方針。

(寅)組織方面：

1。關於組織之各種緊要事項，

2。指示下級黨部、應行調查報告事項。

(卯)其他：

乙、屬於政的：　會同中央政治會議、及國民政府各關係院部會、暨首都市政府辦理，或派員擔任報告，或供給材料由本台報告。

(一)關於全國重要事項。

(二)關於行政事項。

(三)關於立法事項。

(四)關於司法事項。

(五)關於監察事項。

(六)關於考試事項。

(七)關於內政事項。

（八）關於外交事項。
（九）關於軍政事項。
（十）關於交通事項。
（十一）關於農礦事項。
（十二）關於鐵道事項。
（十三）關於財政事項。
（十四）關於工商事項。
（十五）關於衛生事項。
（十六）關於蒙藏事項。
（十七）關於訓練軍隊事項。
（十八）關於建設事項。
（十九）關於首都市政事項。

丙、屬於教育的： 會同教育部、及中央研究院、中央大學辦理，或派員擔任教授、演講、報告，或供給材料由本台選擇報告。

（一）關於大學的。

(二)關於中學的。

(三)關於小學的。

(四)關於農民的。

(五)關於商民的。

(六)關於工人的。

(七)關於不識字之一般民衆。

(八)關於廣播無線電之原理及常識。

丁、屬於新聞的：

(一)黨政要聞。

(二)社會要聞。

(三)軍事要聞。

上述三項，由中央通訊社，中央日報社，迅速供給材料，由本台報告。

(四)國際要聞。

(五)用外國語報告國內要聞。

上述二項，由中央國際宣傳局辦理，派員來台報告。

戊、屬於娛樂的：

(一)各種戲曲。

(二)各種國樂。

(三)各種西樂。

上述三項，隨時敦請各團體及名家奏唱。

己、其他：

(一)氣象報告。

(二)各種演講。

(三)國際間農。工、商、狀況。

(四)商場市情。

(五)國語及世界語之教授。

以上各項節目之播發，尤宜酌量情形，於本年內次第先裝專線數對，直通內政、外交、教育、軍政、交通、等部，連同已裝國府專線、佈置發音，分室數處，以便直接播音。並擬沿京滬路，架設專線，直通上海，另設發音室，以備播發滬市商情，及音樂游藝等項，

七、切實從事無線電話種種試驗

凡百科學之發展，胥賴試驗與研究。廣播事業，既日重要 在大電台成立之前，凡於可能範圍內、能增加現有電台之効力者，自當竭力以赴之！本年度最重要試驗工作，卽爲增加現有電力至一千瓦特，以應目前需要。但原有電池發電機等，電力有限，不敷甚巨。如另行添設，殊不經濟！故宜以極經濟之計劃，爲一再之試驗。俾收事半功倍之効果；其次爲完成短波播音機，最近試播時，一部機件，均借之現有五百瓦特中波播音機，自未便爲長時期之試驗，轉誤日常工作。此後當另行補充，并逐漸增加電力。俟大電台成立後，同時播發。一面致力研究，以期進展，爲異日國際宣傳之基礎。而短波收音之缺點，亦當試驗，參考外國最近制度，隨時以改善之！至於添購相當儀器，完成一初步之試驗室，隨時試驗發音之効率，并致力於收音之强弱，及比較各國收音機與零件之優劣，以爲我國自造機件之參考。本年度當於籌建大台之餘，先爲精密之設計，以徐圖進展！

八、增設各地收音處所，並指導各處自裝收音機者。

所有各地收音處所，應隨時斟酌電波射程，及當地需要，陸續增設派員負責管理。川桂秦隴遼熱察綏等省黨部，尤應儘先辦理。其江蘇各縣所裝收音機，及各省市縣公私機關團體，已裝收音機者，均應隨時調查視察，予以指導，以資提倡。惟此項工作人員，所需經費較多，尚待呈准中央指撥。

九、拍發電報

訂購大電台機械，本擬附有最新式發報機一具，在播音之暇，拍發重要政聞、所用天線電力，能達百萬瓦特之鉅，其射程所及，當可較廣播音調，大出三四倍。則在南洋歐非西美等處，當能收得，而平時國內各地，亦得隨時計劃通報，以利傳遞。

十、添製中廣五號演講機

傳演講聲音於廣場，暢達聽衆之耳鼓；公共演講機之效用至宏！本台自製之中廣五號演講機，價値低廉，較之舶來品，不過六七分之一。而其效率，不相上下；使用方法，亦頗簡捷，甚合普通之用，本年度應添購材料，多製數具，分應本京各機關同時集會應用。

十一、從事留聲片之製造

留聲機片，保留當場之聲音，供隨時之演放，其效至廣！現除總理演講，及　歌唱片數張外，僅戲曲音樂而已。應即委託製片公司，代行製造商定低廉特價。幷於上海，南京，設置攝音室。隨時敦請名人，演講黨國大計，並將中央重要集會之講辭有永久留傳性者，及名家所奏之音樂，一併攝製各種唱片。以供播音，幷期流傳。

十二、考察傳眞無線電報籌擬試辦方針

二十世紀爲無線電世界：傳聲傳影，瞬息千里！廣播無線電藉以傳聲，而傳眞無線電並可傳影；現在有線傳眞電報，交通部已經試辦一二處。惟訓政時期，本黨所負使命，至爲重大！宣傳方法，不厭精詳。本年度除籌辦播音大電台外，並宜由所派出洋監察之工程人員，悉心考察各國傳眞無線電報辦理近况，詳細報告。籌擬試辦方針，進行步驟，期與廣播無線電相濟爲用，以收宏效！

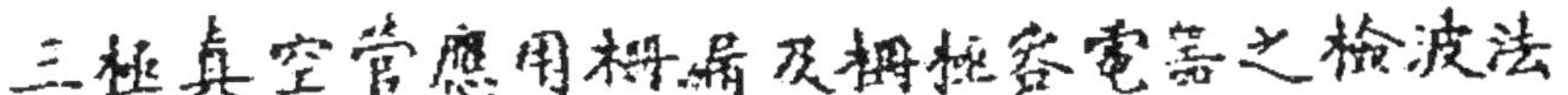

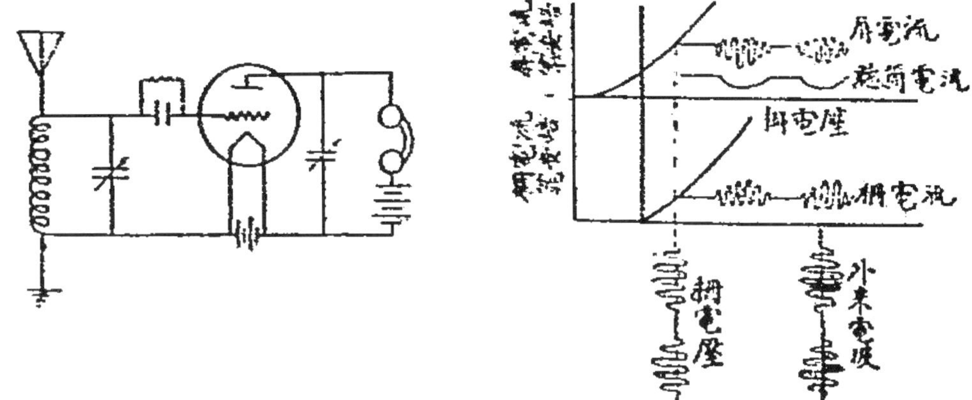

說明

當外來電波作用於柵極時柵電流隨同變化此變動柵電流通過柵漏及柵極容電器柵電壓隨同降低屏電流因之隨同減小而達檢波之目的

紀事

中央廣播電台大事紀

十七年度

二月 中國國民黨第二屆中央執行委員會，第四次全體會議後。陳果夫戴季陶葉楚傖等中央委員，鑒於廣播無線電話一項，洵屬宣傳利器！決定委托軍事委員會駐滬無線電機製造廠，代辦廣播電台播音機一座，並由該會交通處處長李範一先生規劃一切。

三月 向上海美商開洛公司，訂購五百瓦特電力全套播音機一座，計價銀一萬九千兩，於十四日簽訂合同。

四月 (一)中央宣傳部 葉部長楚傖，委任徐恩曾同志爲電台主任，負責籌辦台務。

(二)向上海大新營造廠簽訂裝配兩座鐵塔，及蓋造播音台房屋之合同。

五月 勘定中央黨部後院曠地爲播音台地址，即行着手裝建鐵塔，並築播音台房屋。

六月 (一)任用劉振清俞曰尹兩同志爲正副技師，擔任工程事宜，孫保宜同志爲管機員

(二)確定電台名稱爲『中國國民黨中央執行委員會廣播無線電台』，簡稱爲『中央廣

播電台」。

(三)登報招收無線電話收音員，預備派赴各地工作。

(四)徐恩曾同志因事赴北平工作，所遺台務，由中央宣傳部葉部長委任吳道一同志代理，並規定由主任薦舉職員。

七月

(一)呈請中央宣傳部，提出設立中央廣播無線電台計劃，經中央第一五五次常會通過。

(二)鐵塔兩座，各高一百四十英尺，於月初裝置竣工。

(三)播音台房屋四間，於月中落成。

(四)播音機件百餘箱，陸續運到。開洛公司派胡公亮等數人會同裝置，於二十日起，各電瓶開始充電。

(五)擬就訓練和任用無線電話收音員計劃，並經中央第一五八次常會核准。

(六)規定各省及特別市黨部，得由中央發給收音機一架，並指派收音人員管理之。

(七)暫托軍委會駐滬無線電機製造廠，訓練收音員。

(八)佈置中央大禮堂側屋為發音室，（辦公室暫附於內。）

(九)任用黃天如杜文彬兩同志，分別管理發音及機務事宜。

（十）向無線電機製造廠，訂購收音機三十架。

（十一）製定無線電收音員服務條例，及收音員週報表。

（十二）呈由中央宣傳部派陳濟略赴天津市黨部，王學敏赴安徽省黨部，楊永振赴北平市黨部，王致崇赴漢口市黨部，胡壽倫赴湖北省黨部。攜帶機件，從事收音，均於二十六日出發。此外如南京上海兩市黨部，江蘇浙江兩省黨部收音員，另由各該黨部自行指派職員至滬廠學習，具領機件，自行裝置。

（十三）開洛公司加派工程師來台試機。

（十四）定下月一日於五中全會開幕時，正式開機播音，並將播音時間登報通告。

八月

（一）一日下午五時在中央大禮堂正式開始播音，有蔣委員中正，陳委員果夫，戴委員季陶，李同志範一等致詞。

（二）暫定播音波長爲三百四十五公尺。

（三）定電台英文呼號爲XKM三字，X字代表中國。KM二字，代表國民黨。

（四）暫定每日播音二次：第一次下午二時至三時，演講。第二次下午八時至九時，報告新聞。

（五）商定播發新聞材料，由中央通訊社供給。

(六)決定每逢舉行總理紀念週時，將傳話器裝在中央大禮堂，使當場演講報告，播發各處。

(七)九日起上午十一時，增報新聞一次。

(八)呈由中宣部，派李崇林赴河南省黨部，陳沅赴湖南省黨部，忻元幡赴廣東省黨部，許然赴江西省黨部收音

(九)任用陸以灝同志，辦理文書事宜。

(十)於一日七日十三日十五日二十二日，迭次試改電波長度爲二九五、四一零、三零五、五零零、四九五公尺，以避免其他水陸報務電台衝突。

(十一)裝置譚委員寓所等處收音機，——(嗣後逐月裝設各處收音機)。

九月

(一)增訂播音節目時間表，(九月三日起實行)。

(二)商定播發宣傳大綱，通告通令，決議案，氣象報告，國際要聞，及音樂唱片辦法，並名人及科學演講時間。

(三)呈由中央宣傳部，派陳邦俊至鄭州市黨部收音。

(四)派員赴滬添購收音機，及馬達發電機。(嗣後隨時按需要陸續添購)

(五)商定京市政府，中西音樂隊，播奏特別音樂辦法。

(六)任用蔣德彰周維權兩同志，爲工務員，管機員，

十月

(一)接收管理建委會移交公共演講機，迭於各種大典集會時，裝設放音。

(二)計劃及繪製另建發音室，增音室，辦公室，新屋圖樣。

十一月

(一)自造天線調整器。

(二)准建委會函請按照呼號條例，改呼號爲XGZ。

(三)再改波長爲五二五公尺。

(四)二十八日，復改波長爲四二〇公尺。

(五)建築新辦公室於黨部西南隅，計三層樓一座，中分辦公室，發音室，會客室，增音室，宿舍等多間。

(六)籌擬本台擴充電力計劃。

(七)任用陳振珠同志爲錄事。

十二月

(一)派包鴻儀赴福建省黨部收音。

(二)第二次修訂播音節目表，(十二月十六日起)。

(三)十九日起，中央整理軍事宣傳週，由蔣委員介石，閻委員百川，胡委員展堂，何委員敬之，戴委員季陶，分日到台演講，播發各處。

十八年度

一月 (一)裝設國民政府專線。

(二)擬就收音員訓練班計劃，呈中央宣傳部提經中央一九二次常會通過。

二月 (一)派唐伯明赴廣東省黨部收音。

(二)調津收音員陳濟咯，漢收音員王致崇回台，預備加入訓練班訓練。

(三)整理本台擴充電力至十啓羅瓦特計劃，陳送戴委員季陶，陳委員果夫，葉委員楚傖，提經中央常務會議第一九八次常會通過，指定陳葉兩委員負責籌備。

(四)函徵歐美各公司開送十．二十五．五十．啓羅瓦特各種播音機價格說明書。

(五)擬定收音員訓練班章程，各種規則書表式樣，並辦理招生事務。

(六)任用黃鶴籌同志爲文書助理。

三月 (一)周維權同志辭職。

(二)調江西省收音員許然回台，另派朱宇霎接充。

(三)新辦公室房屋落成，裝設發音室，增音室，辦公室，通大禮堂播音台電燈廠，各種線路。

(四)佈置新發音室，辦公室，遷入辦公。

(五)局部改裝播音台機件，並分別察視修理各項機件。

(六)辦理考試收音員訓練班各項事務。考試科目分1黨義2國語3英文4理化5常識6測驗。錄取胡孔殷、湯一鶚、徐學鎧、虞家騄、趙劍、張慈涵、劉學愷、劉際斯、李秉新、余倜，即於同月十一日，開班訓練。

(七)中央第二〇四次常務會議通過，任用吳道一同志爲主任。

四月

(一)試裝地下天線，編撰說明書，指導各地收音員仿行，以減天電滋擾。

(二)加造播音台側面房屋二間安裝馬達發電機。

(三)訓練班繼續上課。

(四)呈請中央宣傳部，提議取締火花式無線電發報機，以利收音。

五月

(一)第三次修訂播音節目表，(五月十日起)。

(二)商定訓練方案報告辦法。

(三)參加迎櫬宣傳列車，派員裝卸公共演講機及收音機，沿途到站放音。

(四)裝置　總理陵墓播音專線。

(五)裝置　總理陵墓公共演講機。

（六）遣派訓練班學員，赴中山路沿途裝置收音機，參加奉安典禮，并實習收音。

六月

（一）全體參加　總理奉安典禮。

（二）編製歐美各廠行五十啓羅瓦特播音機機件詳細比較表，並繪印各種線路圖。

（三）編製歐美各廠行各種廣播無線電機機械價格比較表。

（四）修改收音員服務條例爲收音員任用規則，呈經中央宣傳部第九次部務會議通過頒行。

（五）辦理訓練班畢業考試。

（六）呈由中央宣傳部，派遣學員胡孔殷赴山西省黨部，湯一鶚赴漢口市黨部，徐學鎧赴上海市黨部，虞家駜赴青島市部，趙劍赴鄭州市黨部，張慈涵赴九江市黨部，劉學愷，赴宜昌市黨部，李秉新赴銅山縣黨部，管理收音事宜。

（七）任用王致崇同志爲錄事。

七月

（一）（廿四日）商定變更擴充計劃，改用五十啓羅瓦特電力機械，由陳葉兩委員，提經一八次常會通過，

（二）湖北收音員胡壽倫辭職，改派胡孔殷充任。

（三）浙江收音員單建周辭職，調上海徐學鎧充任。

（四）撤回上海收音機

（五）北平廣州收音員辭職。

八月

（一）擬定改善播音機線路計劃，訂購材料。

（二）擬具籌備大電台進行事項，陳由籌備委員提請中央財務委員會，決定撥款辦法。

（三）分函江浙兩省各縣政府，調查夏季收音情形。

九月

（一）（十六日）召集審查五十基羅瓦特播音機專門委員會。

（二）調回福建收音員包鴻儀，改派劉學愷接充。

（三）調回江西收音員朱宇寰，改派張慈涵接充。

（四）改善播音機振盪器線路，各地收音大著成効。

十月

（一）商定南京市政府，市政報告辦法。

（二）商定播發軍事消息辦法，

（三）中央政治學校，委製課堂講授用演講機一套，即日着手裝試，成績甚佳。

十一月

（一）商定國府各機關施政報告，輪流播音辦法。

（二）第四次修訂播音節目表，（十一月十八日起）。

（三）商訂漢口武漢日報社，收音辦法，並頒發收音機。

(四)調河南收音員李崇林赴山西省黨部收音　調銅山縣收音員李秉新赴河南接充，另派朱宇寰赴銅山縣黨部．管理收音事宜．

十二月

(一)詳審大電台機件，並會同中央財務委員會會計科評價．

(二)用七十五瓩特五十公尺試發短波播音．徐滬汴短波台，均有電稱，清晰可錄．

參加迎櫬宣傳列車瑣記

十八年六月一日，爲本黨　總理孫先生安葬之期，中央黨部欲使民衆明瞭奉安意義，及闡揚本黨主義起見，遂有迎櫬宣傳列車之組織。先期由津浦路北上轉北甯路以達北平，沿途廣爲宣傳，藉以喚起民衆。本台方面。由吳主任旱淮中央宣傳部葉部長，加派三人參加，（吳道一許然蔣德彰）幷攜帶演講機等，俾收擴大宣傳之宏効！爰將當時情況工作經過，瑣記一二，以誌紀念。

列車之組織

宣傳列車計有十一節，首爲機車，次爲餐車，三爲臥車，四爲攝影車，（某影片公司隨車北上攝取奉安影片）五爲宣傳品儲藏車，六爲紀念堂，堂內陳列　總理遺像，手札，書籍，及各種紀念品，來此參觀者擁擠愈常。七爲無線電機車，內由本台裝設公共演講機及收音機，沿途播送音樂演詞。八爲貨物車，九爲音樂隊車，十爲電燈車，十一爲守車、列車全身，漆以藍底白色之標語，顯明美麗。車頂設有放聲筒九枚愈足引起參觀者之注意。同車人員，連工友衛兵等共百餘人。分組任事，秩序井然也。

安裝之機件

在宣傳列車上安置之機件，有公共演講機一套，收音機一具，演講機爲西方電氣公司所製之2A式，該機主要部分，有受話器，及五座眞空管增音機，暨放聲筒三部。收話器之作用，在使聲浪之振盪，變爲電流之波動，此種波狀電流，經增音機時，賴眞空管之作用，電力增强若干倍。再通至放音筒，發爲聲浪，清晰洪大，恍若面談。雖有數萬聽衆，咸得完全聆悉。以之作宣傳演講等用，收効實宏。收音機爲德國九號式，有眞空管五枚，天地線長短各一，長者（高三十尺長一百尺），可隨意起落，備遠距離收音之用。短者（高十尺長二十尺），固設車頂上，備列車行動時收音之用。所帶電池，計A電八具，B電十二具，足供五十小時放音之用。其他應用物品，亦分別備齊，於五月九日下午裝置完竣，試發歌曲，聲聞遐邇。

沿途放音情况

列車於五月十日午後離浦口北上，沿途停留車站，計大站七，中站四，小站十二，來站參加之民衆，少則一二千，多則數萬，一種悲壯激昂之神情，各處無不相同。良以北方民衆，深受軍閥之壓迫，帝國主義之凌辱，一遇此種機會，莫不踴躍參加也。到站後之宣傳工作，視停留時間之久暫而別。小站停留一二小時，祗就車站上作公開演講，及散發宣傳物品。中大車站，停留時間較久，參加民衆亦多，卽於車站附近，或相當地點，召集宣傳大會，并表演劇魔術，開放北伐影片．茲將關於放音情形，簡述於左：

列車進站時，卽開放黨歌唱片，停靠後由委員會報告沿途工作經過情形，隨卽開始演講，并放送

總理演講片，均用放聲筒發出，使遠近聽衆，咸能暢聆．該片共三張，二爲國語，一爲粵語，均係鼓勵國民之詞．

總理之遺音猶存於世者，僅此數片而已．演詞聲清氣壯！聽者莫不動容．各站放聲情形，備列於後：

站名	日期	放音時間	聽衆人數	備考
浦口	十日	二小時	四千餘人	
浦鎮	十日	一刻	千餘人	
滁州	十日 十一日	二小時	四千餘人	
明光	十一日	半小時	二千餘人	
臨淮關	十一日	一刻	千餘人	
蚌埠	十二日	二小時	五千餘人	
南宿州	十二日	半小時	千餘人	

地點	日期	時間	人數	備註
徐州	十二三四日	二小時半 三小時 半小時	三萬餘人	見附註
臨城	十四日	一小時半	四千餘人	見附註
滕縣	十四日	半小時	二千餘人	
鄒縣	十四日	半小時	二千餘人	
兗州	十四五日	二小時	五千餘人	
曲阜	十五日	一小時半	三千餘人	
大汶口	十五日	一小時半	三千餘人	
泰安	十五六日	一小時半 二小時半	三萬餘人	
箇山	十六日	二小時半	三千餘人	
濟南	十六七日	二小時 二小時	五萬餘人	見附註
禹城	十七日	半小時	二千餘人	
德州	十七八日	二小時	五千餘人	
東光縣	十八日	半小時	二千餘人	
滄州	十八九日	二小時	五千餘人	
馬廠	十九日	半小時	三千餘人	
靜海縣	十九日	一刻	二千餘人	

天津	十九日 二十日 二十一日	一小時 三小時 一小時	四萬餘人	見附註
楊村	二十一日	半小時	二千餘人	
廊房	二十一日	半小時	二千餘人	
豐台	二十一日	半小時	二千餘人	
北平	二十一日 二十二日 二十五日	二小時 三小時 三小時	萬餘人	見附註

（附註）五月十三日在徐州，十四日在臨城，十六日在泰安，及濟南等處，開奉安宣傳大會時，均將受話器移設演講台上，再用長電綫通至演講機，經放聲筒發出。（在泰安時會場距列車較遠，所用之長電綫，由兵士扶持，）五月二十日在天津蔡家花園，二十二日在北平中央公園，舉行宣傳大會時，曾將全套演講機，運往會場應用，各放音三小時左右。列車於二十六日上午離平南返，沿途各大站，略有停留。乘機報告靈車南下時刻，并開放黨歌等唱片，至二十八上午二時，抵達浦口。

收音情況

本台在列車上所裝設之收音機一架，沿途收接中央廣播電台新聞等項，隨時公佈，以通消息。在泰安等數處，曾將新聞送至報館發表，傳各地明瞭廣播事業之功効。在德州兗州滁州等處，曾用演講機轉播中央播音於數萬民衆，同時聆得中央發來之音樂演詞，於宣傳方面，當有所裨益也。

全球各國廣播電台統計表

國名	長波		中波		短波		國名	長波		中波		短波	
	電台數	最大電台電力	電台數	最大電台電力	電台數	最大電台電力		電台數	最大電台電力	電台數	最大電台電力	電台數	最大電台電力
中華民國			見	前			Latvia			1	2,000		
Japan			8	10,000	6	2,000	Luthuania	2					
Alaska			3	500			Luxemburg			1	250		
rgentina			22	5,000			Mexico			23	2,000	1	
stralia	1	5,000	23	1,500	8		Morocco			2	25,000	1	
ustria			6	14,000	3		Netherlands	4	2,500	2	25,000	10	32,000
lgium			6	1,500	1	300	New Zealand			15	5,000		
azil			14	2,000			Norway			11	1,500	2	
ylon	1	1,500					Peru			1	1,500		
ile			8	1,500			Pillippine Island			4	1,000		
osen			1	1,000			Poland	1	8,000	4	2,000		
ba			55	500			Porto Rico			1	500		
echoslovakia	1		4	5,000			Portugal			1	500		
Denmark	3	7,500	1	1,000	2	500	Roumania			1			
Dutch East Indies			5	500			San Salvador			1	500		
Egypt			1				Spain			12	3,000		
Esthonia	1	100	1	700			Staits Settlement			1	100		
Finland	1	40,000	10	2,000	1		Sweden	2	30,000	29	1,000	5	1,000
France	3	3,000	25	5,000	9	3,000	Switerland	1	300	4	1,500	2	
Germany	3	8,000	30	25,000	13		Tunisia	2	5,000			1	
Haili			1	1,000			Union of South Africa			4	1,200	4	2,000
Hawaii			2	500			U. S. A.			610	50,000	49	40,000
Hungary	3	12,000					U.S.S.R. (Russia)	31	40,000	13	4,000	5	12,000
Iceland			2	500			United Kingdom	1	16,000	21	25,000	3	15,000
India	1		8	4,000			Uruguay			14	1,000		
Irish Free State			2	1,500			Venezuela			1	1,000		
Italy			4	7,000	2	300	Canada			78	5,000	3	2,000

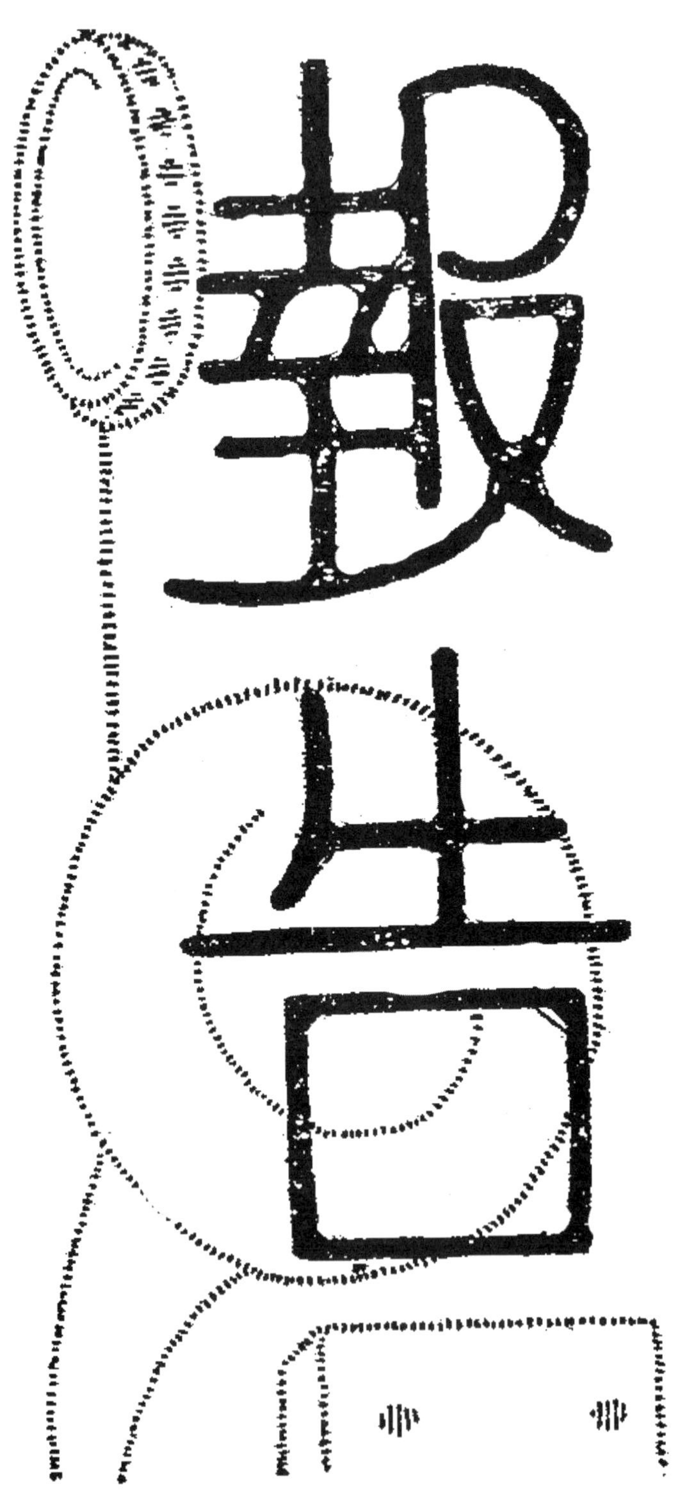
報告

各種發音機綫路圖

梅思納振盪式

諧柵振盪式

諧屏振盪式

哈得來振盪式

高尔潑振盪式

阿姆氏振盪式

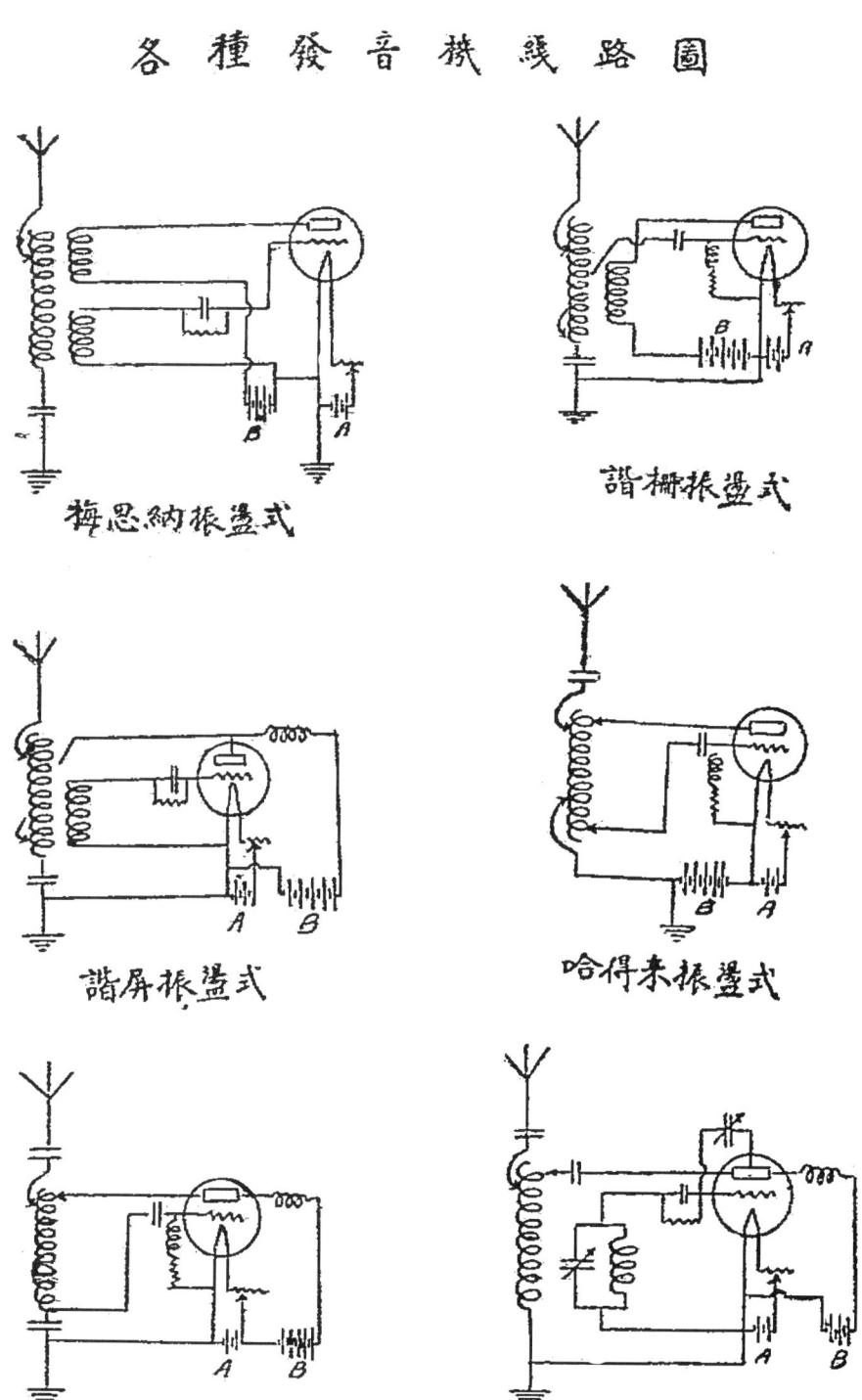

報告

工作報告

本台自十柒年三月底起，爲籌備建築時期，所有主持商辦規劃佈置監工試驗各項工作，異常繁重。率由三數同志，勉力從事，迨八月一日開始播音後，略添服務人員，組織仍極簡單，工作尤爲緊張；除於大事紀中擇要列舉外，不復詳述。九月初，各地收音員業已陸續裝竣機械，報告收音情形，隨將播音節目時間表、擴充增訂，以應需要。嗣後陸續改進，一方面計劃擴充電力，迄於十八年十二月底止、實爲進行時期。茲將各項工作略述於後：

一、總項

甲、購置

1. 五百瓦特播音機全套
2. 三聯馬達發電機一具
3. 馬達發電機一具
4. 美國三號收音機二十一具

5. 美國合組十六號收音機四十柒具

6. 建委會無線電機製造廠收音機十二具

7. 美國合組二十八號收音機一具

8. 德律風根九號收音機七具

9. 德律風根十號收音機五十具

10 德律風根三號收音機二十具

11 美國合組二十號收音機乙具

12 晶體收音機五十具

13 美國合組交流電三十三號收音機一具

14 五匹馬力交流馬達一具

15 其他播音收音所用各種眞空管，蓄電池，乾電池，整流器，擴音器，聽筒，變壓器，容電器，避雷器，電表，天線配諧盤，柵漏阻，電氣唱頭，及零星材料不等

16 辦公及工務應用器具物品等項。

17 各種留聲唱片

上列各件，係先後派員赴滬採辦，及陸續函電訂購，所有檢選試驗裝運登記，以及請

領證照等項，手續繁多，不復分述。

乙、發機

1. 發浙，湘，鄂，豫，魯，粵，晉，等省黨部，漢口特別市黨部，鄭州市黨部，銅山縣黨部，及中央日報社，上海民國日報社，武漢日報社，中央黨務學校，海軍總司令部特別黨部，十六號收音機各一架，及附件備貨等項。又另存晉省黨部一架。

2. 發皖贛兩省黨部，青島特別市黨部，滬廠式收音機各一架，及附件備貨。

3. 發國民政府，及蘇省黨部，南京特別市黨部，三號收音機各一架，及附件備貨。

4. 發閩粵兩省黨部，平津兩特別市黨部德律風根九號機各一架，及附件備貨等項。

5. 發上海特別市黨部滬廠式收音機一架，（後收回）。

6. 發宜昌九江兩市黨部德律風根九號收音機，滬廠式收音機各一架，（後收回）。

（註）各黨部有原領三號十六號機，經換發上述機件者，亦有原機尙暫存該處備擴充鄰省收音者，至於續領續購之眞空管等零件，詳列於呈報中央監委會之材料報告中。

7. 各處繳價承領十六號收音機二十二架，滬廠式機三架，三號機四架德律風根三號機一架，晶體機二十柒架。

附一年來發出及售出收音機比較表

一年来發出及售出收音機九數表

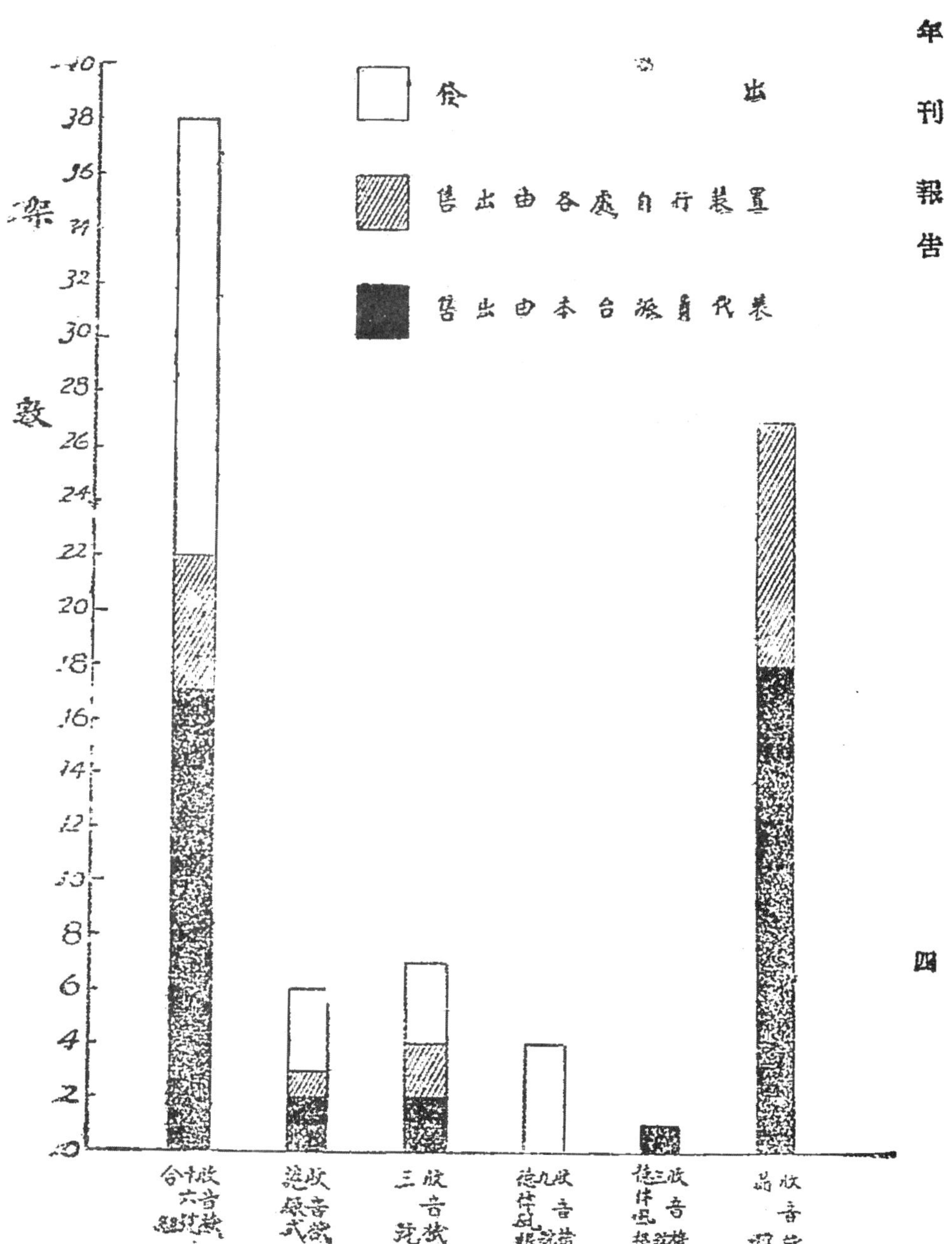

年刊報告

四

丙、任用（已詳載大事紀中不復贅）

丁、指導

1. 湘省黨部，派來范鎮同志，實習收音。
2. 魯省文登縣黨部，派來牛世榮同志，實習收音。
3. 贛省政府領機員，實習收音。
4. 溧水縣黨部領機員，實習收音。
5. 安徽阜陽縣黨部，派員李錫藩實習收音。
6. 首都衛戍司令部來員，實習收音。
7. 指導解釋各地收音員應行改良各點及疑義。
8. 指導解釋各處函電詢問關於管理收音機手續。

戊、接洽

1. 接洽修訂節目時間表五次。
2. 接洽中央通訊社供給新聞。
3. 接洽中央宣傳部普通宣傳科，編撰科，指導科，先後派員來台作宣傳報告。
4. 接洽中央宣傳部國際宣傳科，報告國際要聞。

5. 接洽中央各部處會，供給通告通令。
6. 接洽中央訓練部，報告訓練方案。
7. 接洽氣象研究所，供給氣象報告，及天氣預報。
8. 接洽抄錄決議案辦法。
9. 逐週接洽名人演講。
10 逐週接洽科學演講。
11 接洽整理軍事宣傳週每日演講。
12 逐週接洽特種演講。
13 接洽各種臨時演講。
14 接洽京市政府，中西音樂隊，逐週奏樂。
15 接洽各學校團體，逐週奏樂。
16 接洽內政，外交，財政，交通，教育，農鑛，工商，鐵道等機關，輪流派員來台作施政報告。
17 接洽製造黨歌唱片。
18 接洽各處詢購機件。

19接洽取締火花式電報機事。
20接洽逐日播發軍事消息。
21接洽歐美各公司，對於大電台方面種種事宜。
己、制訂選用
1.選用XKm爲呼號。
2.改用XGZ爲呼號。
3.選用四九五公尺波長。
4.改用四二〇公尺波長。
5.收音員服務條例。
6.收音員任用規則。
7.播音節目表五次。
8.十九年新年臨時播音節目表。
9.國府各機關輪流播音日期單。
庚、編印
1.三號收音機說明書，並繪綫路圖。

2. 十六號收音機說明書，並繪綫路圖。
3. 滬廠式收音機說明書，並繪綫路圖。
4. 德律風根三號機說明書，並繪綫路圖。
5. 德律風根十號機說明書，並繪綫路圖。
6. 晶體機說明書，並繪綫路圖。
7. 公共演講機說明書。
8. 天綫調整器說明書。
9. 地下天綫說明書。
10 逐月工作報告。
11 三全大會工作報告。
12 十柒年至十八年三月工作報告。
13 十八年三月至十二月工作報告。

辛、製印

1. 代辦收音機一覽表。
2. 購領材料各種空白單據。

3.修理收音機報告表。

4.振盪放大機綫路圖。

5.國內廣播電台調查表。

6.各地夏季收音情形調查表。

7.各地冬季收音情形調查表。

8.各地收音員週報表。

9.各地收音員服務情形調查表。

10播音台各電池充電供電記錄表。

11播音機全部綫路圖。

12播音機改善綫路圖。

13發音室電燈綫路圖。

14本台電力供給圖。

15建築新辦公室，圖樣。

16建築新辦公室，發音室，電燈綫路圖，

17十啓羅播音機應需房屋圖。

18各廠行五十啓羅瓦特播音機綫路圖。

19法商新到五十啓羅瓦特播音機綫路圖。

20各廠行十啓羅瓦特，二十五啓羅瓦特，五十啓羅瓦特，播音機比較表。

21各廠行十啓羅瓦特，二十五啓羅瓦特，五十啓羅瓦特，播音機價格比較表。

22各廠行五十啓羅瓦特播音機詳細比較表。

23擬製擴充十，二十五，五十啓羅瓦特電力播音時經常費預算比較表。

壬、徵審

1.審查各收音員每週所送週報表。

2.審查各收音員所送服務情形調查表。

3.審查各處所送冬季收音情形調查表。

4.徵集徐州民報，南通新江北日報，杭州民國日報，安徽民國日報，蕪湖皖江日報，江西民國日報，南昌新聞日報，江西工商報，南昌市民日報，南昌商報，江西通訊社，漢口武漢日報，漢口新聞報，河南民報，河南教育日報，鄭州通訊社，青島民國日報，正報，青島時報，工商新報，中華報，青島快報，青島平民白話日報，山東國民新聞，福建民國日報，長沙中山日報，全民日報，湖南國民日報，大公報，天津民國日報，山西民國日報等報，審查逐日所載廣播消息，釐訂成册。

5. 徵集美國合組公司，美商馬可尼公司，德商德律風根公司，英商標準電氣公司，法商長途電話公司，十，二十五，五十啓羅瓦特播音機說明書，及價格逐一審查。

6. 審查歐美各廠行，所送關於大電台機械應行補充論各點答案。

7. 徵集各種無線電雜誌書籍。

8. 徵詢各公司，製造大批唱片手續。

癸、建築佈置

1. 建築新辦公室一幢，計三層；下爲辦公及應接室，中爲發音增音休息室，上爲職員宿舍。

2. 新辦公室，發音室，各項設備。

3. 添建播音台側屋二間。

4. 佈置試驗室材料室。

子、特務

1. 接收建委會公共演講機。

2. 添購輕便增音機。

3.設置直通國府專線。
4.設置直通　總理陵墓專線。
5.擬具擴充電力計劃。
6.擬具五十啓羅瓦特大電台現應進行事項，及撥款辦法。
7.擬具收音訓練班計劃，及各項章程規則。（上述三項，均另有專載，不復詳。）

丑、調查

1.調查國內廣播無線電台狀況。
2.調查各地收音情形。
3.調查各無線電台，所用波長。
4.調查各處對於四九五公尺波長收音情形。
5.調查各處對於五二五公尺波長收音情形。
6.調查各處對於四二〇公尺波長，收音情形。

寅、參加集會

1.全體迭次參加中央紀念週。
2.全體迭次參加革命紀念週。

3. 參加迎櫬宣傳列車。
4. 參加　總理迎櫬奉安典禮。
5. 迭次參加宣傳部部務會議。
6. 舉行台務會議。
7. 召集五十啓羅瓦特播音機，專門委員審查會。
8. 舉行評論大電台價格會議。

二、工程

甲、充電

1. 十七年九月份，二百十五小時。
2. 十月份，二百四十一小時。
3. 十一月份，二百十五小時。
4. 十二月份，捌拾四小時。
5. 十八年一月份，二百八十二小時。
6. 二月份，二百零八小時。
7. 三月份，二百零六小時。

8. 四月份，二百六十三小時。

9. 五月份，二百十八小時。

10 六月份，二百十二小時。

11 七月份，二百零五小時。

12 八月份，二百十七小時。

13 九月份，二百零五小時。

14 十月份，二百零五小時。

15 十一月份，二百四十小時。

16 十二月份，一百九十八小時。

乙、管理播音

1. 十七年九月份，播音一百零八小時。

2. 十月份，播音一百十九小時。

3. 十一月份。播音一百二十二小時又四十九分。

4. 十二月份，播音一百五十四小時又二十四分。

十柒年份共計播音五百零四小時又十三分。

5. 十八年一月份播音一百四十四小時又四十二分。

6. 二月份，播音一百二十三小時又四十三分。

7. 三月份，播音一百一十六小時又三十七分。

8. 四月份，播音一百五十小時又十二分。

9. 五月份，播音一百六十小時又四十二分。

10 六月份，播音一百六十小時又十五分。

11 七月份，播音一百五十三小時又十四分。

12 八月份，播音一百六十二小時又三十四分。

13 九月份，播音一百五十一小時又四十一分。

14 十月份，播音一百四十五小時又三十八分。

15 十一月份，播音一百四十九小時又十六分。

16 十二月份，播音一百六十四小時又二十分。

十八年份共計播音一千柒百八十二小時又五十四分。

丙、裝置

1. 裝置各處播音機五十一架

2. 移裝各處收音機二十餘次。
3. 臨時裝設收音機十餘次。
4. 裝置馬達石板線路。
5. 自裝收音機所用地下天線。
6. 加裝發音播音室電燈五盞，用電池供給。
7. 裝卸公共演講機九次：計慶祝十七年國慶一次，歡迎張惠長自粵飛京大會一次，慶祝十八年元旦一次，總理逝世紀念一次，三全大會一次，迎櫬宣傳列車一次，總理奉安典禮一次；慶祝十八年國慶一次，總理銅像揭幕典禮一次。
8. 裝置中央政治學校公共演講機，按週管理開放。
9. 裝設新發音室通播音台及大禮堂木桿鉛包線。
10 裝置新發音室增音室機件線路。
11 裝設新發音室信號紅綠燈。
12 改善播音線路，改爲振盪放大式並調整波長。
13 播發新聞所需電力，試用蓄電池供給。
14 調整天地線線圈，以期最大輸出。

15 裝配留聲機上電氣唱頭。

16 添裝交流馬達三聯發電機。

17 裝配振盪放大器三級，充電線路。

18 改裝七十五瓦特五十公尺波長播音機，試播十二次。

19 改裝播音大眞空管爲平放式。

丁、修理

1. 修理濾流器。

2. 修理灑電器。

3. 修理播音天線。

4. 修理引擎。

5. 修理三號收音機五架。

6. 察視修理各處收音機八十一次。

7. 修理公共演講機之輕便發電機。

8. 修理高壓發電機。

9. 修理擴音器六具

10・清洗總電池室各電池・

11平時修理拂拭各種機械;配換零件・

戊、配製

1.配件自造三眞空管收音機一具・

2.配件自造天線調整器三十餘具・

3.配件自造短波收音機一具・

4.配件自造十五瓦特發報機一具・

5.自造各級線圈及阻流圈,配製振盪器・

6.配件自造四眞空管公共演講機一具・

三、發音

甲、時間

1.自十柒年九月至十二月止,實共發音五百零四小時又十三分鐘・(節目表附後)

2.自十八年一月至十二月止,實共發音一千七百八十二小時又五十四分鐘・(節目表附後)

乙、內容

1.中央紀念週每週一次・

2. 各種紀念典禮四十一次·

3. 宣傳報告一百零八件·（每件常連續報告）

4. 訓練方案二十九次·

5. 通告通令一百六十三件·

6. 新聞及決議案命令等項，七千二百二十件·

7. 軍事消息，計二百十八件·

8. 國府各院部會施政報告：計（一）內政部三次，（二）外交部二次，（三）司法院一次（四）軍政部二次，（五）交通部一次，（六）農鑛部二次，（七）教育部二次，（八）工商部二次，（九）鐵道部一次，（十）衛生部一次，（十一）司法行政部一次，（十二）軍事參議院一次，（十三）建設委員會二次，（十四）蒙藏委員會一次，（十五）禁烟委員會二次·

9. 國際要聞：一百四十五次·

10 國內要聞：計英語二十六次，日語十六次，法語十九次·

11 演講計一百四十一次·（另詳演講分類表）

12 市政報告七次·

13 氣象報告逐日一次·

14 音樂唱片逐日二次。

15 特別音樂計六十六次。

4. 輪流播音日期表

最近播音節目性質分類比率表

發音股製

附

1. 最近播音節目性質分類比率表

2. 每月播音時間比較表

3. 現行播音時間表

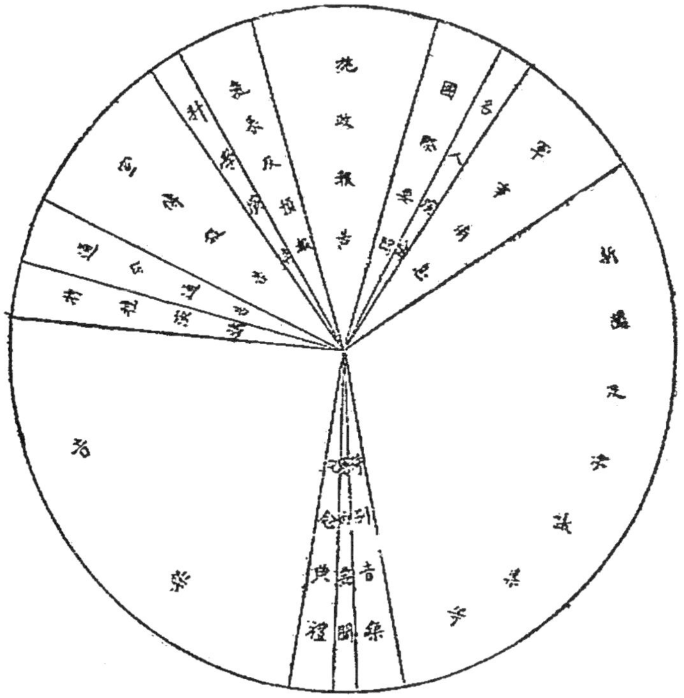

每月播音時間比較表

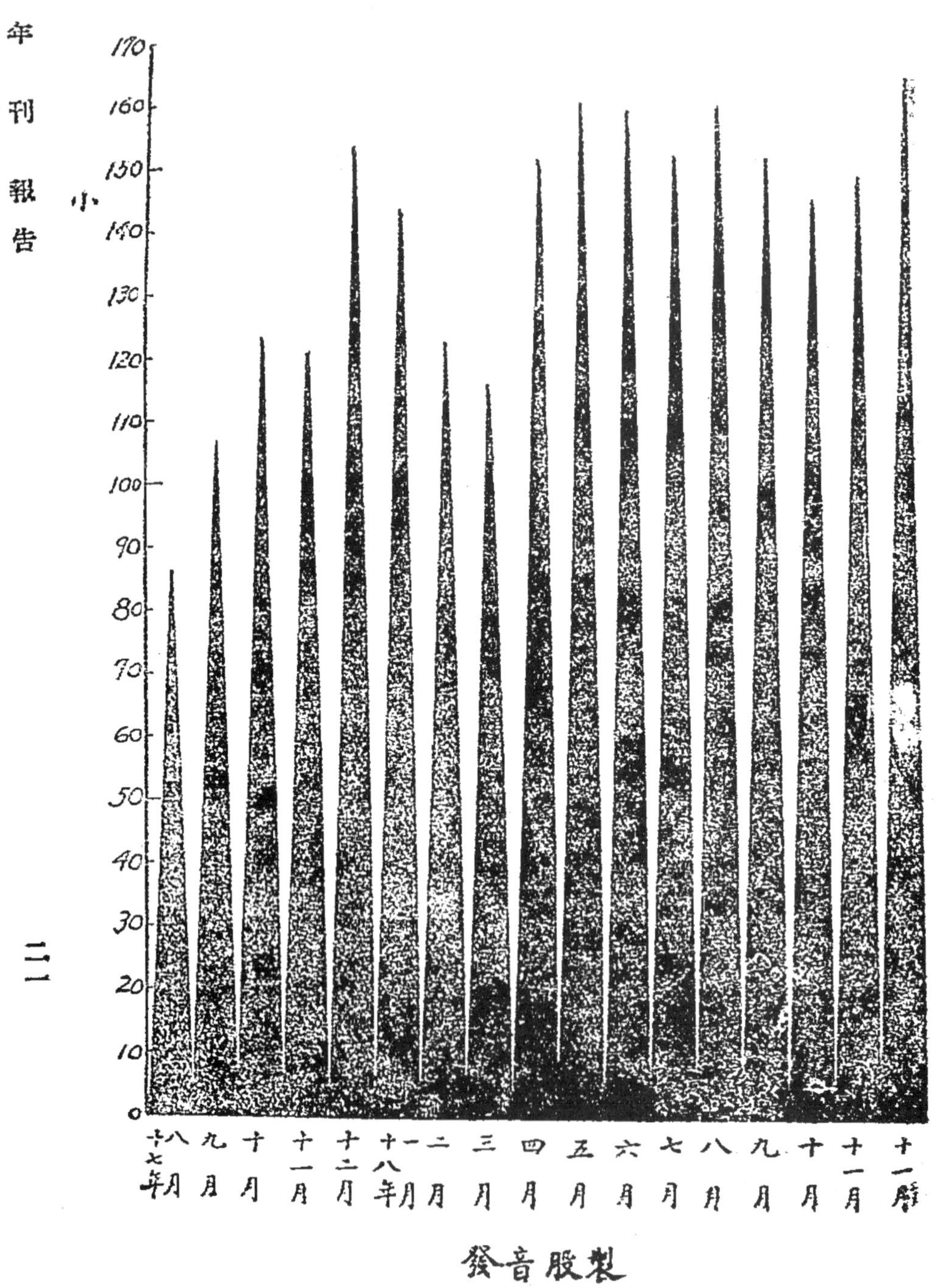
年刊報告
二一
小
170
160
150
140
130
120
110
100
90
80
70
60
50
40
30
20
10
0
十七年八月
九月
十月
十一月
十二月
十八年一月
二月
三月
四月
五月
六月
七月
八月
九月
十月
十一月
發音股製

現行播音時間表

			時間	節目	備考
尋常節目	星期日除外	上午	九時至十時	宣傳報告	星期一停
			十時一刻至十一時	國府各機關施政報告	星期一停 秩序單另印
		下午	零時一刻至一時	音樂唱片	
			二時一刻至二時三刻	國際要聞	星期一星期四用外國語報告國內要聞星期六停
			三時念分至三時半	通令通告	
			三時半至四時	重要新聞	
			六時一刻至七時十分	音樂唱片	星期四星期六停
			七時十分至七時一刻	氣象報告	
			七時半至九時	重要新聞	星期六八時起
	星期日	下午	零時三刻至二時一刻	音樂唱片	
			六時三刻至七時一刻	氣象報告及音樂	
			七時一刻至八時	重要新聞	
特種節目	星一	上午	九時起	中央紀念週	
		下午	四時一刻至五時	建設委員會報告	每二星期一次
	三	下午	四時一刻至五時	名人演講	
	四	下午	六時至七時一刻	京市政府音樂附報氣象	
	五	下午	四時一刻至五時	科學演講	或特種演講
	六	下午	二時一刻至二時三刻	京市政府報告	
			六時至七時半	特別音樂附報氣象	

備註
(一)以上各項節目均由中央廣播無線電臺XGZ播送波長暫定四二〇公尺
(二)例假日節目或表列節目如有變更時隨時播音通知
(三)每日下午一時下午七時報告首都標準時間
(四)凡於播音事項聽衆方面如有意見請賜函本臺爲盼

年刊報告 二三

國府各機關輪流播音日期表

地點 中央廣播無線電臺　　時間 上午十時一刻至十一時

期別 / 報告機關	日期	星期	日期	星期	日期	星期	日期	星期	日期	星期	日期	星期	日期	星期	日期	星期	日期	星期	日期	星期
內政部	十一月十九日	2	十二月十日	2	十二月三十一日	2	一月二十一日	2	二月十一日	2	三月四日	2	三月二十五日	2	四月十五日	2	五月六日	2	五月二十七日	2
外交部	二十日	3	十一日	3	一月一日	3	二十二日	3	十二日	3	五日	3	二十六日	3	十六日	3	七日	3	二十八日	3
司法院	二十一日	4	十二日	4	二日	4	二十三日	4	十三日	4	六日	4	二十七日	4	十七日	4	八日	4	二十九日	4
軍政部	二十二日	5	十三日	5	三日	5	二十四日	5	十四日	5	七日	5	二十八日	5	十八日	5	九日	5	三十日	5
交通部	二十三日	6	十四日	6	四日	6	二十五日	6	十五日	6	八日	6	二十九日	6	十九日	6	十日	6	三十一日	6
財政部	二十六日	2	十七日	2	七日	2	二十八日	2	十八日	2	十一日	2	四月一日	2	二十二日	2	十三日	2	六月三日	2
農鑛部	二十七日	3	十八日	3	八日	3	二十九日	3	十九日	3	十二日	3	二日	3	二十三日	3	十四日	3	四日	3
禁煙委員會	二十八日	4	十九日	4	九日	4	三十日	4	二十日	4	十三日	4	三日	4	二十四日	4	十五日	4	五日	4
教育部	二十九日	5	二十日	5	十日	5	三十一日	5	二十一日	5	十四日	5	四日	5	二十五日	5	十六日	5	六日	5
工商部	三十日	6	二十一日	6	十一日	6	二月一日	6	二十二日	6	十五日	6	五日	6	二十六日	6	十七日	6	七日	6
鐵道部	十二月三日	2	二十四日	2	十四日	2	四日	2	二十五日	2	十八日	2	八日	2	二十九日	2	二十日	2	十日	2
衛生部	四日	3	二十五日	3	十五日	3	五日	3	二十六日	3	十九日	3	九日	3	三十日	3	二十一日	3	十一日	3
司法行政部	五日	4	二十六日	4	十六日	4	六日	4	二十七日	4	二十日	4	十日	4	五月一日	4	二十二日	4	十二日	4
軍事參議院	六日	5	二十七日	5	十七日	5	七日	5	二十八日	5	二十一日	5	十一日	5	二日	5	二十三日	5	十三日	5
蒙藏委員會	七日	6	二十八日	6	十八日	6	八日	6	三月一日	6	二十二日	6	十二日	6	三日	6	二十四日	6	十四日	6

備註　逢例假日暫停

中央廣播無線電臺商訂　十八、十一、十、

四、收音

1各地收音機管理情形一覽表

2各地逐月收音情形比較表

各地收音機管理情形一覽表

黨部名稱	收音機稱類	收音員	距京里數約計	天線			發表報社	備考
				高度	長度	方向		
南京特別市黨部	三號機	周景龍 郭均		50′	120′	西南		
江蘇省黨部	三號機	仲中坡 林培輿	120	30′	60′	西北		
浙江省黨部	十六號機	單建周 徐學鐘	410	70′	三線 120′	西北	杭州民國日報	
安徽省黨部	三號機 滬廠式機	王學敏	465	30′	100′	東南	安徽民國日報	
銅山縣黨部	十六號機	李秉新 朱宇寰	500	60′	180′	東南	徐州民報	
青島特別市黨部	滬廠式機	虞家駿	850	60′ 90′	100′ 200′	西南	青島民國日報，正報，青島時報，青島快報，中華報	
湖北省黨部	三號機 十六號機	胡壽倫 胡孔殷	890	60′ 50′ 50′	200′ 110′ 100′	東北	武漢日報，湖北中山日報，新民報，漢口新聞報，中西日報	
漢口特別市黨部	三號機 十六號機	王致崇 湯一鶚	900	70′	200′	東南	武漢日報，漢口新聞報，漢口商報	
江西省黨部	十六號機 滬廠式機	許然 朱宇寰 張慈涵	920	45′	200′	東北	江西民國日報，南昌新聞日報，南昌市民日報，江西通訊社	
河南省黨部	十六號機	李崇林 李秉新	970	40′	200′	東南	河南民報，河南教育日報	
山東省黨部	十六號機	王成範	980	60′	210′	南北	山東國民新報，濟南市民日報	
鄭州市黨部	十六號機	陳邦俊 趙劍	1150	40′	120′	東南	鄭州通訊社	
福建省黨部	十六號機 德九號機	包鴻儀 劉學愷	1200	59′	200′	西北	福建民國日報	
湖南省黨部	十六號機	陳沅	1250	60′	200′	東南	中山日報，大公報，全民日報	
天津特別市黨部	十六號機 德九號機	陳濟略	1340	65′	200′	東南	天津民國日報，大華社	
山西省黨部	十六號機	李崇林	1650	40′	150′	南北	山西民國日報	
廣東省黨部	十六號機 德九號機	忻元璠 唐伯明	2030	53′	100′	東北		
北平特別市黨部	十六號機 二十號機 德九號機	楊永振 胡桑	1700	60′	150′	東南		
九江市黨部	滬廠式機	張慈涵	670	55′	165′	東北	九江日報，九江晚報	
宜昌市黨部	德九號機	劉學愷	1250	55′	200′	東西	宜昌時報，彝林日報，益世報，商務日報，宜昌鳴報	

註 表列收音員一人以上或收音機一種以上者均係先後調換順序填列詳載大事記中

各地逐月收音情形比較表

(1)

黨部名稱 / 月期 時間	南京特別市黨部 白晝	南京特別市黨部 夜間	江蘇省黨部 白晝	江蘇省黨部 夜間	浙江省黨部 白晝	浙江省黨部 夜間	安徽省黨部 白晝	安徽省黨部 夜間	銅山縣黨部 白晝	銅山縣黨部 夜間
十七年九月							清晰	甚響間有無線電報聲夾雜		
十月	很清晰	很清晰	甚清晰	甚清晰	尚清晰	較佳惟天電電報擾亂模糊	清晰	甚響且清晰間有電報混雜		
十一月	很清晰	很清晰	洪大明晰	洪大明晰	尚清楚	甚響有電報聲甚大	清晰	甚響間有電報尚可聽		
十二月	很清晰	很清晰	洪大明晰	洪大明晰	尚清楚	尚清晰	清楚	清楚間有電報尚可聽		
十八年一月	清晰	清晰	清晰	清晰	清楚	尚清楚	清楚	清楚可記		
二月	很清楚	很清楚			清晰	清晰間有電報	清楚	清楚		
三月							清楚	清楚		
四月	很清晰	很清晰	很清晰	很清晰	音微	可聽清	清楚	清楚		
五月			明晰	明晰	音低	天電噪聲夾雜可聽錄	清楚	清楚		
六月	明晰	明晰	明晰	明晰	尚清晰	天電夾雜不清	音洪亮明晰	有天電電報夾雜不能完全清楚	清晰	清晰
七月	清響	清響	清晰	清晰			清響	天電夾雜甚烈不能完全聽錄	清晰可錄	天電夾雜甚烈難以記錄
八月	清響	清響			有電報夾雜惟可記錄	天電電報夾雜甚烈難記錄	清響	電報夾雜不能完全聽清	清晰	天電夾雜較少尚清晰可聽
九月			清響		清響	無電報夾雜極清晰	清響	清響間有電報	洪大清晰	洪大清楚
十月			清晰		清響間有電報夾雜	極清響	清響	清響間有電報夾雜	宏大清晰	洪大清晰
十一月	響曉	響曉	清晰		清晰間有電報	清響間有電報	清響	清響間有電報	清晰洪大	清晰洪大間有天電
十二月	響曉	響曉	洪大明晰		清響間有電報	清響間有電報	清響	清響間有電報	清晰洪亮	清晰洪亮

黨部名稱 / 月期 時間	青島特別市黨部 白晝	青島特別市黨部 夜間	湖北省黨部 白晝	湖北省黨部 夜間	漢口特別市黨部 白晝	漢口特別市黨部 夜間	江西省黨部 白晝	江西省黨部 夜間	河南省黨部 白晝	河南省黨部 夜間
十七年九月			音微	清晰間有無線電報聲混雜	不能聽清	可聽惟電報聲甚多	音稍微可聽	清晰間有雜音	明晰	甚響間有無綫電報聲夾雜
十月			音微	音清間有電報聲			音較前稍清晰	音響間有間斷	明晰	甚響且清晰
十一月			音微或無音	七時起音清響間有電報	稍微	尚清晰	音低	清晰異常	明晰	甚響且清晰
十二月			音微	音洪大間有電報	微可聽	尚清晰	清晰	清晰洪大	清晰	清晰有時高時低
十八年一月			音微	音明晰			音略低	高大清晰	音甚大	音甚大
二月			音無	音多明晰	電報噪雜不明	電報噪雜不明	音略微時有電報	明晰	音頗大且明晰	音頗大且明晰
三月			微弱	音明晰			音略低可錄	明晰有雜音可錄	音大	音大有天電
四月			音微弱	音佳清間有天電			聲音較弱	音清晰惟天電極烈	音甚大	
五月							聲音較弱	音微弱惟天電電報夾雜	音甚大	天電夾雜惟音大可聽錄
六月	聲音響亮惟時有天電電報擾亂		音微清晰惟有天電電報夾雜	音清大時有天電電報夾雜	音微	天電夾雜甚烈	音微有天電難錄	音清大惟天電夾雜甚烈	音大上午可錄下午有天電	音大天電甚烈
七月	尚清晰	天電及電報夾雜不清晰	清晰可錄	音洪大惟電報天電夾雜甚烈	音微弱	音大可聽惟電報天電夾雜太烈難錄	音微	音浪高低不定且有天電夾雜	音大	音洪大有天電擾雜
八月	無電報夾雜時甚清晰	天電較少略清晰可聽	時有電報間可聞錄	天電電報夾雜甚烈審聽為難	音微且多電報夾雜	音清響惟時有電報夾雜	音微	音響而清惟時高時低	音甚大略有天電	音洪大有天電夾雜
九月	無電報時清晰	清晰	明晰	洪大明晰間有電報	音晰略微而電報夾雜甚烈	音大清晰間有電報	清晰	洪大清晰	音甚大	雖有天電夾雜可記十之七八
十月	清晰間有電報	宏大清晰間有電報夾雜	清晰	宏大清晰間有電報夾雜	音略微電報夾雜甚烈難聽	宏大清晰間有電報夾雜	宏大清晰	宏大清晰	音大	音甚大間有天電
十一月	清晰間有電報	清晰間有電報	清晰間有電報	清響	無電報夾雜時可聽清	音大清晰	清晰	清晰洪大	音甚大	音甚大
十二月	清晰間有電報	清晰間有電報	清晰間有電報	清晰高朗	無電報夾雜時可聽清	音大清晰時有電報	清晰	清晰洪大		

註 收音情形項下未填空格係其時該黨部尚未裝機或收音員已辭職未有報告

各地逐月收音情形比較表 (2)

黨部名稱 月期＼時間	山東省黨部 白晝	山東省黨部 夜間	鄭州市黨部 白晝	鄭州市黨部 夜間	福建省黨部 白晝	福建省黨部 夜間	湖南省黨部 白晝	湖南省黨部 夜間	天津特別市黨部 白晝	天津特別市黨部 夜間
十七年九月							不能聽得	下午五時半起非常清晰	被津臺擾亂	八時至八時五十分可聽
十月	甚響極清	甚響惟雜音亦頗高	音微	音佳惟多雜音			不甚清楚	高大清晰		
十一月	聲音清晰	甚響雜有電報聲	嘈聲大難聽	嘈聲大難聽			上午八點十分至三十八可聽餘細微	清晰洪大		
十二月	清楚	清楚有時有高低					清晰	清晰異常	音微	清晰可錄
十八年一月	音低尚清	清晰時有高低			音弱	聲音明晰間有電報	有電聲可聽	明晰異常	音弱	十分之七能記錄
二月	清晰	清晰間有高低			音微	明晰時有高低			音微弱	明晰可聽時低落
三月	音稍低而清晰	清晰			微弱	音明晰有電報夾雜	音明晰間有電報	音明晰間有電報		
四月	清晰	極清晰			音微弱	有電報夾雜甚烈尚可抄錄	清晰略微	清晰		
五月	清晰	極清晰			音微弱	天電電報夾雜尚能抄錄	清晰略微	清晰		
六月	音微	音較高有天電夾雜			音微	音明晰無電報夾雜可全錄	音微	清晰可聽天電甚烈記錄有間斷		
七月	音微	音雖洪大但電報天電夾雜甚烈	略可聽	略可聽			音微	天電夾雜雖烈然音洪大可聽錄	音微弱	音洪大惜天電夾雜甚烈難以全錄
八月	音微	音高清晰	可聽錄	音洪大天電夾雜較大			音微	音清響間有天電電報夾雜[illegible]	音微	尚明晰可聽
九月	音低稍清時有強烈電報	音高極清可以全錄	清晰可聽	音洪大惟有天電電報夾雜	音微電報雜處難聞	音較大但天電夾雜勉可聽	音微難聽	極清晰	音微且電報夾雜難收聽	洪大清晰間仍略有高低
十月	音低清晰	音高極清	清晰	清晰	音微	甚清晰	音微可聽	宏大清晰	電報夾雜甚烈難辨悉	清晰可全錄間有電報與降低
十一月	音低清晰	音高極清可以全錄	清晰	清晰	音微	甚清晰	音略微	清晰且高響	音大惟有電報及雜聲夾雜	清晰洪大間有高低及電報夾擾
十二月	音低清晰間有電報	音高清晰可以全錄	清晰	清晰	音微	清晰宏曉	音較微可聽	清晰且高響	音大惟電報夾雜甚烈	清晰宏大間有電報夾雜

黨部名稱 月期＼時間	山西省黨部 白晝	山西省黨部 夜間	北平特別市黨部 白晝	北平特別市黨部 夜間	廣東省黨部 白晝	廣東省黨部 夜間	九江市黨部 白晝	九江市黨部 夜間	宜昌市黨部 白晝	宜昌市黨部 夜間
十七年九月			不能聽清	清晰可聽	不能聽清	間能聞音樂音頗微				
十月			不能聽	隱約可聞聲	不能聽	尚可				
十一月			無	音小可聽間有電報	無	尚可聽				
十二月			音微弱	尚清晰						
十八年一月			音弱	清晰可錄						
二月										
三月			微弱難聽	清晰可聞惟多電報及雜音	不能聞	清晰可聞時有電報				
四月			音微	電報夾雜甚烈	無音	天電報聲夾雜可以聞錄				
五月	音微弱				音微弱	有電報天電夾雜尚可記錄				
六月		可聞錄			音無	天電及廣州市播音甚夾雜頗難記錄	音微	天電夾雜甚烈		
七月					音弱難辨	旁淇不穩並受市播有台電報天電夾雜祇得斷續消息	洪大清晰	天電夾雜甚烈	天電及電報夾雜難聽清	天電及電報夾雜難聽清
八月							洪大清晰	天電夾雜甚烈	音微	無電報夾雜頗能聽
九月							清晰	洪大清晰		
十月										
十一月	無音	音宏大惟有電燈感應及電報雜聲								
十二月	音微可聽惟電報時擾	有電報夾雜惟可記錄								

註 收音情形項下未填空格係其時該黨部尚未裝機或收音員已辭職未有報告

五、文書事務列表如左

文書事務工作概況				
文書	收文	二千四百十餘件	備考	油印刊物未計入表格等項未經列入
	發文	三千三百八十餘件		
	其他	撰擬繕寫校對印發摘由登記保管記錄等		
事務	監工	監築新辦公室樓房三幢播音室側屋二間	備考	
	押運	往上海裝運機件十餘次及至本京車站等處提貨五十餘次		
	收支	領支本台一切經費並編造報銷		
	購置	購置本台應用材料物件		
	佈置	逐日整理佈置		
	庶務	接洽來賓並匯寄物件等事務		

重要文牘擇錄於後

敦請各機關參與開幕典禮

逕啓者本台謹訂於八月一日下午五時在本台播音室行開幕典禮屆時敬請

涖臨觀禮並

賜予短時間之演講至祈

台允另附節目單一紙併希

詧照爲荷此致

中央廣播無線電臺謹啓 十七年七月三十日

中央廣播無線電台開幕典禮節目單

(一)奏國樂

(二)報告

(三)演說

(四)奏樂

(五)禮成

呈中央常務委員會請准建築辦公室

呈爲屋宇狹隘不適應用擬請撥欵建築辦公等室以資便利而策進行仰祈

鑒核示遵事竊查職台爲中央唯一之無線電話播音機關自宜精詳規劃逐漸進行應時勢之需求謀遠大之步驟俾全國各級黨部消息迅捷指臂相聯民衆團體仰承指導不至歧趨固不僅宣傳黨義提倡文化已也惟職台創辦之初因五中會議關係匆促開幕因陋就簡殊非久遠之計除機械室業經略事補充外如辦公室發音室增音室雜處各部辦公室之間播音唱片固均妨礙他部之工作而他部工作人員衆多勢難屏息躡足未免有雜音妨礙播音之清晰且原屋建築於無線電播音既不甚適合又不敷用數月以來迭感困難職台再四籌維爲目前便利計爲將來擴充計均宜另建新屋茲先就必不可少者計算約須辦公室發音室增音室等六間所需地址業與祕書處商洽妥協材料工資估計至少約須銀四千元之譜擬請

先行撥發俾得尅日動工限期落成以免窒礙而謀發展是否有當理合具文呈請

核議示遵謹呈

中央執行委員會常務委員會

中央廣播無線電台主任吴道一謹呈十七年九月二十五日

呈中央常務委員會報告建築辦公室估價

呈爲呈報建築辦公室實估及承包價目銀數仰祈

鑒核備案事竊查職台前以屋宇狹隘不適應用擬另建辦公室六間約計工料至少需銀四千元之譜

呈請

先行撥發嗣准秘書處函知以原案業經中央第十三次財務會議決議照准在案除函會計科外特此函達查照等由到台復經精密計劃就目前及將來之需要規定式樣繪具詳圖招工實地估價承包建築迭據各營造廠開單詳估承包價目前來除價額太巨者不計外計有應美記標額八千零三十三元三角史永發標額六千六百八十五元四角宏記標額五千九百四十五元五角孫永興標額五千四百七十四元以孫永興爲最低由職台商同中央庶務科逐項細核酌與商減議定以五千元承包如圖建築於本月五日動工限五十日落成訂立草合同在案查所包價額實屬各廠比較一再核減無可再少之數較原呈約略計算請　先撥四千元計增一千元尚無巨數出入亦在預計之中擬請　准予續發一千元以資建築而免不敷所有實估承包建築辦公室價目及議訂草合同緣由理合再行呈報

鑒核備案批示祇遵謹呈

中央執行委員會常務委員會

中央廣播無線電台主任吳道一謹呈十七年十一月二日

呈中央宣傳部請提議取締無線電報擾亂廣播電話聲調

呈爲無線電報擾亂廣播電話聲調懇請

提議取締劃分以利收音仰祈

鑒核示遵事竊維無線電話費簡效宏需用日繁職台擴充計劃業經呈准籌備正在設計進行觀成尚須時日爲目前計自應先就可能範圍內力求改進並爲擴充之基礎除由職台積極辦理收音員訓練班及其他局部改良工作外迭據各省市收音員及裝機各戶報稱每當收音之際迄被無線電報踏達之聲混擾亂致聲調難聆抄錄無從等語查國內電台林立所用機械種類不一電波長度復鮮限制每與廣播臺所用者距離太近致多擾亂尤以舊火花式(西文原名Spark)電臺機械簡陋音調粗濁爲更甚幾使收音機上波長配諧盤(西文原名Tuning Dial)無可控制失其効用查一九二七年華盛頓無線電報公約凡屬火花式發報機不准再添其現存者亦應逐漸掉換並定有免除擾亂之限制辦法其他眞空管式等類電臺使用波長亦已指定自二百至五百四十五公尺爲廣播電臺所專用其他報務電臺概須在上述指定波長以外免致混淆收音我國亦經簽字加入公約理宜依次推行似應先行提請中央函達國民政府轉飭建委會及交通軍政海軍各部凡所屬電臺之火花式發報機本屬費巨効弱之舊式應即從早廢止其軍艦船舶所裝者擾亂更甚尤應迅速更換新機至於眞空管式等發報機亦應飭令於最短期間一律更換波長除短波發報機不計外其餘所用務須在六百公尺以上分清電波界限以除障礙而免擾亂案關中央播音宣傳辦理不容少緩是否有當理合具文呈請察核提議施行實爲公便謹呈

中央宣傳部

中央廣播無線電臺主任吳道一謹呈十八年四月二十九日

呈中央宣傳部請撥款添購手提增音機暨鋼琴

呈為呈請撥款添購手提增音機暨鋼琴各一架以資發展仰祈
鑒核事竊查職臺開辦之初設備簡略現在無線電話日漸發達國人咸知注意除由職臺陸續選派收音員次第前往各省市黨部管理收音外其京內外各機關及個人函請代裝收音機或自購收音機函詢裝置及收音方法者日益增多江蘇省政府已飭各縣一律裝設收音機並派員接洽擬託職臺代為播發政令茲為便利國省各機關託代播音隨時移動發音地點及增加聽衆興趣普及宣傳起見擬即添購手提增音機一架約需銀六百元鋼琴一架約需銀八百元運費及發音室添辦絨幔地氈等約共需銀二千元之譜擬請撥發以便購辦而資發展是否有當理合具文呈請
批示祇遵謹呈
中央宣傳部葉部長

中央廣播電臺主任吳道一謹呈十七年十一月二十四日

呈中央宣傳部為送機件材料進出存用報告單

呈為呈送職臺機件材料進出存用報告單仰祈
鑒核備案事竊職臺自十七年七月至十八年四月底止所有進出機件材料除關於收支款項方面業

經呈報

鈞部轉送監察委員會核示外茲特繕具進料報告單發給各黨部材料報告單出售材料報告單日用材料消耗報告單收支及現存材料報告單各一份理合具文呈送　鈞部　鑒核備案實爲公便謹呈

中央執行委員會宣傳部（送秘書處，中央財務委員會，陳委員果夫葉委員楚傖者略同）

附　進料報告單
發給各黨部材料報告單
出售材料報告單
日用材料消耗報告單
收支及現存材料報告單各一份

中央廣播無線電臺主任吴道一謹呈十八年七月二十三日

函國民政府文官處爲規定各機關輪流播音辦法請分別轉達

逕啓者查敝臺修訂播音節目時間表擬請　政府各院部會商定每週輪流播音辦法一案茲准　貴處先後函抄各院部會覆函過臺當經彙列統計所復辦法不一對於曜期時間次數等項多數囑由敝臺擬訂竊思敝臺初請轉達會商之際本以各機關情形不同未便遽行訂定印表施行致多臨時更動現在各機關覆函雖尚有少數未克到齊惟該表亟待印行緣准前因業經體察情形酌訂每星期二、三、五、六等日上午十時一刻至十一時爲政府所屬各機關施政報告時間自本年十一月十九日開始實行除政府應否派員報告候貴處轉呈核示再於星期一、四兩日酌量排列及建設委員會報告另排特別節目外擬訂節目表草案及每一機關每越三星期輪流播音一次排列日期清單一併函送　查照即希　貴處分函單列各機關迅予查照如無他項窒礙可否即照此項辦法逕函敝臺以便即日印表公佈施行俾免羈遲而慰衆望其政府所屬未經列入清單各機關亦希分別函達請速函復亦可增入該單所空日期併酌於星期一、四兩日及星期日臨時變更插入總期宣傳普及革命完成黨政前途同深利賴尤希

貴處迅予辦理仍先函復至紉公誼至於監察院及首都建設委員會方在籌備期間國軍編遣委員會適値重要人員調赴前方作戰之際均經函復暫從緩議應請免再轉達合併聲明此致

國民政府文官處

函發收音員任用規則

逕啓者查無線電話需用日繁全國屬望本臺進行擴充之際各地收音事務自應格外注重茲爲適合環境整飭收音員工作起見特將前訂收音員服務條例修訂爲收音員任用規則呈奉

中央宣傳部核准施行在案相應檢同該項規則二份並送

貴部查照備案並轉行收音員遵照爲荷此致

黨部宣傳部

函派收音員往各黨部服務

逕啓者查
貴部無線電話收音員業經派定　同志充任呈由
中央宣傳部函送
貴部工作其生活費一項依照收音員任用規則應由敝臺規定數額函請照付現在該員服務之初擬
暫定月支　十元俟後考核工作成績再行酌辦相應檢同收音員任用規則一份函送
查照希按月支給以資生活再該員所播機件並希
貴部出具正式收據繳台備案以憑轉報爲荷此致

宣傳部

函財政部請飭關免稅放行所購眞空管十八年四月十三日

逕啓者案查敝台前託上海惠勒公司代向美國機廠定購無綫電話播音機上所用之五百瓦特眞空管四文原名UV 849 500watts Vawun Tube四個現已製就裝運不日到滬運京應用事關中央宣傳要務及無線電話事業向非尋常貿易物品可比除已呈由
中央執行委員會發給免稅證明書寄交該公司收執備用外相應函請
貴部查照令知關務署轉行江海關監督公署一俟該公司將證明書送呈加印時卽予加印並先咨稅務司一體查照免稅免驗迅速放行以應急需而免阻滯尤希

迅予辦理尅日見復至紉公誼此致

財政部

函軍政部請發運料護照十八年六月十日

逕啓者案查敝台前托西門子洋行代購無線電收音機件暨托惠勒公司代購無線電播音機用五百瓦特眞空管等件均將陸續在上海進口轉京應用業經先後開單函准財政部復稱已令行江海金陵兩關暨沿途稅卡一體免稅即予放行在案惟該項機件向係視同軍用品應由

貴部頒發護照始克提運來京現在敝台因訂購日久亟待應用刻不容緩案關中央宣傳要務迥非尋常電料可比相應另開機件清單二紙隨附印花稅費銀三元一併函送

查照分塡護照二紙函送過台或由敝台十三日派員至

貴部領取分轉該兩公司執用以免阻滯而利進行尤希

即日辦理致紉公誼此致

軍政部

附所運機件淸單二紙

印花稅費銀三元

函發收音機一覽表

逕啓者查無線電話日益發達既靈消息復增興趣羣情企忭紛請代裝敝台爲應需要特選購各種收音機整批備置代價自廉現悉按原價備各界繳款領用以資提倡茲將代辦收音機一覽表及新訂播音節目表各檢一紙即希

查照如需裝用備款函繳過台當即派員往裝并將收音手續加以說明以便應用此致

附一覽表一紙
播音節目表一紙

中央廣播無線電台代辦收音機一覽表

機名	真空管數目	能聽何處	全套價格	備考
晶體收音機		用耳機收聽本台播音	十一元	
德律風根十號機	三個	用擴音器收聽本台播音用耳機收聽上海杭州天津日本等台播音	八十元	原用國貨電池如改用外國貨另加銀十四元
德律風根三號機	三個	同右	九十六元	同右
德律風根四號機	四個	可用擴音器收聽本台上海杭州天津哈爾濱瀋陽北平馬尼拉日本等台音浪清晰	二百八十元	
德律風根九號機	五個	同右	三百五十元	
三號收音機	六個	同右	二百十元	
滬廠式收音機	六個	同右	二百二十元	如用天綫調整器後聲浪更響
合組十六號機	六個	同右	二百三十元	同右

附註

（一）裝機材料須先自備計需樹立天綫所用二丈餘長之粗細毛竹各二根牽綁竹竿所用十六號鉛絲十二斤蔴繩五丈晶體機可酌量情形少備

（二）裝費另收晶體機三元三真空管機七元四真空管以上均收十元

（三）備貸附件等項亦可酌量代辦

敦請特種演講函 十八年八月十四日

逕啓者查敝台播音節目表原定每星期一日下午四至五時爲特種演講迭經衛生教育各部派員來台演講由敝台用無線電廣播各處以廣聽聞現在此項節目適有空閒因念（外交緊急端賴民意爲後盾亟待宣傳俾使民衆咸明國際情勢）（鐵道爲全國脈絡建設要圖亟待宣傳俾合羣力共謀發展）（編遣爲當今要務存亡攸關亟待宣傳俾易實施）（農鑛爲立國根本亟待提倡俾增富庶尤賴宣傳共謀發展）（工商爲經濟基礎亟待提倡以阜財用尤賴宣傳共謀發展） 擬請

貴部會酌量認定數週指派人員蒞台演講一面先行見復以便排列次序日期逕函往邀并先播告各省市收音員及各方聽衆按時候聽藉收喚起民衆之効果實不僅敝台之榮幸已也此致

（外交部）（鐵道部）（編遣委員會）（農鑛部）（工商部）

函謝演講

逕啓者 星期日 承

惠臨演講名言讜論遐邇同欽固不獨聽衆獲益良深有裨宣傳尤非淺鮮此後如蒙

代邀名流碩士或佈政策或述學理或發表計劃或報告時事約期蒞台演講先行函知排定日期預告各處候聽藉廣宣傳尤所歡迎企盼者也專佈鳴謝卽希鑒察爲荷此致

先生

附播音節目表一份

函謝奏樂

逕啓者前承

惠臨奏樂清音雅調遐邇同欽固不獨各方聽衆同深欣感敝台亦無任榮幸此後如蒙

約集同好惠然肯來先期函示以便排列日期尤所歡迎玆特專函鳴謝尙希

鑒察是荷此致

先生

附播音節目表一份

復漢口收音員湯一鶚同志爲答復所請各端 十八年九月二十七日

逕復者據九月十七日聯名呈一件及另函一件暨第八次週報表均悉查所陳各端不無見地足徵平日服務尙屬努力頗堪嘉許惟其中多有隨衆附和迄乖事實者殊屬不知辦事之困難統籌之不易遽憑一知半解箇別需要據以呈請逾越範圍要知無線電話我國創辦未久端賴研進日臻完滿本台組

設伊始爲應急需所購機件未能盡善而開辦經常各費亦均有限制經于可能範圍經營一載努力發展漸著成績並擬擴充計劃呈准籌備其各種改進方針亦係斟酌情形隨時辦理如暫增電力一千瓦特一事早經議定惟現有眞空管馬達發電機俱屬不敷而購料必先請款再行訂立合同廠家始能運寄進口時又須先請護照改裝機件更須候擇空間殊非一躍可幾其於改短波長一事亦經擬議惟既須避免衝突復不能在三百公尺以內致射程大減而現有天地線設備均有連帶關係概須變動周折異常亦非一言可以解決至如發音方面搜集材料固非單純問題報告人員亦屬各處推定既無管轄之權自難過分選擇况旨在宣傳當圖喚起民衆不能僅謀迎合普通箇別心理隨俗浮沉而節目時間又需避免各台之衝突適合多數地方之需要並謀報告材料供給之便利衡其輕重緩急制訂施行更非箇別請求可以朝更暮改者也本台處茲環境力求進展實較該員爲尤急凡力之所及能促短時間實現者無不竭力以赴現在報告新聞時所有决議案除中央常會及政治會議者雖屬冗長礙難删減外其他各機關者均已擇要酌報各地收音員自不妨再就當地情形擇錄發表以應各別之需要其每晨複報隔夜新聞原爲夏令權宜之計併已取銷另報他項消息宣傳報告一項亦已選擇最新材料改由宣傳部指導科擔任并囑格外注意報告方式及發音辭句其於播音時間提早一事正待統籌不日訂定施行機械方面上月係屬局部變動有時仍不免有馬達輪轉雜聲本月十七日起改善全部線路後該項雜聲確已減免至收音時偶聞狂嘯聲約爲收音機使用未盡合法或本台波長與別台波長偶

不十分準確無〻衝突所致此次整頓將波長略爲改短用波長度量準四百二十公尺并將週率設法穩固可免收音若遠若近時高時低之現象此後除積極進行擴充計劃尅日商訂購製機械合同暨候一千瓦特電力所需材料到齊暫先改裝外該員等應卽潛心努力於收音方面儘量改善每日所得尤應卽晚送登報紙并囑按日寄台備核據函前情合行函復統希知照并轉胡孔殷同志一體知悉迅速報告此次整頓結果爲要此致

湯一鶚同志

函各收音員爲頒發各機關輪流播音日期單希查照收音十一月三十日

逕啓者查本台第四次修正播音節目時間表業經頒發並自十一月十八日開始施行其國府各機關施政報告節目除建設委員會報告載在節目表自十一月十八日星期一第一次舉行嗣後每兩星期報告一次中央研究院於十二月十三日星期五下午四時一刻至五時科學演講節目項下第一次舉行報告嗣後每四星期依原時報告一次外餘經排定秩序依照播音茲已印就輪流日期單一種合行頒發會同節目時間表

查照收音爲荷此致

同志

附各機關輪流播音日期單一紙

函銅山縣執行委員會宣傳部爲希轉囑民報儘量登載中央消息十八年十月三十一日

逕啓者查無線電話日益發達消息靈通羣情企盼敝台近更加報軍事消息以增宣傳効率各地收錄消息均分送各報儘量登載該處民報每日刊登敝台電訊頗少而審核收音員所錄收者數實甚多當此屏棄要聞殊屬影響宣傳既非中央設置收音機之本意更無以慰當地民衆之渴望相應函達卽希查照轉囑該報社務須儘量刊載以廣宣傳至紉公誼此致

銅山縣執行委員會宣傳部

中央廣播無線電台處理文件簡單說明

一、收文　各處來文由文書股收發點收蓋章

二、摘由　由收發閱文摘由並分類編號

分類辦法

全　關於發音事務者屬之

國　關於工程材料者屬之

一　關於收音事務者屬之

堂　關於其他事務者屬之

三、送批　文件先送主任核閱

四、交股 由主任批交各股擬辦
五、擬辦 各股將交到文件擬具詳細辦法送主任核辦
六、核辦 主任將各股所擬辦法核准(或修改或交回各股重擬)交文書股擬稿
七、擬稿 文書股按照擬定辦法擬稿
八、閱稿 文書股擬就之稿送有關係各股審閱
九、核稿判行 各股審閱後送主任核稿判行
十、發繕及對 文書股將判行之稿繕正後校對
十一、蓋印 將已繕正校對過之文件蓋印
十二、發文 將已蓋印之文件由收發摘由登記發出
十三、歸檔 收發將已發出之文件底稿連同原件並送歸檔

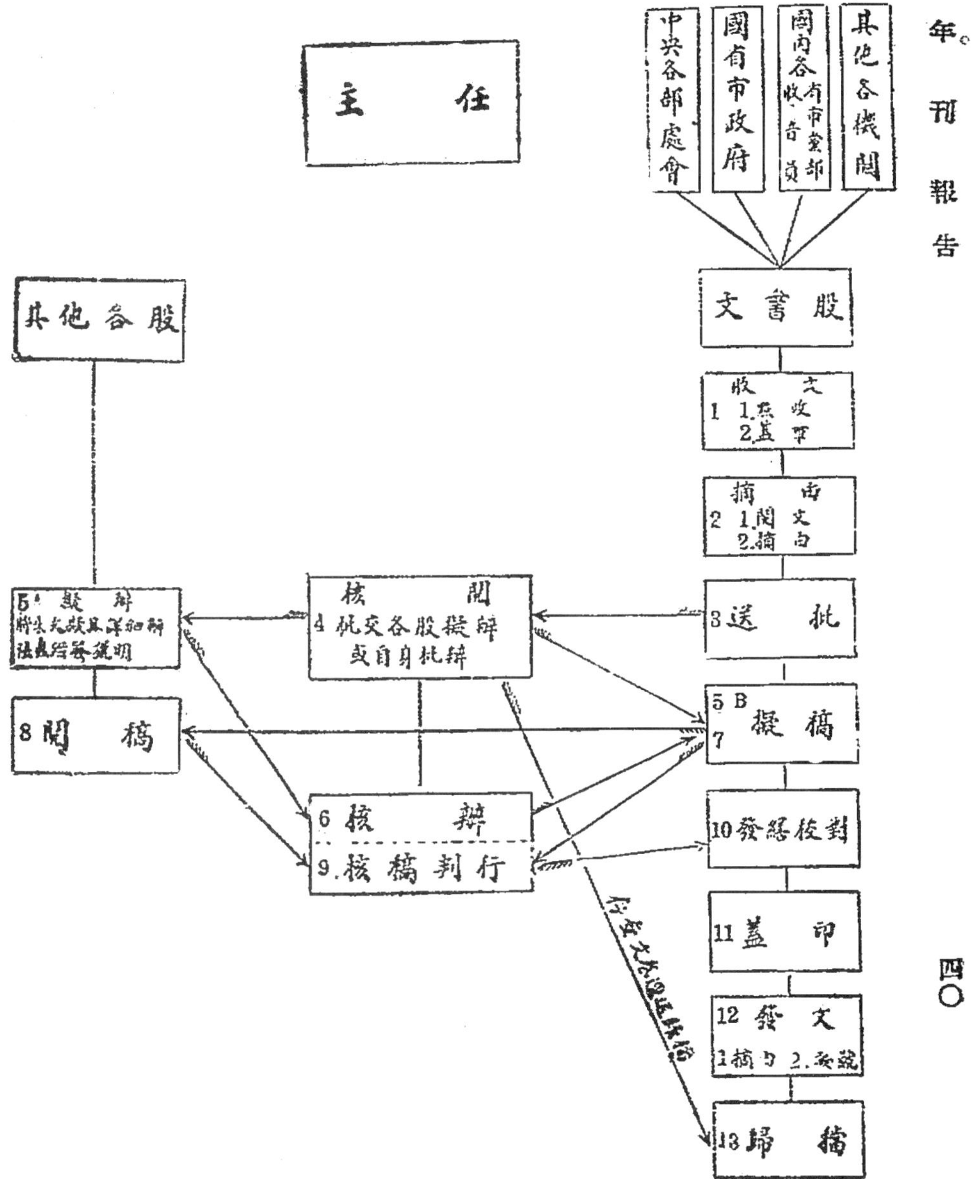
中央廣播無線電台處理文件程序圖
主任
中央各部處會
國省市政府
國內各省市黨部收音員
其他各機關
文書股
其他各股
收文
1 1.登記 2.蓋戳
摘由
2 1.閱文 2.摘由
3送批
核閱
4 批交各股擬辦或自身批辦
5A 擬辦
5B 擬稿
7
6 核辦
8 閱稿
9.核稿判行
10 發繕校對
11 蓋印
12 發文
1 摘由 2.編號
13 歸檔

年刊報告

四〇

演講分類表

一、名人演講

演講者	講　題	日　期
劉紀文	總理和南京	十七·九·五·
胡漢民	土耳其內政略述	十七·九·二六·
孫　科	報告攷察經過	十七·九·二六·
王寵惠	我國現在所處之地位及吾人今後應努力之點	十七·十·十七·
繆丕成	如何喚起民衆共同努力	十七·十·卅一·
蔡元培	說研究院之關係	十七·十一·七·
戴季陶	在訓政時期中中國國民黨黨員之心理建設	十七·十一·十四·
王正廷	不平等條約最重要之五點及今後全國民衆應一致奮起作外交後盾	十七·十一·二八·
趙戴文	本黨實負的監督指導責任	十七·十二·五·
閻錫山	裁兵實行建設	十七·十二·十九·
蔣中正	編遣會議之重要	十七、十二·十九·
孔祥熙	中華國貨展覽會及民國二十年全國博覽會之意義	十七·十二·二十·
胡漢民	整理軍事之要義	十七·十二·二一·

戴季陶	整理軍事爲富國强兵之起點	十七・十二・二三・
陳紹寬	世界上有不要海軍的國家麽	十七・十二・二六・
蔣夢麟	教育問題	十八・一・九・
褚民誼	衛生與育	十八・一・二三・
王寵惠	國民政府在法律上外交上及建設上之工作	十八・一・三十・
胡漢民	最近大家應該努力的三件大事	十八・二・二七・
褚民誼	中西醫藥問題	十八・三・二十・
桂崇基	國民革命的基礎在教育	十八・四・十・
劉蘆隱	三全大會以後	十八・四・十七・
胡漢民	我們慶祝勞動節的意義	十八・五・一・
褚民誼	衛生上道德的觀念	十八・五・一四・
焦易堂	改造國際以求世界和平	十八・五・二二・
邵元冲	智識救國	十八・六・五・
朱綬光	軍政問題	十八・十・三十・
邵元冲	青年改造問題	十八・十一・二七・
劉紀文	爲什麽要實施地方自治	十八・十二・十一・

二、科學演講

演講者	講題	日期
惲震	電與人生之關係	十七・九・一・
柴志明	汽車之發達與吾人對於汽車應有的常識	十七・九・七・
倪尚達	無線電	十七・九・十四・
茅以新	鐵路	十七・十・五・
馮君策	電與萬物之關係	十七・十・十二・
尹國鏞	美國無綫電概況	十七・十・十九・
陳章	電機工程概要	十七・十・廿六・
陳廣沅	中國亟宜趕造鐵路以利民生	十七・十一・二・
方千里	中國科學之不發達及其補救方法	十七・十一・九・
周明懿	農民生活概況及其推廣方法	十七・十一・十六・
王季梁	化學與人生的關係	十七・十一・廿三・
李德毅	森林與河流之關係	十七・十一・三十・
單基乾	美國電話事業之概況	十七・十二・七・
張景歐	中國蝗患問題及其根本解決方法	十七・十二・廿一・

講演者	題目	日期
張景歐	中國蝗患問題及其根本解決方法（完）	十七・十二・廿八・
王明之	橋梁建築之大概	十八・一・四・
唐啟宇	合作運動	十八・一・十一・
蔡承新	銀行與經濟建設	十八・一・廿五・
胡定安	首都衛生建設問題	十八・二・一・
吳大鈞	黨員的統計	十八・二・八・
張忠仁	中國國民黨領導中國童子軍之意義	十八・二・廿二・
楊簡初	觸電	十八・三・十五・
張闓駿	如何應用太陽中之熱力	十八・四・十二・
賀闓	世界各國化學戰爭之準備	十八・四・十九・
劉士能	建築與社會	十八・四・廿六・
李毅士	今後藝術在中國之貢獻	十八・五・十・
陳劍翛	心理學是鬼的科學還是人的科學	十八・五・十七・
秦沅	國曆與古曆	十八・五・廿四・
吳道一	無綫電話之秘密傳遞	十八・六・十四・
吳道一	我國目前最需要的建設事業	十八・七・五・

李儀祉	導淮問題	十八・七・十九・
胡博淵	鑛業與建設	十八・八・二・
劉運籌	一個大問題——中國人的生和死	十八・八・廿三・
胡定安	自來水與吾人健康之關係	十八・八・三十・
吳承洛	度量衡新制標準及實施辦法	十八・九・六・
竺可楨	航空與氣象	十八・十・四・
高平子	太陽活動	十八・十・十一・
徐悲鴻	中國美術	十八・十・廿五・
傅斯年	中國文化來源之問題	十八・十一・五・

三、特種演講

演講者	講題	日期
徐叔謨	新中國的外交	十七・九・十二・
陳世璋	什麼叫做科學化	十七・九・十九・
張道藩	識字運動	十七・十二・九・
薛篤弼	首都衛生運動會之意義	十七・十二・十四・
褚民誼	鄉村衛生與城市衛生	十七・十二・十四・

戴季陶	中華民國基本建設和衛生	十七・十二・十五・
胡毓威	城市衛生事業	十七・十二・十五・
劉蘆隱	衛生運動和衛生事業	十七・十二・十五・
宋哲夫	中央禁煙委員會成立的經過	十七・十二・廿四・
謝福生	民國十七年建設進步之回顧及關稅自主	十七・十二・廿六・
彭澍仁	我國如何應付國際	十七・十二・卅一・
盧祖霈	最近中國禁煙狀況	十八・一・七・
萬梓青	鴉片爲帝國主義者之侵略政策	十八・一・十四・
王正廷	鴉片和外交的關係	十八・一・廿一・
胡定安	禁煙與社會衛生	十八・一・廿八・
劉紀文	建築中山大道之經過	十八・三・七・
張之江	總理遺訓與禁烟問題	十八・三・十八・
蔡鴻程	天花與種痘	十八・四・一・
王祖祥	成藥之害	十八・四・八・
金保善	流行性腦脊髓膜炎	十八・四・十五・
殷智鍾	夏季衛生	十八・四・廿二・

馬寅初	中國女子地位問題	十八・五・八・
馬敍倫	教育宗旨及其實施方案	十八・五・十三・
金保善	首都衛生的初步建設	十八・五・十四・
胡定安	第二屆衛生運動籌備經過	十八・五・十四・
劉紀文	衛生與民族之關係	十八・五・十五・
黃建中	整理全國高等教育的初步計劃	十八・五・廿七・
黃建中	續前題	十八・六・三・
朱經農	辦理全國普通教育的初步計劃	十八・六・十七・
朱經農	續前題	十八・六・廿四・
殷汝耕	收回航權問題	十八・七・十二・
陳劍脩	辦理全國社會教育的初步計劃	十八・七・十五・
陳劍脩	續前題	十八・七・卅・
樊象離	內政部整理警察計劃	十八・八・十九・
王正廷	中俄外交	十八・八・二十・
王人麟	出席國際勞工大會經過情形及關係中國之重要結果	十八・八・廿二・
賀國光	關于實施編遣的辦法和近況	十八・八・廿六・

年刊報告

姓名	題目	日期
穆湘玥	中國工業化之必要	十八・八・廿八・
朱綬光	經理之組織及現況	十八・九・二・
樊象離	內政部革新政縣之計劃	十八・九・二・
楊崇皋	識字運動的意義	十八・九・九・
葛敬恩	對于編遣實施會議後之編遣概況	十八・九・九・
楊卓茂	提倡國貨	十八・九・十・
高秉坊	怎樣來認識國貨	十八・九・十一・
陳鐘聲	國貨陳列館與提倡國貨之關係	十八・九。十二・
鮑少齋	提倡國貨爲救國唯一途徑	十八・九・十三・
屠哲隱	提倡國貨與改善勞工生活之關係	十八・九・十四・
劉蔭茀	提倡國貨以提倡製造爲本	十八・九・十六・
黃德安	訓政時期農鑛建設工作	十八・九・二十・
朱懋澄	改善中國勞工生活問題	十八・九・廿七・
趙戴文	代閻錫山報告對最近大局之主張	十八・十・十五・
周四維	討伐西北叛逆軍之理由	十八・十・十七・
莊智煥	電政最近之設施及其進行之計劃	十八・十・廿一・

年刊報告

楊兆泰	內政應貫注人民身上去	十八・十・廿四・
連聲海	關于鹽道之整理及發展	十八・十・廿六・
陳柏廬	一年來籌建教育的概況	十八・十・卅一・
殷汝耕	訓政時期之航政建設	十八・十一・四・
樊光	廢除領事裁判權	十八・十一・七・
劉亞東	最近列強陸軍之概況	十八・十一・七・
盧晉侯	中國新民族的新使命	十八・十一・八・
徐柏園	訓政時期一般交通事業建設	十八・十一・十一・
凌冰	接收津比租界之經過	十八・十一・十四・
張我華	租界與租界地	十八・十一・二十・
韋捧丹	教育建設之基本問題	十八・十一・廿九・
樊象離	管理佛教的意見	十八・十二・十・
徐謨	國際平等	十八・十二・十一・
趙迺傳	教育法令	十八・十二・二十・
吳承洛	全國度量衡劃一程序及推行辦法	十八・十二・廿一・
王廷颺	訓政與自治	十八・十二・卅一・

中央廣播電台歲首臨時播音節目表

元旦日　中央黨部同樂會

十一時至十一時五十分（唱黨歌演說奏樂）

十二時十分至二時十五分（大鼓快書歌劇清唱）

四時十分至四時四十分（提琴鋼琴合奏　歌曲）

五時至八時（戲劇）

二日

下午一時至四時止　南京賓小（歌曲）民衆教育館崑曲研究會（崑曲）

六時至八時止　首都遺涯集（戲曲）

三日

下午一時半至四時止　東區賓小（歌曲）

首都遺涯集（戲曲）

附录

附錄

我國現有之廣播電台

我國廣播電台成立最早者，爲上海美商所設之開洛公司。後東北各埠，廣播電台，先後成立。國人對廣播無線電之興趣，始漸漸增加。迨國軍底定長江，中央電台，卽建立於金陵。杭州廣州等台，亦相繼工竣，開始播音。各省市政府，亦多有籌設之議。廣播事業，大有風起雲湧之勢。茲將各台近況，據調查所得，分述於下。（開洛公司現已停止播音不列其餘電力較小之各台亦從略）

（1）天津廣播無線電台

呼號　COTN　　波長　四百七十五公尺

天津廣播無線電台，成立於民國十六年五月，電力五百瓦特，每日播音約計七小時，經常費月需一千六百餘元。附近收音機約有三千餘具，礦石機每月徵費半元，眞空管機月徵費用一元。全台職員有

局長　一人。主任　一人。登記員　一人。節目主任　一人。會計　一人。文牘　一人。

英文教授　一人。報告員　一人。調查員　三人。機務員　三人。

機件係由美國西方電氣公司製造，振盪器有二百五十瓦特之R212-A式眞空管二只，應用柵極同授之法，得振盪電流於屏極線路中。調幅器有R212-A式眞空管二只，用Heisint氏之屏極定流調幅法，此四個眞空管屏絲極之電力來源，係用該市交流電。轉動直流發電機二只；一爲1500伏爾次，供屏極之用。一係15伏爾次，供炙熱燈絲之用。發音

室內設增音機一座，此機共分三級，末級爲推挽式，第一級眞空管爲201-A式，餘用171-A式三只，此機之輸出線，通至播音室，再經一級放大器後，（用R211式眞空管一只）即通至調幅管。所有增音機上電力來源，則用蓄電池及乾電池等供給之。幷備有直流發電機，以供充電之用。播音機除供播音外，幷可發拍無線電報，實爲此機之特色。該台天線高度爲三十一公尺 長度爲六十一公尺。

（2）北平廣播無線電台

呼號 COPK 波長 三百十五公尺

北平廣播電台。成立於民國十六年之九月，電力一百瓦特，每日播音七小時。該市各大戲院飯店等，均設有專線，播發歌曲音樂，近擬添加科學演講，黨政消息，以資宣傳。每月經常費約需一千元。附近收音機約一千具，（內有眞空管式二百具）礦石機每月徵費半元，眞空管式月徵一元。全台職員有

主任 一人。 工程司 一人。 辦事員 四人。 司事 二人。 報告員 一人。

機件由天津義昌洋行代建，開辦費約計一萬二千元。播音機電力來源，由該市電廠供給。振盪電路爲 Armstrong Hartley 式，裝有R211-D眞空管二只。調幅器亦係R211-D式眞空管二只。發音室之增音機，原爲三級耗阻交連式，現祗用一級。眞空管爲209A式，幷設有音量控制器，以資調音。播音室內設有變壓器交連式增音機一座，用 R211D眞空管一只。天線與振盪器間，係用間接交連式。天線長約三十七公尺，高約二十一公尺，天線電流約有二個半安培。

（3）遼甯廣播無線電台

呼號 COMK 波長 四百廿五公尺

遼甯廣播無線電台，成立於民國十七年一月。電力爲二千瓦特，每日播音五小時，裝設發音專線之處，有邊防司令

長官公署，省政府，劇場、（三處）鼓書場、（二處）等處，經常費月需八百餘元。附近收音機約計一千具，礦石機徵收月費半元，眞空，機月徵一元。全台職員有

主任兼工程師　一人。　工務員　二人。　報務員　一人。　辦事員　一人。　司　事　一人。

報　告　員　一人。　調査員　二人。　機　司　二人。

電台機件，係由法國巴黎電廠製造，開辦費約需六萬元。振盪線路係 Hartley 式，用 Eg52 式眞空管二只。調幅器用水澆眞空管一只，採用屏極定流調幅法。上述三管之屏極電壓，係由該市之三相交流電供給，經變壓器及整流管後，而得一萬伏爾次之直流電。發音室內之增音機，爲四級耗阻交連式，共用 E29式眞空管七枚。并有音量控制器，以資調音。振盪器後並無放大器等之設備。天線長爲七十五公尺，高可四十一公尺，天線電流爲八個安培。

（4）哈爾濱廣播無線電台

呼號　COHB　　波長　四百四十五公尺

哈爾濱廣播無線電台，成立於民國十七年一月。電力爲一千瓦特，每日播音時間，約計六小時。播音節目，除新聞、唱片、商情等外，就近各有名戲院各俱樂部，均設有專線，以資播發戲曲，經常費月需九百餘元。附近聽衆有三千餘戶，均須徵收月費。台中職員有

主任　一人。　會計　一人。　辦事員　一人。　司書　一人。　報告員　一人。　俄文教授　一人。

調査員　三人。

機件係由美商開洛公司製造，開辦費約八萬元。（房屋器具在內）播音機電力來源，由該市電廠供給。振盪器用一千瓦特眞空管一枚。調幅器用一千瓦特眞空管二只。發音室內之增音機，有210式眞空管二枚、分爲三級。播音室內之

附音機，用五十瓦特真空管二枚，成爲二級。各增音機上均設有音量控制器，以資調音。天線長高均爲三十七公尺，天線電流爲十一安培。

(5)中央廣播無線電台

呼號 XGz 波長 四百二十公尺

中央台最近情況，本刊另有專文論述，茲不贅述。

(6)浙江省廣播無線電台

呼號 XGY 波長 三〇七公尺

浙江省廣播無線電台，成立於民國十七年十月。電力二百五十瓦特，去冬改爲五百瓦特。每日播音約五小時，經常費月需一千元。附近收音機約有二百餘具，因在提倡時期，暫不徵收月費。全台職員有

台長兼工程師 一人。 發音室主任 一人。 播音室主任 一人。 工務員 二人。 收音員 一人。
發音員 一人。 事務員書記等若干人。

機件係由上海開洛公司製造，開辦費約計三萬元。機件情形與中央台未改善以前，大致相仿。振盪器用204-A真空管二枚，線路爲 Armstrong Hartley 式，調幅器用851真空管一枚，採用屏極定流調幅法。播音電力供給，係用交流電動機，啓動直流發電機二只。惟杭州電廠，電流來源，時有間斷，現擬添設蓄電池及直流電動機，以免播音中斷。發音室內增音機，共有二級，第二級係推挽式，共用210號真空管三枚。播音室內有推挽式增音器一座，用210號真空管二枚，並設有音量控制器，管理調幅程度。振盪器與天線間，係用直接交連法，天線電流有六安培。天線高可三十二公尺，長約二十四公尺。

(7)廣州市無線電播音台

廣州市播音台，成立於民國十八年五月。電力爲一千瓦特，每日播音約計五小時，每月經常費一千餘元。(毫洋)附近收音機約有二百餘具，月費尚未徵收，擬俟聽衆增多後，月徵一元。台中職員有

管理專員 一人。 文牘兼司務 一人。 司機 二人。 報生 一人。 事務 一人。

機件係由美國西方電氣公司製造，開辦費計七萬餘元。(毫洋)振盪器及調幅器，均用212-D式眞空管，調幅方法爲屏極定流式。振盪器後設有放大器一座，用228-A式眞空管一枚。放大器與天線間，係用電容器交連式。天線電流七個係安培，天線高四十三公尺，長二十七．四公尺。播音室內增音機，計有二座；第一座用204-D眞空管三枚，分爲三級。第二座設211-D式眞空管一枚，此管之輸出線，即連至調幅管上。播音機電力供給，則採用交流電動機轉動直流發電機之法，而交流電流，則由該市電廠供給。

中國廣播電台調查表

台名	中央廣播無線電台	浙江省廣播無線電台	遼甯廣播電台	哈爾濱廣播電台	天津廣播無線電台	北平廣播無線電台	廣州市無綫電播音台
所在地	南京中央黨部	播音台在牛羊司巷 發音室在省政府	瀋陽市商埠十一緯路	哈爾濱南崗	天津英租界十四號	北平西城甘石橋	廣州市中央公園
電力（瓦時）	500	500	2000	1000	500	100	1000
天線電流（安培）	6,5—7,0	6	8	11	2	2,5	7—7,5
天線高度（公尺）	38	32	41	37	31	21	43
天線長度（公尺）	34	24	75	37	61	37	27,4
呼號	XGZ	XGY	COMB	COHB	COTN	COPK	CMB
現用波長（公尺）	420	307	425	445	475	315	440
開始播音日期	十七年八月一日	十七年十月十日	十七年一月	十七年一月一日	十六年五月一日	十六年九月一日	十八年五月六日
目下每日播音時數	5,5小時（特別節目除外）	3,5小時（特別節目除外）	約5小時	6小時	7小時	7小時	5小時（星期日6小時）
開辦費約數	30,000元	30,000元	60,000元	80,000元	2500元	12,000元	70,000元（毫洋）
每月經常費約數	1500元	1000元	800元	900元	1600元	1000元	1012元（毫洋）
製造廠家	上海美商開洛公司	上海美商開洛公司	法國巴黎電氣廠	上海美商開洛公司	美國西方電氣公司	天津義昌洋行	美國西方電氣公司
附近收音機約數	300	100	1000	3000	3000	1000	100
附註							

東亞廣播無綫電台一覽表

名稱	所在地	呼號	波長（公尺）	電力（瓦特）
中央廣播無線電台	南京	XGZ	420	500
浙江省廣播無線電台	杭州	XGY	307	500
北平廣播無線電台	北平	COPK	315	100
天津廣播無線電台	天津	COTN	480	500
遼甯廣播無線電台	瀋陽	COMK	425	2000
哈爾濱廣播無線電台	哈爾濱	COHK	445	1000
廣州市廣播無線電台	廣州	CMB		1000
新新公司無線電播音台	上海	SSC	370	50
香港廣播電台	香港	5HK	375	150
大連	大連	JQAK	395	5000
台北放送局	台北	JFAK	333	1000
東京放送局	日本東京	JOAK	345	10000
大阪放送局	日本大阪	JOBK	400	10000
名古屋放送局	日本名古屋	JOCK	370	1000
京城放送局	高麗京城	JODK	366	1000
廣島放送局	日本廣島	JOFK	353	10000
熊本放送局	日本熊本	JOCK	380	10000
仙台放送局	日本仙台	JOHK	390	10000
札幌放送局	日本札幌	JOIK	361	10000
印度無線電公司	印度	7BY	357	5000
印度無線電公司	印度	7CA	370	5000
非列賓無線電公司	馬尼剌	K2RM	413	1000
新加坡	新加坡	ISE	330	100
蘇俄工人無線電台	海參崴	RL20	480	1500

中央廣播無綫電台播音時間表

十七年年七月訂

經常節目	星期日除外	上午	十一時至十一時三刻	新聞（附音樂）
經常節目	星期日除外	下午	二時至三時	宣傳大綱（附音樂）
經常節目	星期日除外	下午	七時至八時半	重要新聞（附唱片）
特別節目	星期一	上午	九時起	中央紀念週
特別節目	星期一	下午	時間不定	名人演講
特別節目	星期日	上午	十一時	新聞（附音樂唱片）

以上各項節目均由中央廣播無線電台XKM播送電浪暫定長三零零公尺

中央廣播無綫電台播音時間表

十七年九月訂

尋常節目	星期日除外	上午	八時十分至八時三十分	新聞
		上午	十時至十時半	通告通令
		下午	十二時一刻至一時	唱片
		下午	二時至二時三刻	宣傳大綱
		下午	五時至五時三刻	報告決議案
		下午	七時至七時一刻	報告氣象
		下午	七時半至八時	唱片
		下午	八時半至九時半	重要新聞
特別節目	星期一	上午	九時起	中央紀念週
	星期三	下午	三時至四時	名人演講
	星期五	下午	三時至四時	科學演講
	星期六	下午	七時一刻至八時半	特別音樂
		下午	八時半至九時	重要新聞
	星期日	下午	二時至二時三刻	唱片
		下午	七時至七時一刻	氣象報告
		下午	七時一刻至八時	重要新聞

（一）以上各項節目均由中央廣播無線電台XKM播送電浪暫定長四九五公尺如有變改隨時播音通知

（二）所播各項節目皆間以中西唱片及報告時間

（三）凡於播音事項聽衆方面如有意見請賜函本台爲盼

南京丁家橋中央廣播無線電台啓

中國國民黨中央執行委員會廣播無綫電台播音時間表

		時間		節目	備註
尋常節目	星期日除外	上午	九時至九時半	新聞	星期一停止
			十時至十一時	宣傳報告	
		下午	十二時一刻至一時	唱片	
			二時至二時半	通告通令	
			三時至三時半	國際要聞	星期四見特別節目
			六時三刻至七時	氣象報告	
			七時一刻至八時	唱片	星期四星期六停止
			八時半至九時半	重要新聞	星期四星期六八時三刻起
	星期日	下午	二時至三時	唱片	
			六時三刻至七時	氣象報告	
			七時一刻至八時	重要新聞	
特別節目	星期一	上午	九時起	中央紀念週	
		下午	四時至五時	特種演講	
	星期三	下午	四時至五時	名人演講	每月最後之星期三用英語播音演講黨義
	星期四	下午	三時至四時 七時一刻至八時半	英語時事演講 京市政府音樂	
	星期五	下午	四時至五時	科學演講	
	星期六	下午	七時一刻致八時半	特別音樂	

備註
（一）以上各項節目均由中央廣播無線電台 XGZ 播送波長暫定四二〇公尺如有改變隨時播音通知
（二）所播各項節目皆間以中西唱片
（三）每日上午十時下午七時報告本京標準時間
（四）凡於播音事項聽衆方面如有意見請賜函本台爲盼

中央廣播無線電台訂

年刊附錄

十七年十二月訂

一〇

中國國民黨中央執行委員會廣播無綫電台播音時間表

		時間		節目	備考
尋常節目	星期日除外	上午	九時至九時半	新聞	
			十時至十一時	宣傳報告	
		下午	十二時一刻至一時	唱片	
			二時至二時一刻	通告通令	
			二時半至三時	訓練方案報告	星期三星期六停止
			三時一刻至三時三刻	國際要聞	星期四用外國語報告國內要聞
			六時三刻至七時	氣象報告	
			七時一刻至八時	唱片	星期四星期六停止
			八時半至九時半	重要新聞	星期四星期六八時三刻起
	星期日	下午	二時至三時	唱片	
			六時三刻至七時	氣象報告	
			七時一刻至八時	重要新聞	
特別節目	星期一	上午	九時起	中央紀念週	
		下午	四時至五時	特種演講	不固定
	星期三	下午	四時至五時	名人演講	
	星期四	下午	七時一刻至八時半	京市政府音樂	
	星期五	下午	四時至五時	科學演講	
	星期六	下午	七時一刻至八時半	特別音樂	

十八年五月訂

備註
（一）以上各項節目均由中央廣播無線電台XGZ播送波長暫定四二〇公尺如有變更隨時播音通知
（二）所播各項節目皆間以中西唱片
（三）每日上午十時下午七時報告本京標準時間
（四）凡於播音事項聽衆方面如有意見請賜函本台爲盼

中央廣播無線電台訂

天津廣播電台

			節目	時間	備註
播音節目表	星期六及星期日除外	下午	津劇	三時至六時半	本埠大戲院戲劇
			英語教授或評書	七時至八時	
			最新中西唱片	八時三十分	
			時刻報告	八時五十九分	上海海關時刻每十五秒鐘報告一次
			今日商情報告	九時一分	(北平)銀錢匯兌公債證券及米麵雜糧行市(天津)銀錢匯兌公債證券行市
			今日國內新聞	九時五分	
			商業廣告及　播消息	九時十分	
			今晚戲曲	九時十五分	平津戲院戲曲
	星期六及星期日	下午	著名人鼓及雜耍或評戲	二時半至四時半	
			平津佳劇	五時至六時半	本埠戲院戲劇
			評書或名人講演	七時至八時	
			最新中西唱片	八時三十分	
			時刻　告	八時五十八分	上海海關每十五秒鐘報告一次
			今日商情報告	九時	(北平)銀錢匯兌公債證券及米麵雜糧行市(天津)銀錢匯兌公債證券行市
			今日國內新聞	九時四分	
			商業廣告及廣播消息	九時十分	
			今晚戲曲	九時十五分	平津戲院戲劇
附錄	一、呼號爲COTN				
	二、波長爲四八〇公尺				

COPK

交通部北平廣播無綫電台放送節目表

電力一百瓦特　　波長三一五米達

放送時間	普通節目	備考
下午 2,30—2,44	中西唱片	以便聽戶調音
2,44—2,46	報告廣播消息	
2,46—6,00	北平各戲院戲曲	擇優放送
8,00—8,14	西樂唱片	
8,14—8,16	報告時刻氣象	
8,16—8,20	報告北平商情行市	星期例假日除外
8,20—8,25	報告國內外新聞	
8,25—8,30	報告商業廣告暨廣播消息	廣告另有簡章
8,30—8,45	中國唱片	高亭勝利等唱片
8,45-11,30	北平各戲院戲曲	擇優放送
	特別節目	
下午 2,30—3,30	天津電台大鼓或蓮灘	星期六，日轉放
7,30—8,00	日本放送□音樂歌曲	星期六，日轉放
8,45-11 30	票友清唱或大鼓雜曲	星期二舉行
8,45—9,15	名人演講	星期日舉行
8,45—9,00	黨義淺說	星期一，四宣講
8,45—9,00	街村自治或科學淺說	星期三宣講
8,45—9,00	家庭常識或衛生淺說	星期五宣講
8,45—9,00	兒童故事或寓言	星期六宣講

十八年冬月調查徵集

哈爾濱廣播無綫電台逐日放送節目週期表

時間 節目 日期	星期一	星期二	星期三	星期四	星期五	星期六	星期日	附記
十二點五十分	大連及各地特産行情	同前	同前	同前	同前	同前	本日由九點半起至十一點半放送西樂	1,本表所列時間以哈爾濱鐘點為標準（本埠鐘點較哈爾濱及南滿鐘點快二十七分） 2,逢陽曆五日十五日二十五日三晚專放東鐵俱樂部中國劇曲 3,逢星期二晚八點至九點請名人到台演講（如上述更改時仍以固定節目放送之） 4,逢星期三請票友到台清唱或放大鼓等（如上述各節更改時仍以固定節目放送之） 5,過有特別節目時事先由公報市報并放送至通告 6,本表有不適合時隨時修正由公報市報佈告聲明 自九月十日起實行
五點	大連及各地特産行情	同前	同前	同前	同前	同前		
六點二十分至六點二十五分	中國唱片	同前	同前	同前	同前	同前		
六點二十五分至六點三十分	本埠行情	同前	同前	同前	同前	同前		
六點三十分至六點四十五分	中文國內外新聞	同前	同前	同前	同前	同前		
六點四十五分至六點五十五分	市政報告	同前	同前	同前	同前	同前		
六點五十五分至七點十分	俄文新聞	同前	同前	同前	同前	同前		
七點十分至七點十五分	俄文行情	同前	同前	同前	同前	同前		
七點十五分至七點二十五分	英文新聞	同前	同前	同前	同前	同前		
七點二十五分至七點三十分	氣象及時刻報告	同前	同前	同前	同前	同前		
七點三十分至八點	東鐵稅率報告	同前	同前	同前	同前	同前		
八點至八點三十分	中俄文教授		中俄文教授		中俄文教授			
八點三十分至十一點三十分	中國戲曲		中國戲曲		中國戲曲			
九點至十一點三十分		西樂		西樂		西樂		

浙江省廣播無線電台播音時間表 十九年一月一日起行

類別	星期	上下午	時間	節目	備考
尋常節目	星期日除外	上午	九時至九時三十分	新聞	
尋常節目	星期日除外	上午	十一時至十一時三十分	通告通令	
尋常節目	星期日除外	下午	一時至一時四十分	音樂唱片	
尋常節目	星期日除外	下午	三時三十分至四時	省政府決議案及重要新聞	星期一四至四時爲止
尋常節目	星期日除外	下午	七時至八時三十分	唱片重要新聞	星期三六七時起係特別音樂
尋常節目	星期日	下午	零時三十分至一時	音樂唱片	
尋常節目	星期日	下午	七時至九時	唱片重要新聞	
特別節目	星期一	上午	九時起	省政府紀念週	
特別節目	星期一	下午	四時至五時	建設廳演講及報告	
特別節目	星期二	下午	下午二時至三時	省政府各廳處施政報告	
特別節目	星期三	下午	二時至二時四十分	無線電問答	
特別節目	星期三	下午	七時至八時三十分	特別音樂	
特別節目	星期四	下午	四時至五時	學術講演	
特別節目	星期五	下午	二時至三時	省政府各廳處施政報告	
特別節目	星期六	下午	七時至八時三十分	特別音樂	
特別節目	星期日	下午	二時三十分至四時三十分	特別音樂 特種演講	不固定

附註

（一）以上節目均由浙江省廣播無線電台 XGY 播送波長暫定三百〇七公尺如有變更隨時通知

（二）所播各項節目皆間以中西唱片

（三）每日下午二時及七時報告標準鐘點

（四）每星期日下午二時三十分至四時三十分除無線電廣播外並在西湖湖濱中山紀念台公共傳話機之有線電播音

（五）每星期三下午之無線電問答由本台工務股講述專供各縣收音員研究收音之材料

（六）凡播音事項聽衆方面如有意見請函賜本台爲盼

浙江省廣播無線電台訂

廣州市無綫電播音台播音秩序表

CANTON MUNICIPAL BROADCASTING STATION

CENTRAL PARK, CANTON CITY.

時刻＼星期	星期一	星期二	星期三	星期四	星期五	星期六	星期日
正午十二時至下午一時半	時刻報告奏國歌恭讀總理遺囑早市金銀行情報告新聞報告中樂	星期例假休息一天	同星期一	同上	同上	同上	時刻報告奏國歌恭讀總理遺囑新聞報告中樂
下午一時半至二時	正午天氣報告西樂		同星期一	同上	同上	同上	同上
下午六時至七時							奏國歌恭讀總理遺囑下午天氣報告新聞報告中樂
下午七時至八時三刻	奏國歌恭讀總理遺囑下午天氣報告午市金銀行情報告新聞報告中樂		同星期一	同上	同上	同上	中樂
下午九時至十時	西樂		同星期一	同上	同上	同上	西樂

附記——本台呼號爲CMB 電率一啓羅華特浪長四百四十米突 每日播音秩序除規定外隨時特請名人到台演講于中樂 秩序前舉行在先一次播音時間預告並即日登報通告

十八冬調查徵集

（注意）由星期一至星期六晚間播音暫提前六時起至九時止

COMK

東北無綫電遼寧廣播電台播音節目週期表

時刻 / 星期	星期一	星期二	星期三	星期四	星期五	星期六	星期日
下午三十分至一時	奏國歌東北各埠行情報告新聞西樂	同上	同上	同上	同上	同上	
下午三時三十分至四時	奏國歌東北各埠行情報告新聞商業廣告中國唱片	同上	同上	同上	同上	同上	
下午六時至六時三十分							
下午六時三十分至七時							
下午七時至七時三十分	奏國歌東北各埠行情報告新聞時刻報告	同上	同上	同上	同上	同上	
下午七時三十分至八時	東北邊防消息氣象預告廣播消息	同上	同上	同上	同上	同上	
下午八時至八時三十分	娛	同	同	同	同	名票清唱	
下午八時三十分至十時	樂	上	上	上	上	名票清唱	

附註

一 聽衆對於廣播事宜如有意見請函本台無不竭誠歡迎

一 本表空白可臨時加入節目若有更改當預先佈告

一 雷雨之時停止播音收聽諸君亦希注意將天線接地線上停止聽收以防危險

一 星期晚間停止播音以便聽戶聽收外埠廣播

波長四百十米達　電力二啓羅華特

上海新新有限公司無綫電話播音時間表

	午	時間	節目
普通節目	上午	十點至十點半	報告公司商情及音樂（星期日暫停）
	下午	十二點半至一點	各種西樂
		三點至三點半	蘇灘
		四點半至五點	拉戲（星期三暫停）
		六點至七點	蓉芳會唱（逢星期日提早停十分）
		八點至八點半	各種粵樂（星期五暫停）
		九點至十點	各種京戲
		星期日	照常播音
特別節目	星期一	三點半至四點	女子雙簧
	星期三	四點至四點半	笑話奇談
	星期五	七點三刻至八點半	蘇灘
	星期六	十一點至十二點	四明文戲
	星期日	七點十分至七點半	哈哈奇談

以上各項節目均由新新公司播音台XGX播送淨脫五十電浪長二百八十米達

電力五十瓩特　　波長二百四十公尺

亞美公司 實驗無綫電話播音台時間表	
時間	節目
上午九時三刻至十時一刻	唱片及當日上午標牌錢市外匯及各交易所開盤行情
下午十二時一刻至一時一刻	唱片及上午各交易所收盤行情
二時三刻至三時	當日下午標牌錢市外匯及各交易所開盤行情及唱片
五時三十分至六時	下午各交易所收盤行情及唱片
六時至七時	彈詞（中國播音協會播送
七時十分至七時半	無線電常識及問答
七時半至八時一刻	最新唱片或特別節目 每星期一三五日西樂唱片
星期日下午二時半至三時	當日標牌錢市及大條標金行市及唱片
特別節目隨時佈告——歡迎批評以求改良	

三、五十啓羅瓦特播音機通程遠近預擬圖

無綫電廣播事業至最近而愈有進步機件設備日益精密傳遞効率亦漸增大然則通程之遠近電訊之强弱宜有精密之預測具體之統計本台擴充以後通程自遠究至若何程度自為切要問題亦為目前最應考察之答案嘗以之徵詢於歐美各製造廠行而其解答終乏確實滿意之證明蓋以無綫電之傳遞媒介固無人不知為以太而以太之為物尚鮮透澈之理解加以氣層之稀密太陽之出沒以及大地之磁力山川之形勢與無綫電波長傳遞莫不有密切之影響而變幻尚難窮其究竟雖近代科學界競以數月之力為實驗上每一問題之探討而規納定例尚須待之異日在茲遠距離收音尚無正確之測量器具與方法之前通程遠近本難遽作固

定預測而保險其不生變動現姑就各國廠行所造機械說明書詳細審查並證之各種雜誌所載繪製通程遠近預擬圖以略示所達區域之大概惟將來國內電台林立電波縱橫時定有巨大之變動圖中內綫（——）綫係指晶體收音機可收之範圍外一綫（——）係指一眞空管收音機可收之範圍外再一綫（-·-·）係指三眞空管可收之範圍更外一綫（-···-）係指六眞空管可收之範圍歸納言之以五十啓羅瓦特之電力藉一百二十公尺高度之天綫播入太空如用六眞空管之收音機全國當可聞悉至波長氣候晝夜地勢之影響程度各有特殊情形未可概論要在隨環境而爲適宜之應用冀收完滿之効果耳

圖見另頁

江蘇各縣夏季收音情形調查表

縣名	距京里數	收音機種類	天綫方向	天綫長度（尺）	天綫高度（尺）	收聽本台播音情形		收聽別台播音情形	無綫電報及天電對於收音之影響	附註
						白晝	夜間			
鎮江	120	RCA No.16	西南	80	40	清晰	尙清晰	開洛及廣州次之杭州最遜	天電影響尙少火花電報騷擾極甚	
六台	60	RCA No.16	東西	100	40	清晰	清晰	日本東京清晰其他電台聲音斷續	有電台時不能收音小天電尙無影響	
川沙	510	RCA No.16	東西	100	35	音不甚清	較爲清晰	開洛最爲清楚	其影響能使聲音模糊	
南匯	530	RCA No.16	東西	70	50	聲音微弱	較日間稍佳	北平天津哈爾濱音低微日本各台清晰杭州較強開洛最清	影響收音頗感不便	
金壇	150	RCA No.16	東西	120	36	尙清朗	尙清朗	除日本各台外餘皆不甚清朗	時有沙聲	
無錫	280	RCA No.16	南北	200	50	可聽	音浪夾雜難以識別	日本及開洛均可聽	有軋軋之聲	
江陰	250									收音機損壞尙未修好
常熟	330	RCA No.16	西南	86	48	音濁不清	音濁不清	開洛音浪響朗天津廣州等台音低	略受影響	
泰興	200	六個眞空管收音機	西南	170	40					收音機損壞不能收音
溧陽	180									收音機毀壞久未收音
松江	450	RCA No.16	東西	120	40	不清	不清	上海清晰杭州輕細	擾亂時不能收音	
嘉定	430	六個眞空管收音機	東北	120	35	不甚清楚	清楚		有電報時聲音不清	
東台	300		南北	80	60					收音機損壞尙未修好
武進	200		南北		50	清楚	不清	開洛電台較佳	不清	
啓東	470	RCA No.16	西南	120	50					電池不足不能收音
崑山	380	RCA No.16	東北	120	40	聲低	較清晰	開洛較杭州清晰	有電報時聲音模糊	
太倉	400	六個眞空管收音機	東西	100	100	不甚清楚	不甚清晰	上海最清杭州次之		收音機損壞正在修理
吳縣	340	RCA No.16	東西	100	30					
宜興	220	RCA No.16	東西	100	50					電池不足不能收音
江浦	50	RCA No.16	南北	70	30	聲音宏亮	有電報夾雜故聲浪不清	聲音低微	嘈雜不清	
淮安	300									收音機損壞未能收音
丹陽	130	RCA No.16	東北	156	45	清晰		聲音較低		
高郵	180	RCA No.16	東西	128	37					收音機已壞未能收音

各地冬季收音情形比較表（一）

收音機裝設地點	收音機種類	天綫 長度	天綫 高度	天綫 方向	收聽本台播音情形 白晝	收聽本台播音情形 夜間	收聽別台播音情形	收聽消息之處置	附錄
江浦民衆教育館	RCA No.16	100尺	30尺	南北	宏大清楚	宏大清楚間有電報	上海浙江等台聲音微弱	縉寫壁報	
南通大生副廠	四眞空管式	150尺	50尺		音甚清響	較白晝清響惟多雜聲	能聽杭州上海等台以上海爲最響	筆錄公佈	
青浦縣金澤鎮	克氏52號	90尺	45尺	南北	甚爲清晰	甚爲清晰	上海日本浙江各台音頗響天津台稍輕		
高淳民衆教育館	RCA No.16	150尺	30尺	南北	清晰	清晰	能聽上海杭州香港等台音浪尙清晰	油印分發	
丹陽縣政府	RCA No.16	156尺	45尺	東北	清晰	清晰	日本上海浙江各台均能聽聞	傳播大衆	
淮陰中學		60尺	40尺	南北	較夜間清朗	清朗	能聽日本上海浙江各台日本音浪最響	公佈揭示	
高郵縣黨部	RCA No.16	50尺	30尺	東西	清晰異常	清晰惟時有電報阻擾	能聽日本哈爾濱遼甯天津上海杭州廣州等台以日本爲最佳	印於黨報上	
青浦公園整理委員會		40尺	36尺	南北	聲浪尙高	聲浪較高	開洛公司音頗清晰	召集民衆來聽	
吳縣木瀆鎭	Croley 52	85尺	60尺	東西	很清晰	尙清晰	能聽上海杭州日本等台		
嘉定民衆教育館	RCA No.16	250尺	30尺	東北	頗清晰	不甚清晰	上海日本頗清晰天津北平等台尙清晰	轉錄壁報公佈	
松江縣政府	RCA No.16	120尺	40尺	東西	不甚清楚	不甚清楚	上海台清晰杭州台輕細		
無錫寶康潤莊		30尺	20尺	南北	雜聲較少	雜音較多	上海台頗清晰杭州台不清晰		
高郵縣政府	RCA No.16	128尺	37尺	東西					收音機損壞未能收音
長興縣政府	RCA No.16	雙綫各50尺	50尺	東南	清晰	清晰	國內及日本各台尙清晰日本最强	抄送傳閱	
杭縣政府	RCA No.16	雙綫50尺	50尺	東南	輕	清晰	能聽杭州日本遼甯上海各台	摘錄送閱	
溫嶺縣政府	RCA No.28	160尺	90尺	南北		音浪清晰	杭州上海各台均清楚	謄錄公佈	
崇德縣政府	RCA No.16	100尺	50尺	東南	清晰	尙清晰	能聽杭州及上海各台	收聽公佈	
分水縣政府	RCA No.28	100尺	50尺	東北	音低尙清	高大清晰	日本台最佳杭州有高低上海台多雜音	抄錄發送布告民衆	
蘭谿縣政府	RCA No.16	60尺	40尺	東南	較低	非常響亮清晰	能收十餘台日間甚弱夜間很響	謄錄送閱並由報館採載	
湯谿縣政府	RCA No.28	120尺	48尺	東北	音浪微弱	頗清晰可聽	上海杭州各台頗清楚天津北平等台不清楚	油印分發	
吳興縣政府	RCA No.16	100尺	30尺	東北	不清楚	尙明晰	可聽天津奉天日本上海各台	傳閱並交報館發表	
紹興縣政府	RCA No.16	100尺	50尺	東北	音微	比白晝清晰	杭州台頗清晰上海日本等台尙清晰	記錄送閱	
於潛縣政府	RCA No.28	100尺	45尺	東北	清楚且響	清晰多雜音	杭州北平天津瀋陽等台尙清晰	抄錄送閱	
餘杭縣政府	RCA No.16	40尺	50尺	東西	清晰	尙清晰	杭州台頗清晰日本台次之天津台不清晰	記錄公佈	
天台縣政府	RCA No.28	120尺	50尺	西北	低微	宏晰	杭州台頗清晰日本台次之	抄錄送閱並摘要公佈	
縉雲縣政府	RCA No.28	100尺	48尺	北	清晰低微	清晰有高低	可聽十餘台以日本爲最佳	記錄觀看	
淳安縣政府	RCA No.16	100尺	50尺	東南	音微	清音清晰時有電組及雜聲		筆錄	
桐鄉縣政府	RCA No.16	120尺	35尺	西南	音微弱	比白晝略大	杭州日本台頗清晰上海天津瀋陽台次之	記錄送閱並隨時通告	
富陽縣政府	RCA No.16	120尺	50尺	東北	不甚清晰	不甚清晰	杭州台頗清晰上海台次之	抄錄公佈	
平湖縣政府	RCA No.16	100尺	35尺	西南	聲音微弱	聲音微弱	杭州及上海台頗清晰	記錄查閱	

各地裝設收音機者頗多惟管理是否合法無憑查考本表所列情形係據目前填送調查表到台者彙列

各地冬季收音情形比較表（二）

收音機裝設地點	收音機種類	天綫			收聽本台播音情形		收聽別台播音情形	收聽消息之處置	附錄
		長度	高度	方向	白晝	夜間			
蕭山縣政府	RCA No.16	120尺	40尺	東北	聲音微弱	聲音微弱	可聽五六台以杭州台為最響日本次之	記錄報告	
海甯縣政府	RCA No.16	100尺	35尺	東西	聲音低微	聲音低微	可聽杭州台及上海臺	記錄	
孝豐縣政府	RCA No.16	100尺	40尺	東南	有時不甚清晰	較白晝稍低	可聽杭州台及上海各台	記錄送閱並公佈	
慈谿縣政府	RCA No.16	80尺	一端50尺 一端35尺	東南	聲音微弱	聲音微弱	上海及杭州頗清晰	揭示大衆	
武義縣政府	RCA No.28	100尺	40尺	北		有時清晰且多雜音	滬杭天津瀋陽各台均清晰惟夜間多雜音	記錄傳送	
龍游縣政府	RCA No.16	50尺	45尺	東西		不甚清楚雜音頗劇	日間可聽浙台夜間可聽上海各台惟雜聲頗劇	送登報紙	
衢縣政府	RCA No.16	50尺	53尺	東北		尚能收聽	日本各台最為清晰杭滬各台可聽	記錄送閱並公佈	
景甯縣政府	RCA No.28	100尺	35尺	東北	聲音微弱	明晰	日本各台最清晰其餘各台次之	抄錄公佈	
鄞縣剿匪指揮部		100尺	45尺	東西	音弱	音弱	滬杭台頗清晰其餘各台不甚清楚	隨時公布	
天津华東實用無綫電函授學校	Super-heterodyne 8-tubes	32尺 雙綫	30尺	西南		聲音尚佳	日本台灣大連奉天北平各台音尚清楚		
安徽省休甯縣	RCA No.16	17尺	26尺	南	音低	清楚	滬杭各台及日本各台均可聽以本台為最清楚	摘要公佈	
蕪湖恒茂電料號	Pierce airo	100尺	42尺		嚮亮清晰	稍有雜音	能聽滬杭平津奉天各台奉天日本台為最佳	傳播中央消息兼作廣告之用	
揚州中學	Wave master	150尺	33尺	西北	清晰響亮	尤覺音清	日本台與本台相仿滬杭各台尚清	公佈全校	
仙居縣政府		120尺	40尺	南	清晰稍微	較日間響亮	可收日本滬杭廣州各台	送閱公佈	
奉化縣政府	RCA No.28	85尺	40尺	東	音微	音較響亮	日本各台頗清晰滬台次之杭台又次之奉天天津台更次之	隨時報告	
天津英租界蔭康里二號	RCA No.17	100尺	40尺	南	雜音頗大	頗好	可聽日本朝鮮哈爾濱瀋陽等台		
江浦縣政府	RCA No.28	80尺	50尺	東北	清楚稍微	較日間略強	日本廣東各台清晰天津台稍有雜音其餘各台次之	送閱公佈	
遂昌縣政府	RCA No.28	100尺	36尺	北	聲音稍弱	聲音較佳	杭州廣州台稍佳其餘各台尚可收聽	送閱公佈	
湖南國民日報社	RCA No.16	200尺	48尺	西南		清晰	日本各台最佳廣州台次之其餘各台又次之	登載報紙	
江西省政府第一科	RCA No.16	180尺	35尺	東北	音細頗清	音甚洪亮	日本各台廣州杭州台次之滬津各台又次之	送登報紙	
太倉城內	五真空管式	100尺	50尺	東	音尚清晰	音尚清晰	可聽日本滬杭津及瀋陽各台		
安徽省立第一通俗教育館	KingRadio 六管機	100尺	50尺	南	尚清楚	尚清楚	日本廣州各台清楚其餘各台次之	記錄公佈	
六合縣竹鎮集天昇電燈廠		100尺	22尺	東北	頗清晰		本台及日本各台最佳其餘各台不甚清楚		
安徽建設廳	Super-heterodyne 5-tubes	150尺	一端50尺 一端80尺	西南	宏亮音清	更較清響	日本各台最佳廣州台次之其餘各台又次之	傳閱	
鎮江慶昌電器行	飛利浦三燈泡 德律風根四燈泡	80尺	60尺	東南	甚佳	甚佳	本台最佳滬台次之其餘各台又次之	擬出日刊	
武長株萍路特別黨部	RCA No.16	180尺	50尺	東北	音微	清晰宏大	日本各台頗清晰廣州台最響亮其餘各台次之	分送各委員	
福建省建設廳	六真空管式	60尺	70尺	南		清晰	可聽日本菲律濱哈爾濱上海各台		
杭縣浙江地方銀行	RCA No.18	20尺	12尺	南	清晰	清晰	能收日本滬杭各台	必要者隨時記錄	
各地裝設收音機者頗多惟管理是否合法無憑查考本表所列情形係據目前已經填送調查表到台者彙列									

民國十八年南京氣象概況

本台按日報告本京氣象，並於十八年秋季起，加報告天氣預告，向中央研究院氣象研究所，於每日下午六時前，電話通知，以憑轉報；貢獻社會，使知概況。茲將氣象研究所，所供給十八年各月份氣象綱要，附表及說明於後：

氣象分類 / 月份	溫度 °C			氣壓 m m.			濕度 %		風速 km/hr		雨量 mm.
	平均	最高	最低	平均	最高	最低	平均	最小	平均	最大	總數
1	1,9	18,2	5,2	771,03	779,40	757,49	78,5	31,4	19,3	45,0	87,6
2	3,3	19,1	7,0	768,96	777,24	756,99	73,6	34,6	17,8	53,0	11,2
3	9,4	29,3	3,7	766,57	779,87	750,95	63,5	20,6	19,1	54,0	34,5
4	15,9	32,5	3.1	761,74	772,46	753,46	61,7	22,6	19,5	60,0	23,1
5	21,6	34,2	12,9	757,86	764,86	751,86	67,5	28,4	18,6	67,0	56,4
6	25,2	37,2	18.2	753,22	758,72	748,69	69,8	20,1	16,8	45,0	100,5
7	28,6	37,8	21,4	753,01	757,08	748,47	74,2	39,4	21,5	56,0	64,2
8	27,8	36,0	21,2	753,76	759,25	745 56	78,1	41,0	20,5	60,0	116,7
9	23,0	32,1	14,9	760,77	767,43	754,60	67,0	29,4	14,0	31,5	63,0
10	17,2	28 8	6,6	765,58	771,26	760 06	67,2	33,1	15,7	38,0	15,7
11	10,1	21,6	2,6	769,41	777,20	763,18	58,8	22 8	8 ,0	48,0	8,4
12	2 2	24.5	12,6	769,63	779,95	756,33	87,5	30 5	42,0	47,0	19,00

(一)溫度週年之變差，按常度最高在七月，最低在一月，查本年各月份之平均溫度，以七月爲最高，一月爲最低，頗合常度。又查本年各月份之最高溫度中之極高度亦在七月，爲攝氏三七・八度，已過華氏表一百度矣。但最低溫度中之極低度不在一月而在十二月二十二日，低度達零下一二・六度，爲華氏九、三度。另據中央大學在平地同時間之紀錄，爲零下一三，三度爲華氏八・一度：均打破二十四年來之紀錄，可謂二十餘年來未有之奇寒也。再查本年各月份之最高溫度，在一月爲一八、二度。在十二月爲二四、五度，（最低在零下一二，六度高低相差三七・一度）均高於常度，爲過去罕有之新紀錄。而同時一月十二月雨雪連綿，均至半月之久，十二月間雪量之多，亦爲歷年所未有也。

(二)氣壓週年之變差，按常規最高在一月，最低在七月，與溫度週年之變差適成反比例。查本年各月份之平均氣壓，（業經訂正溫度緯度及水平面高度）以一月爲最高，七月爲最低，而最高氣壓中之極高者在十二月三月一月，均超過七七九、四〇公厘以上，此爲西伯利亞之高氣壓向中國內地發展之達到最高度，即北來之寒流最盛行之時機也。又最低氣壓中之極低者，不在七月而在八月，低降至七四五・五六公厘，係一颱風於八月十四，十五兩日由東南海濱上陸，經過長江下游而北進，本京在颱風中，此氣壓之所以特別低降也。

(三)濕度本分爲絕對相對兩種，今表中所計者爲相對濕度，取其每月之平均數及最小數而統計之，因最大數爲一〇〇。凡逢降雨時期，相對濕度必可升至此數，故缺而不計。

濕度週年之變差，按常規當以夏季爲最大，冬季爲較小。但本年各月份之平均數，最大在十二月爲八七・五。一月爲七八、五，均不合常規正成反比例，係因十二月一月之久雨而濕度增高之故也。

(四)風速週年之變遷，在中緯度之風速，冬季較夏季爲大。今據表中統計風速，在各月中每時行程之平均數，最大在七八兩月，甚不合常規，查七八兩月風速增大之原因，在七月中颱風由東南海濱上陸者凡三次，故本京風力增強，因其中心未經過此間，風力雖增强，而雨量甚少也。

在八月有一颱風由東南海濱上陸，初向西北進，經過福建江浙之間，復轉向東北進，中心掠長江下游而過，本京自十一至十五各日，均有狂風驟雨。此為風速增大之主因。其他又有雷雨四五次，亦可增大風速也。

又查最大風速中之極高風速在五月二十二日，每時風速達六七十公里，為全年之最高紀錄。查當時之天氣圖上，滿洲方面有一低氣壓，東南沿海有一副低氣壓停留不進，滿洲方面低氣壓成一弧形，向南移動，與副低氣壓相合，風向由西南轉東北，風力特增，摧帆拔樹，為勢最兇。據次日報紙所載，滬甯鐵路一帶，均遭波及。常州附近新開車站，為風所損壞，鎮江附近，江中傾覆民船不少云云。

(五)全年雨量之統計，按南京過去之準平均以夏季為最多，冬季為較少。在本年統計雨量之總數，為七五一，三公厘。與過去二十四年來之雨量統計相比較，居最小者之第四位，為歷年來雨量之少者。在今年本區少雨，農產歉收，城中居民，飲水缺乏，其苦旱可知。

查本年各月份之雨與準平均相比較，如二，三，四，五，六，七，九，十，十一各月均較少，八月相等，惟一月十二月反較多。在一月雨雪連緜至半月之久，雨雪總數達八七，六公厘，超過準平均數四八，八公厘。在十二月之雨量為一七〇．〇公厘，為全年雨量之最高紀錄，超過準平均一四一，二公厘，建二十四年來未有之新紀錄。且在十二月之雨雪為期至二十日之久，積雪盈尺，結冰十餘天，乃為數十年來未有之氣象也。

國內無線電報務電台調查表（一）

電台地址	呼號	電力	機式	波長	備攷
江蘇南京	XNK	1 Kw	真空管式	1200 m.	
江蘇上海	XSH	0.2 Kw 0.5 Kw	火花式及 真空管式	600 m.	
江蘇上海	XOB	0.5 Kw	火花式	600, 800, 1200, m.	
江蘇吳淞	XSG	5 Kw	火花式及 真空管式	1600, 2100, m.	
江蘇崇明	XSU	0.5 Kw	火花式	600 m.	
江蘇嵊山	XPZ	150 W	真空管式	600, 800, m.	
浙江杭州	XHC	0.5 Kw	真空管式	600 m.	
浙江坎門	XPN	150 W	真空管式	600, 800, m.	
浙江沈家門	XPM	0.5 Kw	真空管式		暫行停辦
浙江東山	XRD		真空管式	800 m.	
河北北平	XPK	5 Kw	火花式及 真空管式	1600, 1650, 2100, 2650, 3150 m.	
河北北平	XYZ	500 Kw	高週率式	7500, 16000, m.	局址雙橋尚未由日本交回
河北南苑					前北京陸軍部轄
河北保定					前北京陸軍部轄

河北天津					前北京陸軍部轄
河北天津	XOV	0.5 Kw	眞空管式	750，1500 m.	
河北大沽	XOQ	2.5 Kw	火花式	600，1200，1600 m.	
察哈爾張家口	XQL	5 Kw	火花式	1600，2100 m.	
綏遠包頭	XOP	5 Kw	眞空管式	900 m.	
河南洛陽	XRY	5 Kw	火花式	1200，1600 m.	
山東濟南	XRN	12 Kw	火花式	800，600，1800 m.	
山東靑島	XRT	12 Kw	火花式	600，1200，3000 m.	
山東煙台	XOF	5 Kw	火花式	600，1200，1600 m.	
山西太原	XTY	7.5 Kw	眞空管式		
廣東廣州	XNA	8 Kw	高週率式		
廣東廣州	XNP	5 Kw	眞空管式	1600‘ 2100 m.	
廣東肇慶	SG	1 Kw	眞空管式		
廣東韶關	SW	1 Kw	眞空管式		
廣東汕頭	NS	1 Kw	眞空管式	1200 m,	
廣東江門	XJ	0.5 Kw	火花式		

廣東虎門	FM	0.5 Kw	火花式		
廣東惠州	Aw	0.5 Kw	火花式		
廣東瓊州海口	XPCH	57 W	眞空管式		
廣東雷州					
廣東東沙島	XPi	1 Kw 2.5 Kw	火花式 眞空管式	600, 1400 m.	
廣西南甯	XKNG	0.5 Kw	眞空管式		
廣西梧州	XQj	0.5 Kw	眞空管式		
廣西梧州	Nw	1 Kw	眞空管式		
廣西桂林					
廣西柳州					
雲南雲南府	XQM	50 Kw	高週率式	10, 500 m.	
福建福州	XOW	5 Kw	火花式	600, 900 m.	
福建廈門	XPR	1 Kw 1 Kw	火花式及 眞空管式	600, 600 m.	
湖北武昌	XOC	5 Kw	火花式及 眞空管式	600, 1200, 1600 m.	
甘肅甯夏	BTF	0.5 Kw	眞空管式		
遼甯瀋陽	XOM	10 Kw	眞空管式	3000 m.	

遼甯營口	XOj	1.5 Kw	火花式	600, m.	
遼甯葫蘆島	XOZ	1.5 Kw	火花式		
吉林吉林	XOR		眞空管式		
吉林延吉	XOY	0.3 Kw	火花式	850 m.	
吉林長春	XOK	2 Kw	眞空管式	1150 m.	
吉林密山	XSM	0.3 Kw	火花式	850 m.	
吉林哈爾濱	XOH	5 Kw	火花式	2500 m.	
吉林富錦	XND	10 Kw	火花式	1150 m.	
黑龍江龍江	XOT	1 Kw	眞空管式	1025 m.	
黑龍江滿州里					
黑龍江綏芬河	XOS	0.3 Kw	火花式	8500 m.	
新疆迪化	XRM	25 Kw	電弧式	3000, 5000 m.	
新疆喀什喀爾	XRK	25 Kw	電弧式	3000, 5000 m.	
外蒙古庫倫	XRG	25 Kw	電弧式	1000, 4000 m.	

註 上表係根據建設委員會民國十七年九月所送長波電台調查表翻印現在均有變更

國內無線電報務電台調查表（二）

台名	呼號	電力	波長
海容	XSY	2 Kw	600 800 1200 m.
海籌	XSw	1.5 Kw	600 800 1200 m.
應瑞	XSF	5 Kw	600 800 1200 m.
通濟	XPF	1.5 Kw	600 800 1200 m.
華安	XSj	0.5 Kw	600 450 m.
普安	XSK	0.5 Kw	600 450 m.
靖安	XPA	1.5 Kw	600 450 m.
永健	XNY	1 Kw	600 450 m.
永績	XNC	1 Kw	600 450 m.
建康	XPO	1 Kw 15 Kw	600 450 m. 37 m
豫章	XNO	1 Kw	600 450 m.
楚有	XOY	1 Kw 100 W	600 450 m. 34 m.
楚同	XOD	1 Kw	600 450 m.
楚謙	XON	1 Kw	600 450 m.

楚泰	XOA	1 Kw	600	450	m.
楚凱	XOG	1 Kw	600	450	m.
江元	XQC	1 Kw	600	450	m.
江貞	XQU	1 Kw	600	450	m.
公勝	XRL	200 W 100 W	600 39	m. m.	
咸勝	XRA	1,5 Kw	600	450	m;
德勝	XRB	1,5 Kw	600	450	m.
武勝	XOL	1.5 Kw	600	450	m.
江組	XRZ	200 W 100 W	800 45	m. m.	
江犀	XRF	200 W 100 W	800 45	m. m.	
咸甯	XRP	200 W 100 W	800 45	m. m.	
永綏	XRH	200 W 100 W	800 45	m. m.	
甯署	XKO	100 W	37	m.	
滬署	XOB	500 W 500 W	1200 38	m. m.	
閩署	XPN	100 W	35	m.	
馬尾	XMA	100 W	380	m.	

註　上表系根據海軍署十八年二月所覆船舶電台按照抄列現在容有未符

國內無線電報務電台調查表（三）

台名	呼號	波長	電力	備考
上海第一短波電台	XRA	42	250	
上海第二短波電臺	XRA1	34	50	
上海第三短波電台	XRA2	35	250	
上海第四短波電台	XRA3	37	500,1000	
南京第一短波電台	XRB	50,72	100	
南京第二短波電台	XRB1		250	正在裝設
重慶短波電台	XRC	41	1000	
蕪湖短波電台	XRD	46	50	
宜昌短波電台	XRE	38	100	
漢口短波電台	XRH	40	250	
重慶短波電台	XRj	38	250	
安慶短波電台	XRL	45	50	

萬縣短波電台	XRS	48	100	
崇明短波電台	XRU	118	15	
天津短波電台			250	正在裝設
北平短波電台			250	正在裝設
開封短波電台			250	正在裝設
廣州短波電台			250	正在裝設
香港短波電台			250	正在裝設
汕頭短波電台			250	正在裝設
雲南短波電台			250	正在裝設

上表係根據交通部十八年三月間覆文所開各台抄列現在已有變更

中央執行委員會廣播無線電台職員錄

主任　吳道一

正技師　劉振清

副技師　俞日尹

報告　黃天如

文書　陸以灝

工務　蔣德彰

工務　杜文彬

工務助理　許然

管機　孫保宜

文書助理　黃鶴籌

報告助理　陳振珠

錄事　王致崇

合組十六號收音機說明書

一 全套機件詳單

1. 合組十六號收音機箱	一只
2. UX112-A 眞空管	一只
3. UX201-A 眞空管	五只
4. 擴音器	一只
5. 聽筒	一只
6. 6v. 甲組蓄電池	一只
7. 45v. 乙組乾電池	三只
8. 4½v. 丙組乾電池	二只
9. 電壓表	一只
10 天綫	全付

二 重要備貨

1. UX112-A 眞空管	一只
2. UX201-A 眞空管	五只
3. 6v. 甲組蓄電池	一只

4.天綫

III 電池接綫圖

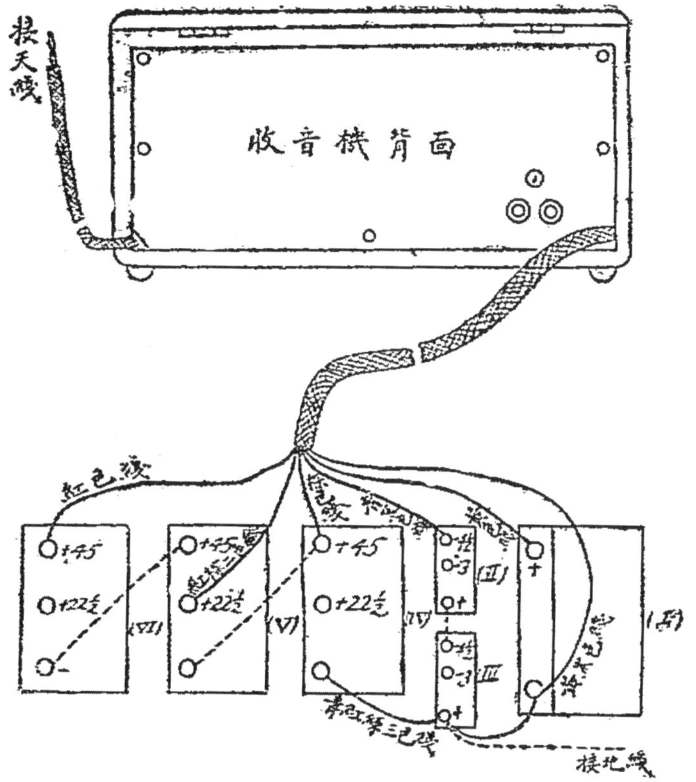

第一圖

虛綫須自用皮綫接上不在收音機引出綫之內

綫　　色	電　池　連　接	極
黃	甲組蓄電池（I）	+
黃　　黑	甲組蓄電池（I）	—
棕	乙組乾電池（IV）	+45
紅　　棕	乙組乾電池（V）	$+22\frac{1}{2}$
紅	乙組乾電池（VI）	+45
青　紅　綠	乙組乾電池（IV） 丙組乾電池（III）	— +
青　　黑	丙組乾電池（II）	$-4\frac{1}{2}$

IV 機件說明

（I）擴音器插孔——擴音器引長綫之二端插入此二孔內（見第一圖）

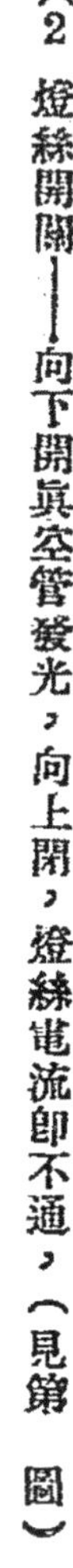
(2 燈絲開關——向下開眞空管發光，向上閉，燈絲電流卽不通，（見第 圖）

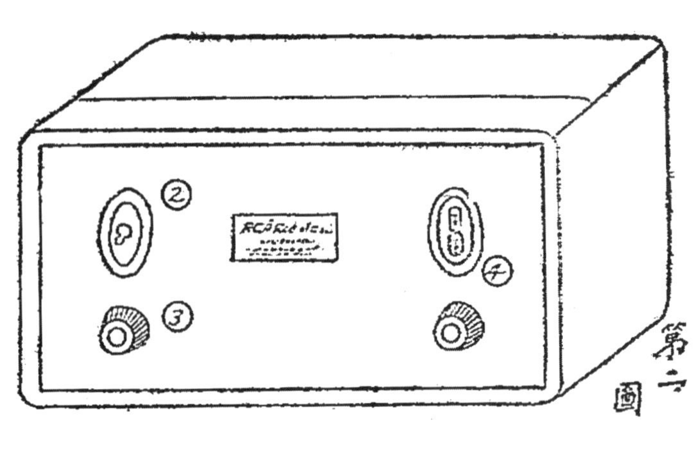
第二圖

(3)燈絲調節器——依鐘路旋轉，射電增大器三級之燈絲電流，卽逐漸增加，

(4)波長配諧盤——盤上共分百度（0—100），每度適合一定之波長，其波長範圍，約自 200—550 公尺，盤上度數，適合相當波長，各機微有不同，須經隨時試驗註明，

(5)眞空管座——其孔有大小，插入眞空管應注意該管銅脚粗細方向，其眞空管上粗銅梗插入時，靠近機箱之背面，（見三圖）

此機所用眞空管共六只，計 UX201-A 五只，UX112-A 一只其地位如下，

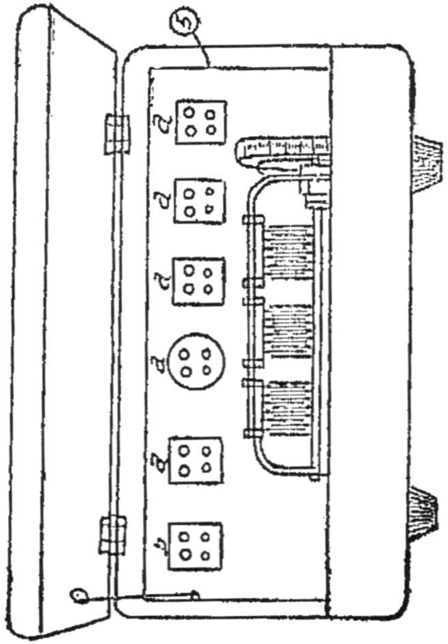

a—UX201-A　b—UX112-A

第三圖

V 天地線

1. 天綫之進綫，其接法有T形有倒L形，（見第四圖）如採用倒L形天綫，其方向須正對播音台，而進綫接於播音台位置方向，

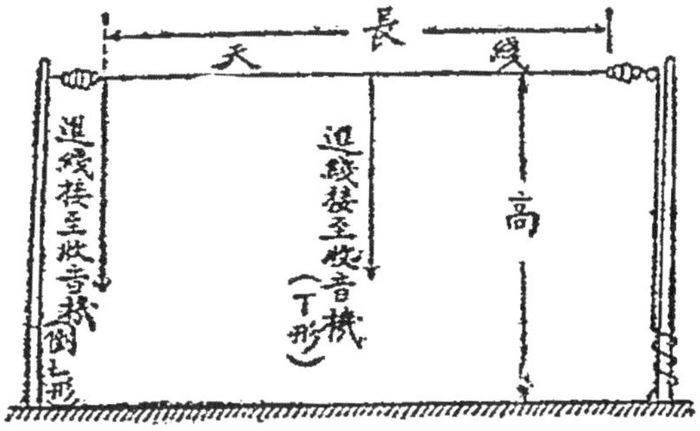

2. 天綫之進綫，須近於收音機裝置處

3. 天綫長度約自 100 呎至 200 呎，如爲地位所限，可減至 75 呎，

4. 天綫高度，約自 30 呎至 50 呎（愈高愈妙）

5. 天綫與進綫，須絕對不與樹木屋檐等相碰，進綫進屋穿踰窗牖之處宜用磁管或玻管接襯，如無此種襯管，則進綫須用包皮完好之皮綫，其接觸窗牖處，力求減少，

6. 天綫與進線連接處須用錫焊接。

7. 避雷器裝置方法如下圖：

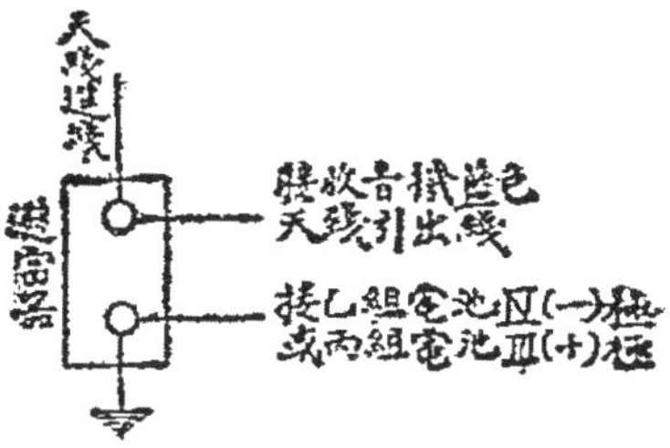

8. 地線須擇潮溼之處用鉛管（或銅板）打入地下，深自 4 呎至 6 呎，其與地接觸之面積，以大爲佳．地線則用錫焊接於鉛管（或銅板）上

避雷器裝置地方，不宜在木板等，易燃燒物上．以免危險

第四圖

9. 天線應由上行，地線自下行，切忌同自一進孔，平行至收音機。

10 裝設天線之地點如有電燈及電力桿線，其天線方向應桀與成直角，如爲地位所限，應竭力遠避。

11 天線桿應用鉛線拉緊，免被風吹壞。

VI 收音方法

1. 先將電池連接如第一圖

2. 連接天地線，插入眞空管及擴音器（見第一，第三圖）

3. 將燈絲開關(2)向下開，燈絲調節器(3)依鐘路旋至最大。
4. 徐徐旋動波長配諧盤(4)(見第二圖)使欲聽之電台聲浪最高爲止。
5. 收音時，欲減少聲量，或擾近處電台播音或雜聲太大時，可將燈絲調節器(3)依反鐘路轉。
6. 爲使將來調整時，易於求覔各電台起見，可用下式記錄之。

電台名稱	呼號	波長	配諧盤度數

VII 管理方法

1. 在電池接上收音機完竣時，可先插真空管一個同時將燈絲開關(2)向下開，注意真空管是否發光，然後將各管插入以防偶一接錯，全數真空管同時損壞。
2. 收音完畢後應將燈絲開關向上閉，並將燈絲調節器旋小，以免濫用電力。
3. 電池之接頭，及一切接點須旋緊萬勿使鬆動。
4. 真空管插入之先應注意銅梗粗細方向(參看IV(5))
5. 電池不可置於低濕及易受水氣雨淋之處。
6. 夏日雷電强烈時不宜收音。

7. 甲組蓄電池之電壓，用電壓表測量，指針在 5.5v. 時，須送廠充電。

8. 乙組電池　電壓，每只用電壓表量，指針在 34v. 時須換新。

9. 丙組電池之電壓，每只用電壓表測量，指針在 3.5v. 時須換新。

10 電壓表測量方法如下：（見圖）

(a)測量甲乙丙組各電池公用之一端即以接之於欲測各電池之負極

(b)測量甲丙組電池時接甲丙組電池之正極。

(c)測量乙組電池時接乙組電池之正極。

(d)指針

(e)分度——上列表示測量乙組電池時之電壓下列表示測量甲丙組電池時之電壓

注意——測量甲丙組電池之(c)不可接以量乙組電池，否則電表必致損壞

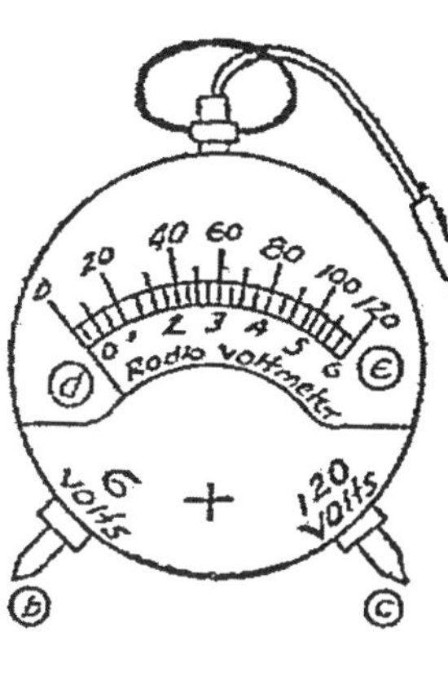

11 甲組蓄電池每日開用五小時大約可用　週惟最好每十日充電一次

12 乙丙組電池倘保管得法每日開用五小時大約可用四月。

13 蓄電池充電前宜略加蒸溜水，使水面高出鉛板半吋，如無蒸溜水，可用新鮮雨水代之，惟以不經過屋溜及不遇切不潔淨之器皿爲限。

14 線路連接時，應先接甲丙組電池，而後乙組電池各極，拆卸時，先去乙電池各極，以防短接。

15 線路連接時，須十分注意，眞空管未插入之先，宜再檢視一過，恐有誤接，致遭損壞。

16 電池之正負極，切忌用銅絲互接，致發生短路，損壞電池。

VIII　損壞修理程序

(甲)無音

1. 察視各眞空管是否發光倘皆熄滅，則可照下列各法逐一試驗：

a. 用電壓表測量甲組電池，倘電壓在5.5v.以下，卽須充電後方可再用。

b. 察視甲組蓄電池之接頭是否銹壞如已銹壞，應用刀刮光。

c. 試驗燈絲開關，有否損壞。

d. 全部眞空管有否損壞。

2. 倘有一部眞空管不發光則可依下列各法逐一驗修：

a. 眞空管已壞，應卽換新管。

b. 察視眞空管座，有否銹鬆。

c. 試驗燈絲開關有否損壞，燈絲調節器有否斷線。

3. 倘眞空管皆能發光而仍無音者，則照下列各法逐一驗修：

a. 察視乙組電池正負極及線路有否接錯（參看第一圖）

b. 察視乙組電池之電壓

c. 檢查乙組電池接頭有否鬆落

d. 察視眞空管各只地位有否插錯（參看IV(5)）

e. 試驗擴音器是否完好，可用聽筒代替聽之。

f. 試驗收音機內部各線圈或變壓器等及線路，有否斷線或漏電。

(乙)音弱

1. 測量甲乙丙電池之電壓
2. 察視天線及進線有否碰遇他物
3. 察視天線及進線接連處有否鬆脫
4. 試驗避雷器二端有否互接
5. 試驗地線是否佳良
6. 察視天線絕緣體有否損壞致有漏電之虞
7. 試驗內部射電週波各級線路

(丙)雜音怪叫

1. 掉換真空管或將相同之真空管位置互易
2. 測量甲乙丙電池之電壓
3. 將擴音器遠離收音機
4. 試驗內部柵漏變壓器容電器等有否鬆脫或損壞
5. 如有電報擾雜無法避免如感擾亂太甚祗得暫時停收
6. 夏暑天電夾雜甚烈收聽較近之處播音可試用地下天線

附註 1. 普通試驗斷線方法如下

接線如下圖，如在聽筒內聞刮刮聲或電壓表指針移動則完好反是已斷線

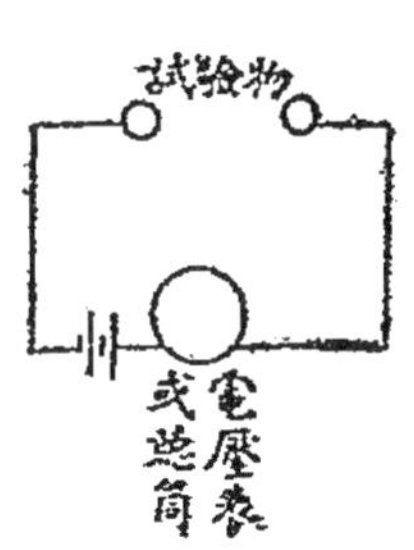

2. 收音機內部損壞時管理者非有相當經驗不可貿然拆修可送原廠家修理

滬廠式收音機說明書

I 全套機件詳單

1. 滬廠式收音機箱　一只
2. 112-A 眞空管　一只
3. 201-A 眞空管　五只
4. 擴音器　一只
5. 聽筒　一只
6. 6v. 甲組蓄電池　一只
7. 45v. 乙組乾電池　三只
8. 4½v. 丙組乾電池　二只
9. 甲乙電池試驗表　一只
10 天線　全付
11 鋼絲拑　一把

12 螺絲起子　一把

II 重要備貨

1. 112-A 眞空管　一只

2. 201-A 眞空管　五只

3. 6v. 甲組蓄電池　一只

4. 天線　一百呎

III 電池接綫圖

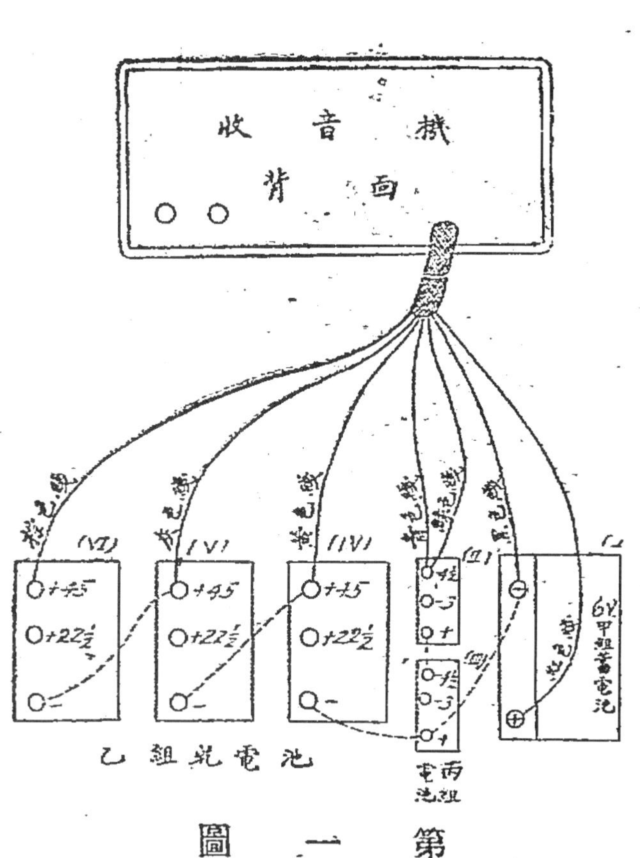

第一圖

虛線須自行用皮線接上不在收音機引出線之內

線色	接頭字樣	電池連接	極
紅	A+	甲組蓄電池　（I）	+
黑	A−B−	甲組蓄電池　（II）	−
黃	B+45	乙組電池　（III）	+45
灰	B+90	乙組電池　（IV）	+45
棕	B+135	乙組電池　（V）	+45
靑	C−9	丙組電池　（I）	−4½
綠	C−9	丙組電池　（II）	−4½

IV 機件說明

第二圖

(1)爲檢波器燈絲調節器，依鑛路旋轉，眞空管漸亮。

(2)爲射電增大器三級合用之燈絲調節器依鑛路旋轉，眞空管咸漸亮。

(3)爲波長配諧盤盤上共分百度（自0—100），每度適合一定之波長，其波長範圍，約自200—550公尺，盤上度數各機微有不同，須經隨時試驗註明。

(4)爲擴音器插座兼燈絲開關，擴音器插入時燈絲電流自動接通。

(5)爲擴音器插頭，頭之一端，插入擴音器插座，(4)他端放入擴音器引長線之二頭。

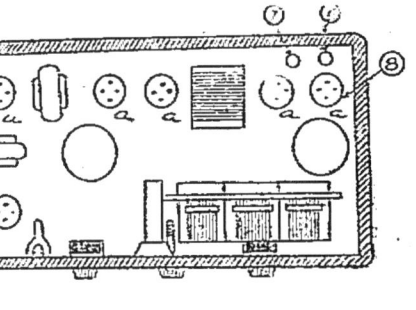

(6)爲天線連接點，由收音機背面之孔放入，

(7)爲地線連接點，由收音機背面之孔放入，

(8)爲眞空管插座，其孔有大小，插入眞空管，應注意粗細方向如下圖：

圖中1.2爲眞空管上粗銅梗插入之處，3.4爲眞空管上細銅梗插入之處5爲眞空管底盤橫生小銅梗之方面，

此機所用眞空管共六只，計UX201-A五只UX112-A一只其地位如下：

a—UX201-A　b—UX112-A

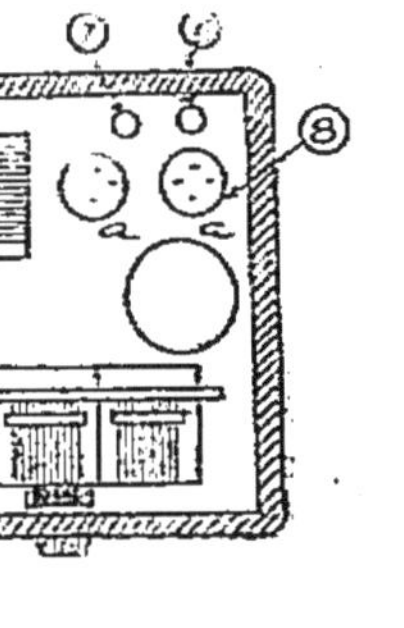

第三圖

V 收音方法

1.先將電池連接如第一圖

2. 連接天地綫，插入眞空管及擴音器（見第二第三圖）
3. 將燈絲調節器(1)(2)(見第二圖)開至六分之五
4. 徐徐旋動波長配諧盤(3)(第二圖)，使欲聽之電台聲浪最高爲止。
5. 將燈絲調節器(1)路加旋動，以期收音清晰，
6. 收音時，欲減少聲量，或聽近處電台播音感雜聲太大時，可將燈絲調節器(2)依反鐘路轉。

VI 天地線裝置方法並機件管理方法及損壞修理程序參閱十六號收音機說明書

德律風根三號收音機說明書

I 全套機件詳單

1. 德律風根三號收音機箱　一只
2. 德律風根〇五四號眞空管　二只
3. 德律風根一二四號眞空管　一只
4. L666號擴音器　一只
5. 聽筒　一只
6. 4v. 甲組蓄電池　一只
7. 45v. 乙組乾電池　三只
8. 4½v. 丙組乾電池　二只
9. 天綫　一百呎
10 電壓表　一只
11 絕緣體　二只

年刊附錄

12 皮綫 五十呎

13 擴音器插頭 一只

14 天地綫插頭 二只

II 重要備貨

1. 德律風根〇五四號眞空管 二只

2. 德律風根一二四號眞空管 一只

3. 4v. 甲組蓄電池 一只

III 電池接綫圖

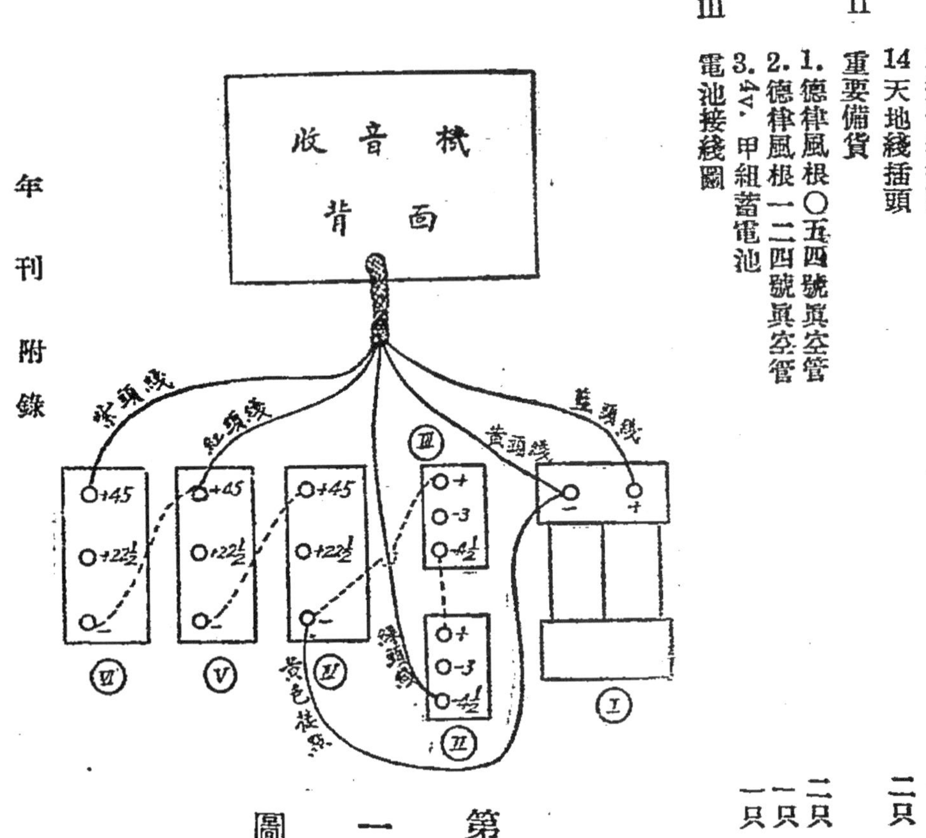

第一圖

虛綫須自用皮綫接上不在收音機引出綫之內

接頭顏色	接頭字樣	電池連接	極
藍	Heizb +	甲組電池(Ⅰ)	+
黃	Heizb−	甲組電池(Ⅰ)	−
綠	Anodenb.−	丙組電池(Ⅱ)	−4½
黃色接點	Anodenb. +4.5−12	乙組電池(Ⅳ)	−
紅	Anodenb. +100	乙組電池(Ⅴ)	+45
紫	Anodenb. +100 −200	乙組電池(Ⅵ)	+45

四五

IV 機件說明

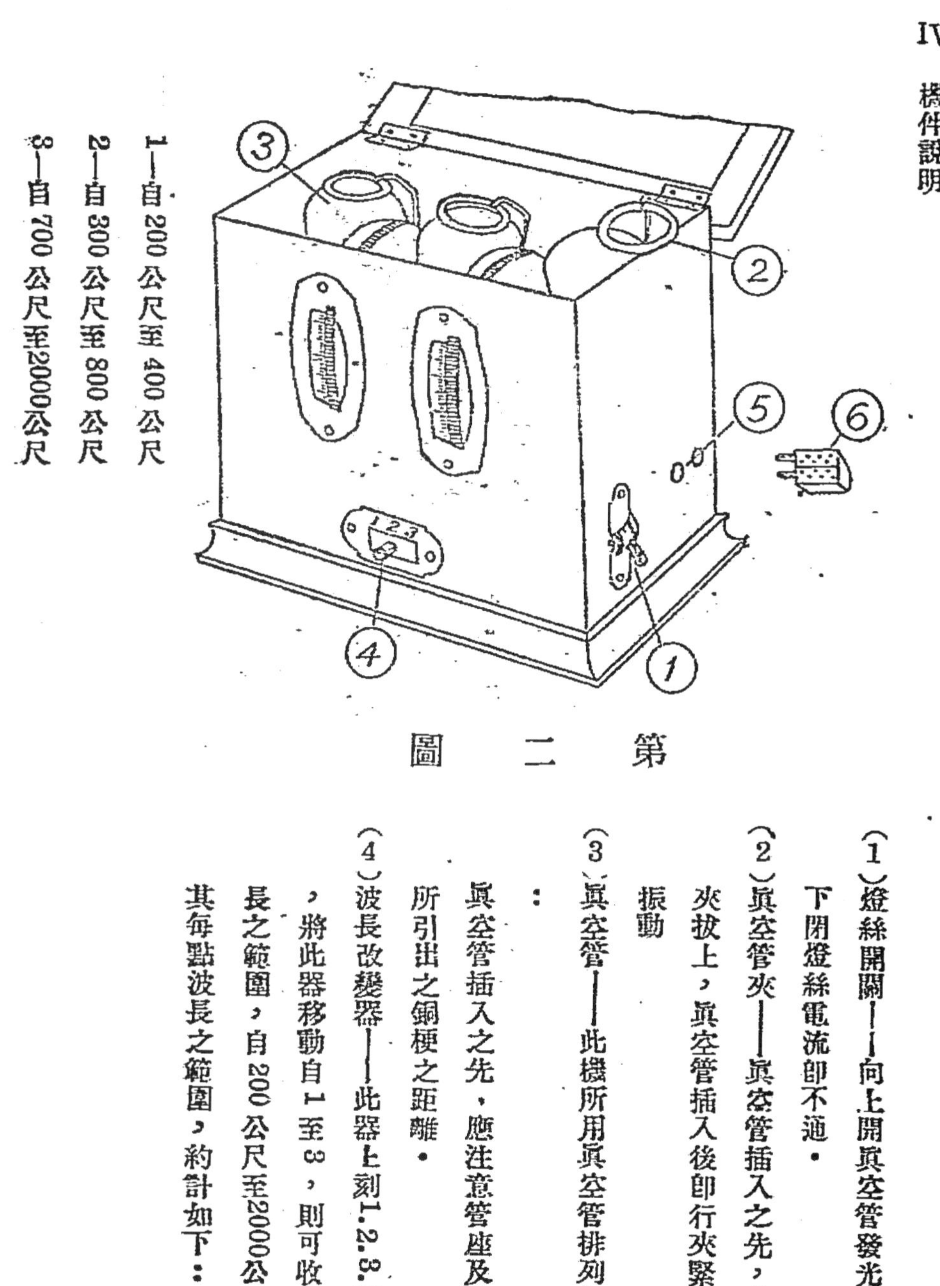

第二圖

(1)燈絲開關——向上開眞空管發光；向下閉燈絲電流卽不通。

(2)眞空管夾——眞空管插入之先，將此夾拔上，眞空管插入後卽行夾緊以免振動

(3)眞空管——此機所用眞空管排列如下：

眞空管插入之先，應注意管座及管底所引出之銅梗之距離。

(4)波長改變器——此器上刻1.2.3.三點，將此器移動自1至3，則可收聽波長之範圍，自200公尺至2000公尺，其每點波長之範圍，約計如下：

左方	中間	右方
RE054	RE054	RE124

(5)擴音器插座——座有紅黑二色，紅色係擴音器正極插入之處，黑色爲負極插入之處，（普通擴音器引長綫，中有二色之一端爲正，僅有單色之一端爲負）

(6)擴音器插頭——插頭有銅梗二，所以放入插座(5)內，插頭上有孔四排每二排合一組，擴音器引長綫之二端，放入每組之任一孔內，用此項插頭，一機同時可接六只擴音器

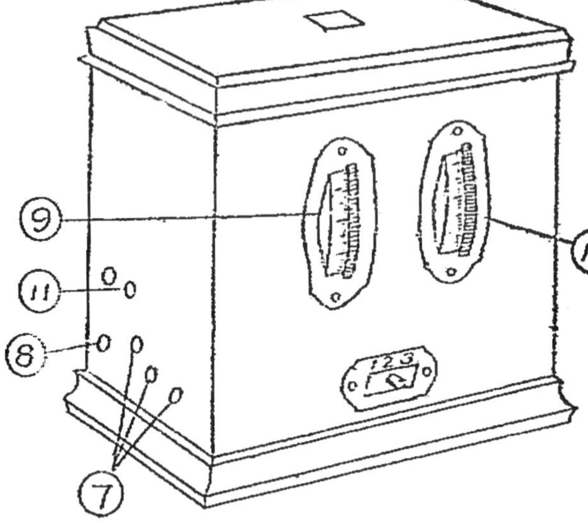

第三圖

(7)天綫座——分藍，黃，灰三色，如天綫過長（百呎以外者）則插入藍色之座，收音較高，天綫稍短者應接入灰色座；如天綫過短（在五十尺左右）者應插入黃色座用時可逐一試之，擇聲浪最高者用之，天綫長度可參考V

(8)地綫座，——地綫插入此座內。

(9)回授調節盤——盤上共分十度，每度在一定之波長內，可得相當回授，使音樂清晰洪亮。

(10)波長配諧盤——盤上共分十度，每度適合一定之波長

(11)留聲機電氣唱頭插入之處，與普通收音無涉。

V 天地綫

1. 屋外天綫之長度連進綫在內，約自75呎至100呎，倘用較長之天綫，亦無良好效果。

2. 如採用屋內天綫長度約45呎。（餘參閱十六號收音機說明書）

VI 收音方法

1. 先將電池連接如第一圖
2. 將燈絲開關(1)向下閉
3. 將其真空管夾(2)拔出
4. 依次，將真空管插入，放下真空管夾。
5. 將天綫連接插頭插入天綫座(7)內，其座有三色，可逐一試之以求收音最響
6. 地綫連接插頭插入地綫座(8)內。
7. 插入擴音器引長綫一端於插頭內
8. 將燈絲開關(1)向上開
9. 將波長改變器(4)放置於適當波長處。
10. 轉動回授調節盤(9)，至擴音器內發生呼呼之振盪聲，然後徐動此盤，至呼呼聲將發未發處。
11. 轉動波長配諧盤(10)，使欲收之音清晰，有時回授調節盤旋動過多過少，因配諧盤之轉動，而發生呼嘯聲者，須將配諧盤置於呼嘯聲最高之點，而旋動回授調節盤，至此聲停止，音樂之聲自然清晰可聽。

VII 管理方法

1. 在電池接上收音機完竣時，可先插真空管一個，同時將燈絲開關(1)向上開，注意是否發光，然後將各管插入，

以防偶一接錯，全數眞空管同時損壞。

2. 波長改變器 4）宜時左右移動使接觸點清潔完好。

3. 甲組電池用電壓表，測量指針在3.8v. 時，即須送廠充電

餘參閱十六號收音機說明書

VIII 損壞修理程序

甲、無音

1. 察視 054 號眞空管是否發光如熄滅可照下列各法逐一試驗：

a. 用電壓表測量甲組電池之電壓

b. 察視甲組電池接頭是否銹壞

c. 試驗燈絲開關接點有無銹鬆

d. 眞空管已壞應即換新管

2. 倘 054 眞空管能發光而仍無聲者可照下列各法逐一試驗：

a. 124 號眞空管損壞（該種眞空管並不發光損壞與否，須用斷綫試驗法（見附註）試驗之）

b. 察視乙組電池正負極及綫路有無接錯（參看第一圖）

c. 測量乙組電池之電壓

d. 檢查乙組電池接頭有無脫鬆

e. 試驗擴音器之插頭是否漏電

f. 試驗擴音器是否完好可用聽筒代替聽之

g. 眞空管雖能發光但恐用久損壞

h. 試驗收音機內部各綫圈，耗阻及綫路有無斷綫或漏電（此種修理方法非有相當經驗不可貿然拆修）

乙、音弱

1. 測量甲乙丙電池之電壓倘乙組電池之電壓減低時應將丙組電池之綫頭接點依下表減少

乙組電池電壓（紫頭綫）	丙組電池電壓（綠頭綫）
80	4.5
100	6
120	7.5
150	10.5

丙、雜音怪叫

1. 旋動回授調節鈕

餘參閱十六號收音機說明書

德律風根十號收音機說明書

I 全套機件詳單

1. 德律風根十號收音機箱 一只
2. 德律風根 054 號眞空管 二只
3. 德律風根 124 號眞空管 一只

4. L666號擴音器　一只
5. 聽筒　一只
6. 4v. 甲組蓄電池　一只
7. 45v. 乙組蓄電池　三只
8. 4½v. 丙組蓄電池　二只
9. 電壓表　一只
10 天綫　一百呎
11 絕綠體　二只
12 擴音器插頭　二只
13 天地綫插頭　二只
14 皮綫　五十呎

II 重要備貨

1. 德律風根 054 號眞空管　二只
2. 德律風根 124 號眞空管　一只
3. 4v. 甲組蓄電池　一只

III

a.電池接綫圖

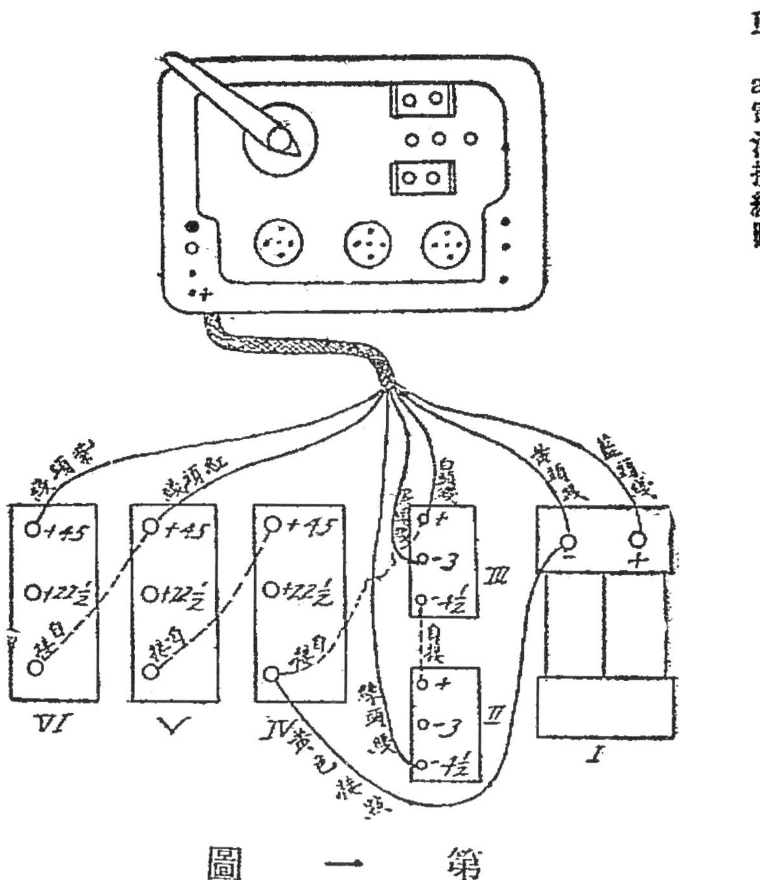

第一圖

虛綫須自行用綫接上不在收音機引出綫之內

接頭顏色	接頭字樣	電池連接	極
藍	+4	甲組電池 I	+
黄	—4	甲組電池 I	—
白	+6—105	丙組電池 III	+
黑	+6—105	丙組電池 III	—3
綠	—	丙組電池 II	—4½
黄色接點	—4	乙組電池 IV	—
紅	+100	乙組電池 V	+45
紫	+100—200	乙組電池 VI	+45

III

b. 用交流電接發圖

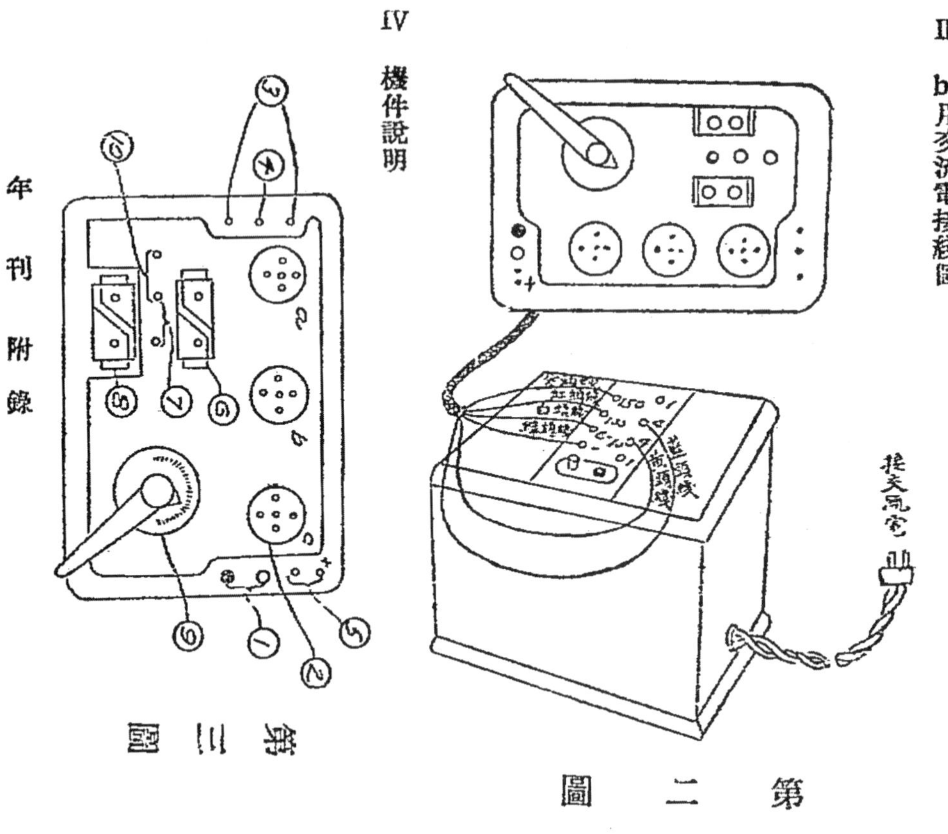

第二圖

接頭顏色	接頭字樣	供電器連接
藍	+4	4
黃	−4	4
白	+6−10.5	6−10
黑	+6−10.5	與綠頭仝接
綠	−	−
色接	−4	與黃頭仝接
紅	+100	100
紫	+100−200	150

IV

機件說明

第三圖

(1)燈絲開關——白點向下撳，真空管發光，黑點向下撳，燈絲電流即不通

(2)真空管座——座有五孔，可插直流或交流真空管各孔之距離不同，插入真空管時，應注意，此機所用真空管排列如下：

1. 用電池

左方 a	中間 b	右方 c
RE054	RE054	RE124

2. 用交流電

左方 a	中間 b	右方 c
REN1004	REN1104	RE134

(3)天綫座——座有孔二以"A1""A2" 表示之"A1"爲長天綫插入之處，"A2"爲短天綫插入之處其天綫長度參閱II節。

(4)地綫座——地綫插入此座內

(5)擴音器插座——座有二孔擴音器引長綫之二端接上插頭綫，插入此二孔內，孔上有十記號者爲擴音器正極插入處

(6)天綫偶合正綫插（簡稱正綫圈）座，——正綫圈插入此座內，座可左右轉動以得適當之偶合

(7)天綫偶合次綫圈（簡稱次綫圈）座——次綫圈插入此座內

(8)回授綫圈座——回授綫圈插入此座內可左右轉動使在一定之波長，得適當之回授，使音樂聲清晰洪亮

(9)波長配諧盤——盤分十度每度當合一定之波長

正綫圈及回授綫圈圖

次綫圈圖

(10)爲留聲機電氣唱頭插入之處與普通收音無涉

V　天地綫

3. 屋外天綫連進綫在內約自75呎至100呎倘用較長之天綫亦無良好效果

4. 如採用屋內天綫其長度約45呎

VI　收音方法

1. 先將電池連接如第一圖（或用交流電如第二圖）

2. 將燈絲開關(1)黑點向下撳（電流不通）

3. 依次將眞空管插入

4. 將天綫連接插頭插入天綫插座(3)內該座計有前後二孔可一一試之以求較響之音

5. 地綫連接插頭插入地綫插座(4)內

6. 將擴音器引綫之二端連接插頭插入擴音器內引綫之有雙色紗包者爲正極，單色者爲負極

7. 將正綫圈次綫圈及回授綫圈依次插入各該綫圈座(6)(7)(8)內

8. 將燈絲開關(1)白點向下撳（電流通）

9. 將正綫圈放至正中，使與正綫圈偶合最大，並將回授綫圈放開，（與次綫圈偶合最小）漸漸放近、同時轉動波長配諧盤(9)至呼嘯聲最小處，而欲收之音可以聽聞，然後再將正綫圈加以轉動，至聲響最高。

「天地綫及管理方法等均參看十六號及三號收音機說明書」

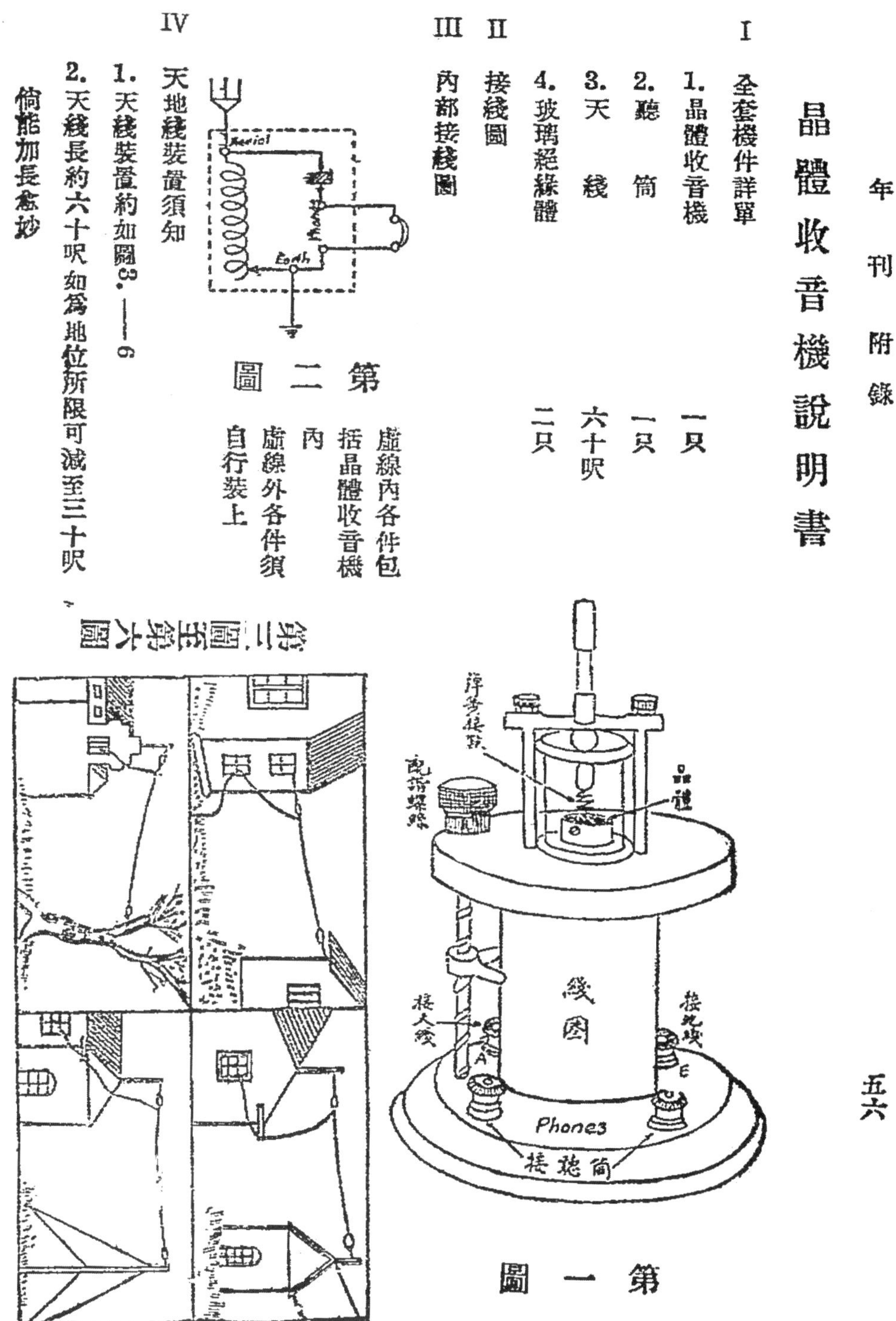

晶體收音機說明書

I 全套機件詳單

1. 晶體收音機　一只
2. 聽筒　一只
3. 天綫　六十呎
4. 玻璃絕緣體　二只

II 接綫圖

III 內部接綫圖

第二圖

虛線內各件包括晶體收音機內

虛線外各件須自行裝上

IV 天地綫裝置須知

1. 天綫裝置約如圖3.——6
2. 天綫長約六十呎如為地位所限可減至三十呎，倘能加長愈妙

第三圖至第六圖

第一圖

3. 天線高度約自二十呎至三十呎如能較高愈妙
4. 天線與進線連接處須用錫焊接
5. 天線與進線須絕對不與樹木或他物相碰進線進屋時須用包皮線以與窗牆隔離
6. 地線須打入地下深自四呎至五呎並須在潮溼之處
7. 地線須朝下放天綫進綫朝上行切忌平行至收音機

V 調整方法

1. 將天地綫及聽筒連接如圖
2. 將彈簧接點與晶體接觸
3. 旋動配諧螺絲使綫圈增減至聽筒內音浪最高爲止

VI 注意各點

1. 此機因無避雷器之裝置，夏暑有雷電時，不能收音，並於平時收音完畢後，將天地線用銅線，接通，以免線圈燒壞。
2. 彈簧接點接觸晶體不宜過重

天線調整器說明書

I 引言　市上較精收音機中之天線電路，普通多用直接磁感交連式，(Direct Inductire Coupling)，如美國合組公司之十六號機，建委會無線電機製造廠之滬廠式機等是，其目的在求使用之便利，構造之簡易，惟收音機因是大欠靈敏欲免此弊，可添配天線調整器一具，此器應用諧振原理，將變量容電器及線圈各一個，配於天線電路中，使天線對於某種電波，成爲諧振，遂得加響電訊，惟對於波長不同之天電電報等喧擾，則並不增加音量，故此器既可增加收音又可減少喧擾，凡收音機中天線電路用直接交連式者，皆可添用此器也，

II 線路圖

接收音機天綫柱
接至天綫
接至地綫

第一圖

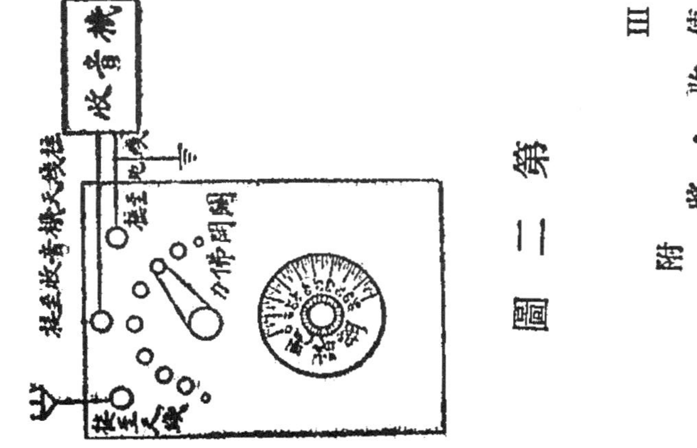

第二圖

III 使用法 照第二圖所示，接好各線，將收音機，照常開用，旋準收音機配諧盤，以求最響之點其次再將天線調整器上之力佛開關，及配諧盤，逐一旋轉，至收音最大時爲止，如發生怪叫聲，可將收音機之燈絲調節器減少至適當時爲止

附註：此器構造頗爲簡單，使用時當無困難，惟有否鬆脫互觸，如遇收音微弱，或全無開時，可將調整器取去，再試，倘仍未見好者，則其病在收音機，否則須將調整器查看修理

地下天綫裝置法說明書

夏間收聽遠地無線電話播音，最感困難者，厥爲天電之嘈擾，其避免方法，以地下天線爲最有成效，茲將其裝置方法，適用收音機，及其簡明圖，述繪於下：

(I)裝置方法——用長約一百呎至二百呎之十六號鉛包線，埋於地下，深約一呎半至二呎，其埋入地下之一端，用橡皮固封以防漏電，他端引至收音機以代普通天線，

此種地下天線，亦具有方向性，裝置時鉛包線放設，宜正對播音台。

(II)適用收音機——收音機用隔離式（如德律風根九號機之類）爲最佳，否則可將普通收音機，用銅板包其四週，並將銅板接地線。

收音機之甲，乙，丙組電池，亦須置於一已通地線之銅匣（洋油箱亦可）內，地線及連接線，均宜用鉛包綫，以達完全隔離之目的。

(III)簡明圖——

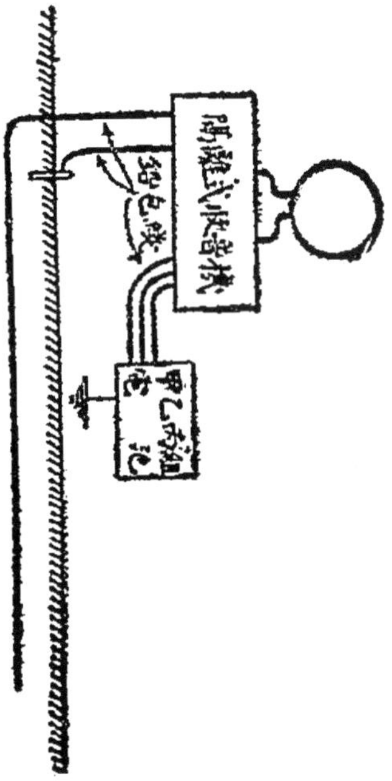

材料收支單

料名

年 月	日	項別	來料廠行	件數	每件價格	折扣	合計	備考	年 月	日	項別	票號	摘要	件數	每件價格	合計	備考

中央廣播無線電台製

收音機損壞修正略表（一）無音及音弱

現狀	原因	修正法
無音	A電池不足或B電池已用完	用電壓表試之充電或換新
	電池接頭已銹	查驗刷淨
	B電池正負極接錯	查驗重接
	天地線接頭已斷	查察焊接
	內部線路已斷	查察內部綫路斷者焊接鬆者旋緊
	方棚燒斷	用電壓表與電池相連以試之如壞換新
	眞空管座接頭已鬆或銹	刷淨並扣緊
	眞空管已壞	用新管逐一試之
	燈絲變阻器已壞	用電壓表與電池相連試之如不通修理或換新
	燈絲開關已壞	如上列各點皆完好則用電壓表量A電池並查視眞空管亮否如電足而眞空管不亮則燈絲開關須修理或換新
	變量容電器銅板互碰	查察修理
	放音器插座已銹	查驗刷淨
	放音器插頭內碰線	不用插頭或以新者試之如壞換新
	放音器引長線內斷	用電壓表與電池相連以試之如壞換新
音弱	A.B.C電池不足	用電壓表試之充電或換新
	天地綫接頭已鬆或銹	刷淨焊接
	天線與樹木相碰	察視分開
	天綫絕緣體已壞	察視天綫完好未碰別物其導入綫亦完好然後用電池及聽筒相連接天綫及地線倘聞札札之聲則絕緣體須換新
	避雷器已壞	拆去後試收音
	變量容電器銅板不潔	刷淨
	眞空管座接頭不潔	刷淨
	眞空管欠佳	用新管逐一試之
	放音器內部接頭不潔或脫鬆	拆開放音器刷淨後用羅絲批旋緊
	放音器正負極接錯	換接試之
	放音器欠佳	用聽筒試之

收音機損壞修正略表（二）雜音

原因	現狀	修正法
A.B.C電池不足	發生音調不準或狂號聲	充電或換新
B電電壓太高	發生音調不準或狂號聲	試接低
地線接頭欠佳	發生呼嘯聲	查察焊接
天線吹動或接頭欠佳	發生時高時低聲	焊接或將天線拉緊
電池接頭欠佳	發生碎裂聲	刷淨旋緊
放音器內薄膜脫鬆	發生刮辣聲	拆開較正
放音器正負極接錯或欠佳	發生音調不準	換接或以聽筒試之
眞空管欠佳	發生音調不準 或呼嘯聲	以新管逐一試之
眞空管內部振動	發生狂號聲	將放音器遠離收音機並將眞空管插緊或互相調換
眞空管發生振盪	發生吁吁聲或狂號聲	試接固定蓄電器於放音器及B電上
C電已用完或接頭脫鬆	發生拍擊聲	換新或扣緊
柵極線路已斷	發生拍擊聲	查驗焊接
柵極電阻壞或接頭脫鬆	發生狂號聲碎裂聲或拍擊聲	換新或扣緊
電燈線感應	發生咿唔聲	將天線築與電燈線成直角
附近馬達開動或充電等感應	發生碎裂或咿唔聲	試用濾波器
放音器回授	發生呼嘯聲	將放音器遠離收音機
近波二發音台衝突	發生呼嘯聲	將變阻器開少試之
天電	發生碎裂聲	試將天線減低減少天電或用地下天線聽近處播音

試驗線路普通接線法

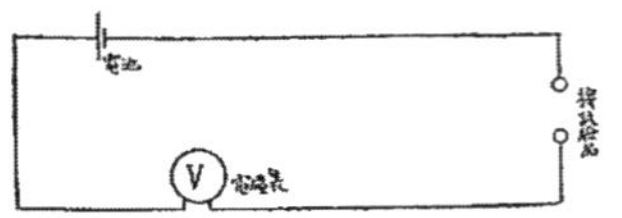

無線電話收音員服務情形調查表

黨部收音員填報	項目	填報	附錄
	收音員到部月日		
	各黨部對於無線電話觀念及措施		
	該處有無其他機關或個人裝設收音機		
	所收得之消息是否摘錄送至何處發表		
	每日來聽收音者約有若干人		
	有無隨同學習收音方法者及其人數		
	A電池充電用何方法		
	B電C電最近電壓		
	收音機有無一部分損壞及現在最缺之備貨		
	辦事有無困難		
	曾否兼任該黨部何項工作		
	生活費如何支領		
	添購材料經費之支領手續如何		
	該處有無其他無線電報及廣播電台		
	能否收到別台播音及該台之名稱並與本台聲浪高低之比較		

第　　次

中華民國　　年　　月　　日

（注意）如有意見可於附錄項下陳述此表須用墨筆或墨水筆詳細填寫寄還

中央廣播無線電台製

無線電話冬季收音情形調查表

12.20.18

收音機裝設地點			天線	長度		附錄
				高度		
收音機種類 公用或獨用				方向		
收聽本台播音情形	白晝					
	夜間					
共能收聽若干電台播音其情形如何						
收聽消息如何處置						
有無技術人員管理何處代裝價值若干						

中華民國　年　月　日　省　縣　填寫

中央廣播無線電台製訂

注意　1. 此表請用墨水填寫早日郵寄中央廣播無線電台
2. 附錄項下可述關於無線電話之意見

各處收音員每週報告收音情形考查表

黨部名稱	收音員姓名	週報表次數	收音情形		報告寄臺日期	報告填發日期	核覆日期	備考
			日間	夜間				
江蘇省黨部	林培興							
上海特別市黨部	徐學鐙							
南京特別市黨部	周景龍							
浙江省黨部	覃建周							
安徽省黨部	王學敏							
江西省黨部	朱宇寰							
九江市黨部	張慈涵							
湖南省黨部	陳　沅							
湖北省黨部	胡壽倫							
漢口特別市黨部	湯一鶚							
宜昌市黨部	劉學愷							
山東省黨部	王成範							
青島特別市黨部	虞家騋							
河南省黨部	李崇林							
鄭州市黨部	趙　劍							
北平特別市黨部	楊永振							
天津特別市黨部	陳濟略							
廣東省黨部	唐伯明							
福建省　部	包鴻儀							

十八年七月製

修理收音機報告

修理收音機報告	
用戶名稱	
地址	
收音機種類	
收音機放設地點	
管理人員姓名	
現象	
損壞	
修理方法	
備查	
中華民國　年　月　日具	

中央廣播無綫電台製

裝置 移裝 收音機報告

裝置 移裝 收音機報告			
用戶名稱			
地址			
收音機種類			
收音機放設地點			
管理人員姓名			
天綫	裝置方法	方向	
	長度　　呎	高度　　呎	
地綫	材料		
	入地深度		
音浪	本台		
	他台		
備查			
中華民國　年　月　日具			

中央廣播無綫電台製

無線電話收音員每週報告表（自　年　月　日起至　年　月　日止）

注意

（一）此表須用墨筆或墨水筆填寫不得糊塗潦草
（二）各收音員於每星期一須將此表郵寄中央廣播無線電台
（三）節目大意一項須儘量填寫
（四）附錄項內可陳述種種改善方法

日期	收音時間	陰晴	中央廣播無線電台節目大意	收音情形	收音時間	別台節目大意	收音情形
星期一							
星期二							
星期三							
星期四							
星期五							
星期六							
星期日							

天線高	天線長	天線方向	收音機種類	附錄	

中華民國　年　月　日　黨部無線電話收音員　填報　（第　次）

中央宣傳部廣播無線電台製

中央廣播無線電台振盪放大器情況週報表

年　月　日至　年　月　日

日期	天氣	播音時間	天線電流	地線電流	管機員	開用馬達發電機	末級放大器			中級放大器		未播音前柵電流表指針搖動度數		播音時間	天線電流	地線電流	管機員	開用馬達發電機	末級放大器			中級放大器		未播音前柵電流表指針搖動度數		備考
							屏電壓	屏電流	柵電流	屏電流	柵電流	末級	中級						屏電壓	屏電流	柵電流	屏電流	柵電流	末級	中級	
星期一																										
星期二																										
星期三																										
星期四																										
星期五																										
星期六																										
星期日																										

備考	本星期播音時間總計	附錄	開用馬達發電機項填註"A""B""C"字樣 "A"表示電壓由直流馬達1.5Kw發電機供給 "B"表示電壓由直流馬達2 Kw發電機供給 "C"表示電壓由交流馬達2 Kw發電機供給

中華民國　　年　　月　　日　　填　　第　　次

中國各地廣播無線電台調查表

1	台名			2	所在地及所隸屬之機關	
3	電力			4	天線電流	
5	天線高度			6	天綫長度	
7	呼號			8	現用波長	
9	何年何月開始播音			10	目下每日播音幾小時	
11	開辦費約數			12	每月經常費約數	
13	製造廠家			14	附近收音機約數	
15	發音室放大器	該器有幾級如何偶合				
		用何種眞空管			只數	
		有否音度控製設備				
16	播音室放大器	該器有幾級如何偶合				
		用何種眞空管			只數	
		有否音度控製設備				
17	振盪器	線路名稱				
		眞空管種類			只數	
		調幅方法				
		調幅器眞空管種類			只數	
		振盪器後有無放大器				
18	電力來源	用本市電流				
		自備蓄電池				
		用何種充電設備				
19	天地線與末級放大器如何偶合			20	除發音外何有發報設備否	
21	內部組織					
22	除本處外尚有何種特約發音處			23	何種為播音時常遇之毛病	
24	對於聽衆是否徵收月費?					
	如何徵收					
25	將來計劃					
26	備考					

中華民國　　年　　月　　日　　廣播無線電台　　填寫

附註

1. 請用毛筆或鋼筆填寫填就後迅行寄交敝臺
2. 第21項內請說明組織系統及員工人數和職別
3. 第23項內所指之毛病如容電器燈泡發電機損壞等類
4. 備考一項請發表意見如對於中央電臺之意見對於我國廣播事業之建議等等

中央廣播無綫電臺製

一九二七年華盛頓無線電會議所規定之
萬國無線電台呼號分配表

國名	呼號	國名	呼號
智利 Chile	CAA—CEZ	匈加利 Hungary	HAA—HAZ
加拿大 Canada	CFA—CKZ	瑞士 Switzerland	HBA—HBZ
古巴 Cuba	CLA—CMZ	依閣杜 Ecuador	HCA—HCZ
摩洛哥 Morocco	CNA—CNZ	海甸 Haiti	HHA—HHZ
波立維亞 Bolivia	CPA—CPZ	杜密尼梗共和國 Dommican Republic	HIA—HIZ
葡萄牙屬地 Portuguese Colonies	CRA—CRZ	哥倫比亞 Colombia	HJA—HKZ
葡萄牙 Portugal	CSA—CUZ	杭杜剌斯 Honduras	HRA—HRZ
羅馬尼亞 Rumama	CVA—CVZ	暹羅 Siam	HSA—HSZ
烏路葵 Uruguay	CWA—CXZ	意大利及屬地 Italy and Colonies	I
蒙乃哥 Monaco	CZA—CZZ	日本 Japan	J
德志西 Germany	D	美利堅合衆國 United States of America	K
西班牙 Spain	EAA—EHZ	挪威 Norway	LAA—LNZ
爱爾蘭 Ireland	EIA—EIZ	阿根廷共和國 Argentine Republic	LOA—LVZ
剌比利亞 Liber.a	ELA—ELZ	波爾加利亞 Bulgaria	LZA—LZZ
爱斯當尼亞 Estonia	ESA—ESZ	英國 Great Britain	M
爱索比亞 Ethiopia	ETA—ETZ	美利堅合衆國 United Statesof America	N
法蘭西，附屬地，及保護國 France and Colonies and Protectorates	F	秘魯 Reru	OAA—OBZ
英國 Great Britain	G	芬蘭 Finland	OHA—OHZ

國名	呼號
捷戈斯落伐開亞 Czechoslovakia	OKA—OKZ
比利時及屬地 Beigium & Colonies	ONA—OTZ
丹麥 Denmark	OUA—OZZ
荷蘭 Netherlands	PAA—PIZ
古剌古 Curacua	PJA—PJZ
荷屬東印度 Dutch East Indies	PKA—POZ
巴西 Brazil	PPA—PYZ
蘇令尼安 Surinam	PZA—PZZ
(簡號) (Abbreviation)	Q
蘇維埃俄國 URSS	RAA—RQZ
波斯 Persia	RVA—RVZ
巴拿馬共和國 Republic of Panama	RXA—RXZ
立索尼亞 Lithuania	RYA—RYZ
瑞典 Sweden	SAA—SMZ
波蘭 Poland	SPA—SPZ
埃及 Egypt	SUA—SUZ
希臘 Greece	SVA—SZZ
土耳其 Turkey	TAA—TCZ
愛斯蘭 Iceland	TFA—TFZ
瓜脫馬剌 Guatemala	TGA—TGZ
閣斯脫立加 Costa Rica	TIA—TIZ
薩培新 Territory of the Saar Basin	TSA—TSZ
海枷 Hedjaz	UHA—UHZ
荷屬東印度 Dutch East Indies	UIA—UKZ
路森堡 Luxemburg	ULA—ULZ
疏勃，克路士，斯路文王國 Kingdom of Serbs, Croats, and Slovenes	UNA—UNZ
澳國 Austria	UOA—UOZ
加拿大 Canada	VAA—VGZ
澳大利亞洲 Australia	VHA—VMZ
紐芬蘭 Newfoundland	VOA—VOZ
英屬地及保護國 British Colonies and Protectorates	VPZ—VSZ
英國印度 British India	VTA—VWZ
美利堅合衆國 United States of America	W
墨西哥 Mexico	XAA—XFZ
中華民國 China	XGA—XUZ
阿富汗 Afganistan	YAA—YAZ
紐喜伯萊 New Hebrides	YHA—YHZ
依剌克 Iraq	YIA—YIZ

年刊附錄

國名	呼號	國名	呼號
賥德維亞 Latvia	YLA—YLZ	愛爾彭尼亞 Albania	ZAA—ZAZ
旦西蔣 Danzig	YMA—YMZ	紐西蘭 New Zealand	ZKA—ZMZ
尼加剌瓜 Nicaragua	YNA—YNZ	帕剌加愛 Paraguay	ZPA—ZPZ
愛薩伐度共和國 Repulic of El Salvador	YSA—YSZ	南非洲聯邦 Union of South Africa	ZSA—ZUz
文耐緒剌 Venezuela	YVA—YVZ		

附　　註

(一)在會議中各國之固定電臺，陸地電臺，移動電臺，及業餘電臺應各用上表所規定之呼號。在此表中，其呼號之首字或首二字應與其國籍相符。

(二)(甲)凡固定及陸地電臺其呼號爲三個字母。

(乙)凡輪艦電臺，其呼號爲四個字母。

(丙)凡飛機電臺，其呼號爲五個字母。

(丁)凡業餘電臺，其呼號之首字或首二字應符照其國籍，第二或第三字用一數目，數目下爲任何字母，以不過三字以上爲限。

(三)飛機電臺之通訊，兩電臺用五個字之呼號，呼應之後，即可應用簡號：

(甲)在無線電報臺中，簡號可用五個字呼號之首尾兩字。

(乙)在無綫電話中，簡號可用飛機主有者之簡名或全名聯接飛機登記呼號之末兩字。

(四)二十六字均可爲呼號，惟以下所舉各字不用爲電臺之呼號：

(甲)呼號以A或B爲首字者。

(乙)呼號之與求救記號相混者。

(丙)呼號之與通用無綫電報簡名相混者。

(丁)飛機電臺呼號之第二字不得用 wo

(五)各國應規定屬該國籍之電臺，用表內所指定之呼號，並將各電臺之呼號，通告萬國無綫電協會。

萬國無線電協會應保證一個呼號不應用於二個電臺，並其呼號不與他種符號相混。

(一九二七年華盛頓無線電會議決定)

萬國週率分配表

週率 每秒之基羅週 (Kilocycles/Sec.)		波長 米達 (Meters)	業務類別
10—	100	30,000—3,000	固定
100—	110	3,000—2,725	固定…移動
110—	125	2,725—2,400	………移動
125—	150	2,400—2,000	……………………海上公衆通信 143.K c/s (2100M.) 爲呼號
150—	160	2,000—1,875	………移動
160—	194	1,875—1,550	……………………現有 300K c/s 之廣播臺均改入此帶。如無,則歸其他業務
194—	285	1,550—1,050	……………………除歐洲外,此帶可有三用途:(1)非商用船舶之移動業務 (2)關於航空之固定業務 (3)非公衆通信固定之業務
285—	315	1,050— 950	……………………射向電臺
315—	350	950— 850	……………………專用於航空移動業務(333 K c/s 爲國際航空呼號)
350—	360	857— 833	……………………非公衆通信之移動業務
360—	390	833— 770	……………………測向業務及其他不妨礙測向之移動業務
390—	460	770— 652	………移動
460—	485	652— 618	………移動…………(減幅波及無線電話除外)
485—	515	618— 582	………移動…………(遇難,告急,呼叫等)

		(500Kc/s 爲國際船舶告急呼號)
515—550	582—545	……………………非公衆通信之移動業務(減幅波及無綫電話除外
550—1,300	545—230	……………廣播……(如不妨礙廣播，亦可用於移動業務。)
1,300—1,500	230—200	……………廣播……[1365Kc/s(200M.)可用於海上移動業務]
1,500—1,715	200—175	………移動
1,715—2,000	175—150	固定…移動……業餘
2,000—2,250	150—133	固定…移動
2,250—2,750	133—109	………移動
2,750—2,850	109—105	固定
2,850—3,500	105—85	固定…移動
3,500—4,000	85—75	固定…移動……業餘
4,000—5,500	75—54	固定…移動
5,500—5,700	54.00—52.70	………移動
5,700—6,000	52.70—50.00	固定
6,000—6,150	50.00—48.80	……………廣播
6,150—6,675	48.80—45.00	………移動
6,675—7,000	45.00—42.80	固定
7,000—7,300	42.80—41.00	…………………業餘
7,300—8,200	41.00—36.60	固定
8,200—8,550	36.60—35.10	………移動
8,550—8,900	35.10—33.70	固定…移動
8,900—9,500	33.70—31.60	固定
9,500—9,600	31.60—31.20	……………廣播
9,600—11,000	31.20—27.30	固定
11,000—11,400	27.30—26.30	………移動
11,400—11,700	26.30—25.60	固定
11,700—11,900	25.60—25.20	……………廣播
11,900—12,300	25.20—24.40	固定
12,300—12,825	24.40—23.40	………移動

12,825—13 350	23.40—22.40	固定…移動
13,350—14,000	22.40—21.40	固定
14,000—14,400	21.40—20.80	…………………業餘
14,400—15,100	20.80—19.85	固定
15,100—15,350	19.85—19.55	……………廣播
15,350—16,400	19.55—18.30	固定
16,400—17,100	18.30—17.50	………移動
17,100—17,750	17.50—16.90	固定…移動
17 750—17,800	16.90—16.85	……………廣播
17,800—21,450	16.85—14.00	固定
21,450—21,550	14.00—13.90	……………廣播
21,550—22,300	13.90—13.45	………移動
22,300—23,000	13.45—13.10	固定…移動
23 000—28,000	13.10—10.70	………………………未定
28,000—30,000	10.70—10.00	…………………業餘
30,000—56,000	10.00— 5.35	………………………未定
56,000—60,000	5.35— 5.00	…………………業餘
60,000——	5.00——	………………………未定

業務類別說明

『固定電臺』定義——固定電臺有固定之地位、與其他同樣情形之電臺通信、

『移動電臺』定義——移動電臺之地位、可以隨時移動、且在實際上實行移動、

『固定業務』指兩處固定地點間之無線電交通而言、廣播及特別業務除外、

『移動業務』指陸地電臺與移動電臺、或移動電臺相互間之無線電交通而言、特別業務除外、

『廣播業務』指播散與公衆之無線電話而言、或直接播散、或由轉遞電臺轉播、

『業餘電臺』完全爲私人興趣而設、無營業性質、但領有執照、

『射向電臺』放射有方向之電波、使接收之電臺、得以藉之測定方向、

『測向電臺』爲一接收之電臺、備有特殊機件、於接收他電臺信號時、能測定其來波之方向、

選錄各種演講紀錄稿

不平等條約最重要之五點及今後全國民衆應一致奮起作外交後盾

王正廷

——十七年十一月二十八日在中央廣播無線電台演講——

諸位：今天鄙人要講一點外交上的事情，我們知道現在中國外交上最要緊的，就是總理在遺囑上說：『聯合世界上以平等待我之民族，共同奮鬥！』又說：『廢除不平等條約，尤須於最短期間，促其實現！』這二椿事情，可以說是連在一起的。要與世界上以平等待我之民族共同奮鬥，是要與以平等待我之國家，方可以同他們共同奮鬥，所以外交部現在最注意的就是：要廢止不平等條約！查各國同我們訂立的條約裏邊有五點，我們認爲很不平等的，現在正想種種方法來解除。

第一點是關稅自主問題： 這個問題，關係國民生計，完全獨立的國家，其主權，是不受任何國家侵蝕的。換言之，就是一國的政府，在領土內有自由設施的最高權力。除以人民的意旨爲依歸而行政外，絕不受其他國家的任何限制。反之。就失掉了他的獨立性，就淪落爲殖民地或次殖民地的國家了。我國的關稅權，本應由我國政府自行製定稅則稅率，自由採用有益于國計民生的關稅政策。但是現在則完全操之各帝國主義者之手。故稅率稅則之變更，關稅政策之採用；須一一仰承各帝國主義者之鼻息，這就是我國的國家已失了獨立的要件的明證。我們從前訂約的時候，不曉得關稅自主的重要，輕輕地同人家訂了足以自戕自身的條約，弄到現在這個民窮財盡的地步，我們都知道關稅不自主，是沒有法子來振興工商業，及增進國民生計，所以首先要注意的，便是關稅自主。

自從巴黎會議一直到現在，中國常常提出要求，而在會各國，都置之不理。華盛頓會議，中國代表團提出關稅自主問題，也未得相當的解決，在二星期以前，我們又提出這個問題，各國都已默然承認。現在會議尚未終了，所以還沒有解決。最近鄙人担任外交部長，也十分注意到這件事。七月二十五日同美國頭一個訂定承認我們關稅自主。哪威比利時意大利都已經簽字。還有六國正在接洽中，我想年內都可以簽定。

第二點是領事裁判權：這一點關係國家主權及人民安危，世界上從沒有一個獨立的國家，使外國人在其國內可以不受法制的裁制的。從前我們訂約的時候，放棄了這個主權，現在要用全副的力量來恢復我們應有的主權。現在商法，民法，雖然還沒有公佈，國民政府立法院已經成立，不久即可頒佈了。司法院王院長對於領事裁判權問題，擬定了二個目的。數日內當可公佈。現在外交部積極進行，同各國交涉，以期早日實現，取消領事裁判權。

第三點是外國兵得在中國領土內駐防：這一點是更顯明的關係國家主權，而且要廢除不平等條約，必須先從以外國軍隊不准駐在中國的領土上做起。試問外國的軍隊爲什麽可以駐紮在中國的領土上呢？反過來說，中國軍隊能不能到外國去駐防，或遊歷呢？所以這個問題，要同各國竭力抗議。駐防在我們領土上的軍隊，必須撤回去。

第四點是外國有內河航行權：査各國通商，祗可到海口，而不能到內地來的。我們中國不曉得這種問題的重要，放棄了主權。弄得內地商民，受許許多多經濟上的痛苦近來對于這一點也與各國抗議。務須收回，然後才可以說到平等。

第五點是租界及租借地：外國人用種種壓迫的手段，强行拿去的。如訂期九十九年的租借期限，這明明白白在軍事上別有作用。這點關係我國的主權及國防，所以不能不注意到的。

我們要廢除這五點不平等的地方，就要加倍努力，很希望全國民衆能夠聯絡起來，作外交上實力的後盾，於最短期間內，收回一切主權。

最近我國與日本在外交上的狀況，想各位很願意知道，今天再費幾分鐘功夫，向各位報告一下：

日本同我國是同文同種，而且是鄰近的國家，理應相安無事，互相協助的。但日本人與中國人根本上衝突之處很多，自從日本提出二十一條之後，國民便奔走呼號，以期取消這二十一條和收回山東，種種的權利。華盛頓會議之後，把山東的權利有一部分的收回，這一次國民革命軍從長江一帶，向北方進展的時候，日本又出兵山東，阻礙前進，我們政府與之抗議，他們竟置之不問。濟南慘案發生之後，我們為避免與日本衝突起見，特為轉道北進，迨至平津克復，中國統一。現在關外東三省，也與我們政府合作，日本還不願事實，强詞奪理的和我們作梗。我們不能不用全副的力量來應付他，日本對于濟南慘案之解決，毫無誠意；甯案漢案及各種懸案，雖有相當辦法，然濟案未解決前，各項問題，悉不開議，而解決濟案，尤以撤兵為先決條件，所以交涉時開口便要問一句『撤兵有一定的日子沒有？』鄙人認為日本對我國交涉，始終無誠意 所以沒有法子來解決。但是我們對于外交的態度，不能有什麼恐慌。我們要用堅決的態度，做解決的關鍵；使日本在短時期內，撤回山東駐軍。很希望全國國民，對于外交上用功來研究，一致擁護中央政府，解決這個大問題，然後山東人民，所受的苦痛，方可以解除了。

目下法國公使已到南京來了，荷蘭公使及丹麥，瑞典，英國等公使，也將相繼入京，外交上的問題，必可一步一步的順利進行；不平等條約，也必有解決的辦法，今天乘這個機會，把外交上的情形，播發各處，向各位作一個簡單的報告如此。

青年改造問題

邵元沖

——十八年十一月二十七日在中央廣播電台演講詞——

諸君：今天我們要來討論一個現在很重要的問題，就是關於國家同民族興亡的問題。我們都知道本黨的根本政策，就是希望把國家同民族完全能夠三民主義化，就是完全能夠把三民主義的精神同方案整個的從國家同民族方面表現出來。所以我們的重要問題，不是專是說隨時來應付特種問題，而是根本要把我們三民主義的精神怎麼樣去表現出來。一個國家同一個民族怎麼樣能夠把國家的精神同民族的性質表現出來呢？就是要看民族中間每一個人，——尤其是每一個青年，——他的精神同思想的表現是怎麼樣？因為中年人的思想是已經成熟了，老年人的思想總是偏于保守的了；只有青年人，他的思想是流動的，他的精神是進取的，如果能把青年的思想同精神，引導到一個建設進取的路上去，就可以把國家同民族的基礎建設起來。所以我們可以講青年就是國家的元氣，也就是民族的中心。一定要青年問題有相當解決，一定要把青年的精神同青年的生命好好建設起來，到一條建設的路上去，那末國家的生命才可以發揚，民族的前途才可以有很大的希望！

既然青年的關係這樣重大，在我們國民黨國民革命運動進展時期之中，我們來看現在青年的思想同行動是不是能夠達到我們所希望呢？我們如果拿過去同現在的經驗看來，我們就覺得很有一種恐慌，很有一種不安；就是覺得現在的青年，他所走的路，他的思想同行動，是對于本黨三民主義的精神，對于本黨建國治國的精神，還是相差很遠。所以我們有很大的不安，而且覺得這種現象是國家同民族前途的一種危險！我們從歷史進化看起來，我們知道任何民族自野蠻到文明，任何國家自衰弱到興盛，决不是靠少數有智識能力能負責任的人來擔負責任，就可以做得到的。一定要由多數人，大家肯共同來擔負一個國家同民族建設的責任，才可以使國家同民族得到進步同發展的。在古代部落的時代，社會同羣衆的組織很簡單，而且大家單用力的競爭來求勝利和生存。但是社會一天進步一天，人的智識一天增加一天，國家和民族的競爭關係，就不靠武力而靠智識了。一定要使學問智識進步，國家同民族才可以得到最後的勝利。因爲歷史的進化是這樣的，所以我們看從前許多野蠻部落是一天衰亡一天，而近代所謂文明的民族，以智識學問來做競爭的基礎，就一天興盛一天了。既然我們承認這種歷史的經驗是很可靠的。那末，反轉來我們看中國現在的民族，尤其是民族之基本的青年，是不是朝着這一個歷史進化的方向在那裏走呢？我們看到過去幾年來的一班青年，或是自己有志向上的，或是附和別人行動的，或是並沒有向上的志向，或模做善的行動，而專從個人享受快樂方面去走的，其中沒有志向的和專講個人快樂主義的這些人，我們且不去講他。就是一班有志向上的青年，也沒有走到很對的路上去。所以我們處處地方可以看到青年精神的衰頹，和行爲的不堅定。就拿學校方面來看，學校是一般青年求智識的大本營，可是無論是普通學校，無論專門學校，眞正能從研究學問方面去做工夫的青年就很少很少。所謂學校的圖書館，平時學生在裏面看書的更是少數，就是這少數幾個人中，也並不是個個對他所研究的學問下工夫，有些人還是看了些不相干的書。我們再看市場方面，青年所購買關於智識的出版物的情形，書舖裏凡是有關於研究智識學問的出版物，無論是定期刊物，或是不定期刊物，以及比較專門的單行本。青年購買的力量都是很薄弱，這些書的銷路都是很少。至於銷路最廣的書，就是那些無聊的小說。裝訂和封面雖是好看得很，內容却非常糟，都是利用一班青年墮落、腐敗、快樂的心理，把社會上種種惡的思想習慣竭力描寫，來刺激誘惑，引導青年走到惡的路上去。又如近年來小報銷行的暢旺，也是這個關係，這些出版物因爲能投青年之所好，自然受他們的歡迎，有很大的銷路。但是青年的思想和行爲就不知不覺走到墮落的路上去了，固然在那些辦出版事業的商人的心目中，只是唯利是圖，那裏還知道他們是文化指導的重要機關，只要看那一種性質的出版物銷路廣，可賺錢，就拚命的把他印刷出來，以致這種出版物不但不能補助社會文化，反而將做社會之基礎的這些青年引到墮落退步的路上去。

再看到那些通商口岸，或商業繁盛的市場方面，所謂學校的青年集中的地方，總是在那些游戲娛樂的場所，或是跳舞場，或是游戲場，這些場所對於青年的思想同智識，不但沒有一些幫助，反而引他們積極的走到墮落的路上去。

我們看了這種情形，就覺得國家和民族的前途，眞是危險極了。因爲國家的基本既然在民衆，民衆的基本就是在一班青年。再根據歷史進化的經驗，既然知道過去到現在，是慢慢的從力的競爭到智識的競爭方向來；那末，只有有智識能力的民族，才可以戰勝一切。才可以造成理想的民族同國家。那末，我們現在的這一班青年能不能達到這種使命呢？能不能來擔負這種工作呢？我們是很不敢相信的。如果青年方面是這樣的現象，就是社會的許多中年人老年人很能夠積極努力，從建設方面來做工夫，但是我們已經覺得將來第二代的民族是很危險，何況現在的中年人老年人的思想能力，也是很差的，所以我們唯一希望的青年，我們將來第二代民族的生命，如果前途還是這樣沒有把握，我們國家的前途，民族未來的生命，究竟付託在什麽地方呢？這一點是大家很要加以嚴重的注意的！

現在的一班青年，在一個求智識能力的基本時期中間，他們不能利用這種寶貴的機會，來培養各個人自己的智識能力的基礎，而以爲只要做社會運動，只要在外面奔走，就可以把國家的命運建立起來；這種心理，我們並不能說他錯誤，但是他們的方法，以及他們所努力的方向，却完全錯了。因爲我們覺得只有每一個青年他在一個求智識訓練能力的時候，能够不放棄時間，而很寶貴的利用這個時間來培養各個人的智識能力，才可以在將來負担社會國家的責任的時候，用他們的智識能力，來担起重大的責任，如果現在沒有把本身的智識能力充分培養起來，只在那裏做空洞的，沒有效力的奔走和運動，這種影響於社會的力量很小，至多在一時期對社會刺激一下，而改造社會的希望，根本終是不能達到的。所以一定要青年中個個人能够利用這種求智識的時間，求培養自己的智識，才可以把將來建國治國的責任負担起來。

我們都知道要講到救國救民族的决心和勇氣，當然莫過於我們 總理。但是 總理在他青年立志革命的時候，爲什麼不拋棄一切求學的機會和時間，而完全用到革命運動方面去呢？爲什麼 總理在他立志革命以至於後來幾十年繼續革命的時間之中，既沒有放棄革命運動的責任，而同時又沒有荒廢了他求智識能力的機會呢？就是因爲 總理他能够認識，要建造國家和民族，要改造社會，不是靠空想能够成功，也不是靠沒有計畫的運動所能成功，所以要革命成功，一定要把革命的方案和革命的理論弄得非常完全，非常週到。要使革命的方案同理論能够很完全很週到，很合於時代的趨向，就非求學不可，就非努力於研究學問增加智識不可！所以我們看 總理一生是革命，也是一生在那裏求智識。現在我們如果要希望革命成功，就是要來担負 總理遺下來的責任，就是要來研究 總理的思想同方案。但是我們要担負這個責任，要能够了解 總理的思想同方案，就非每一個人，尤其是每一個青年，大家努力從求智識方面來做工夫不可。不但智識方面，就是品性方面，也是非要很努力的修養不可。因爲一個人如果有了智識經驗，而他的品性沒有注意修養，他就不能担任艱苦耐勞的工作，也不能有長期繼續不斷的奮鬬和勇氣，更不能有百折不撓的精神的。所以我們看凡是一個國家在開創的時候，一定有多數人都是能堅忍刻苦耐勞，在那裏做工夫。大家一定要很仔細很周密的計畫的，决不是輕舉妄動，或逞一時血氣之勇，所能成功的。所以我們既然知道中國現在同未來的建國治國的責任非常重要，我們就要注意到智識和品性的修養。我們知道一個人要去救人家，一定要自己有救人家的能力。要扶助人家，一定要自己先幫助自己。我們假如沒有担負救國救民責任的能力和智識，我們有什麼方法可以担負救國救民的責任？我們假如沒有救國救民能力而來擔負這種責任，我們徒然來講空話，瞎鼓吹，是一無所用的。所以我們要救人，先要能救自己，要助人先要能助自己，要立人先要立自己，那才能夠有辦法的。

我們還要知道一個人的精神才力是有限的，我們如果把精神才力用在這一方面，別方面的精神才力就減少了，我們如果把有限的精神才力用在沒有結果和效力方面，我們的精神才力就完全白白的費掉了。所以我們用精神才力的時候，就要有一種辨別的能力，使每一個人的精神才力，用在適當的地方，用在建設的地方，用在能夠為國家民族前途造幸福的地方。現在許多青年，常常是煩悶同悲觀同頹唐，大家感覺到沒有出路，感覺到前途很黑暗，好像茫無所歸的樣子。有的因為不能達到他自己所要做的事情的希望，他就失望，這種失望，或是為個人的地位和利益的；或是為戀愛問題的；或是為個人的虛名的；這些問題不能解決，他們就煩悶了。却不知道只有努力於增加各個人的智識能力，才可以解決一切問題，所以我們在社會方面的新聞，常常看見許多青年自殺的事情，在青年文藝的著作裏面，也常常流露出悲觀或失望的思想，這些都是表現出青年的衰頹和墮落，都是表現出民族前途的危險。我們要糾正這種過去的錯誤，就是要使每一個人，尤其是每一個青年，大家都能夠反省，大家都能夠尊重自己，認識自己有能力，大家都能夠培養自己的能力，來擔負國家前途重大的責任，不要自己看輕自己，應該自己看重自己，但是所謂自己看重自己，是自重並不是自大，並不是驕傲，好像什麼事都可以做。要知道一個人什麼事情都可以做，一定要有什麼事情都可以做的能力，決不是空想或懞懂所能實現的。所以在這一個社會中間，在這樣一個國家環境中間，我們一方面要改造幾千年來專制政府沿下來的很衰頹的民氣；同時我們又要抵抗在國際間帝國主義的力量很強大的壓迫之下，和很嚴重的束縛之下，求我們的出路；同時我們又看到 總理遺教關于建國治國的方案，我們要担負起來；這三種責任，完全要靠現在同將來的青年大家担負的。我們一定要使全國青年大家認識自己責任的重要，大家能够利用自己的精神同能力，大家能够覺悟到過去思想和行爲的錯誤，更從建設的路上走，要從建國治國的路上走，大家要有很大的勇氣來改造從前的錯誤，要有很大的決心，來建設本身的智識能力。一定要有大多數的青年是能够從求智識增加能力方面來努力，立定志向來担負將來改造社會國家的責任，這樣國家前途才有希望了。一班青年決不可自暴自棄，也不可妄自菲薄，趕快脚踏實地切切實實艱苦耐勞從救國救民建國治國實現三民主義的方向來努力，這樣才使中國的前途有很大的光明，也是一班青年現在同將來唯一的責任。青年是社會的基礎，國家的元氣，青年一定要從建國治國的路上走去，一定要能够艱苦耐勞，能够培養本身能力，能够有自立自助的精神，才可使國家前途有很大的進步，才可以完成我們建國治國的責任。

世界各國化學戰爭的準備

賀闓

——四月十九日在中央廣播電台演講——

諸君：我今天要講的是「世界各國化學戰爭的準備。」自從歐洲大戰以後，世界各國，都天天在那裏積極準備「化學戰爭」。因爲這件事各國都守着秘密，所以詳細的情形，不容易知道現在我把所知道的，向諸君略略的說一說：

美國對德宣戰以前，自己都不知道「化學戰爭」是什麼一會事？一九一七年四月七日，美國軍政部派了一位化學博士，任毒氣研究部主任，開始「化學戰爭」的準備。一九一七年六月，軍政部軍機處批准了毒氣研究部的毒氣砲製造計畫。十一月即成立毒氣砲彈廠。後來因爲世界各廠，不能供給，乃於十二月，另外又設立一個毒氣製造廠，一九一八年一月，把各廠聯合起來，成爲安球兵工廠；五月十一日，又組織一個化學戰爭服務局。這個組織在世界上要算是最早的一個，也是現在最完善的一個。委任陸軍少將撒司爲局長，內部分研究，製造，防禦，行政等科，經費達二百五十萬，當大戰時候，美國共有軍用製造廠五十三所，化去金錢總數達三十五萬萬；工作人員，不計其數。安球兵工廠，到現在還有七十三位化學專家；十三位工程師，七位醫學家；天天在那裏研究這個兵工廠，又附設一個專門研究「化學戰爭」的學校。由此可知美國對於這種準備重視的程度了。

我們知道美國是世界上最富足的國家，固然有這許多錢來研究這個準備；即是中國近鄰的一個彈丸似的島國——日本——也知道「化學戰爭」的重要，天天研究，積極準備着將來第二次世界大戰來應用。他們國家的財政，雖然很困難，猶勉强的拿出五百萬日金來設立一個化學戰爭研究院。內部詳細的組織，日本嚴守着秘密，所以沒有法子來知道，這點是不能報告給諸君了。

法國對於「化學戰爭」是已有長時期的預備：一九二二年以來，法國全國化學家，都須向陸軍部登記，所以隨時可以召集專家，爲國家服務，當一九二〇年時，在巴黎設立一個國防研究局，內部分工業，軍事，化學三部，努力於國防及防禦工程。一九二四年設立和平軍官訓練處，這完全是化學專家所組織的。法國軍政部關于「化學戰爭」的組織，也有三處，如：（一）防禦處，專研究防禦敵人毒氣的工具。（二）總務處，（三）設計處，分爲攻擊敵人研究系，和防禦設備研究系。全國主要的兵工廠很多，最重要的便是這個組織了。後來到一九二五年因爲要製造軍用化學品，更在托羅斯設立一個偉大的化學軍用品製造廠。以上是法國對于「化學戰爭」準備的大概情形。

英國對于「化學戰爭」也很積極準備。雖然在海上可以稱雄全球，可是在「化學戰爭」上，並沒有十分健全的力量，就我們所知道的，英國有一個軍事化學委員會，其中多半是軍事科學專家，陸軍部化學科有職員一百五十一人，對于「化學戰爭」之研究，沒有一天不是在那裏積極的進行。更有一個重要的軍事中心—陸軍軍官學校，這個經費我們也該知其大略的：一九二三年，費去八萬英鎊；一九二四年，費去十萬〇三千英鎊；一九二五年，增加到二十七萬三千英磅。由此可見得英國對於「化學戰爭」上的注意了。

俄國窮苦得了不得，而他們雖然在民窮財盡之下，對于「化學戰爭」的準備，也不肯少懈，至於防禦上更加注意，平時以種種防禦方法，來訓練兵士，預備供應第二次大戰時的需要。

德國自戰敗以後，雖受世界各國的限制。但對于化學上也積極研究。在柏林有一個皇家研究院，預備和各國競爭，眞是雄心未死！

現在再講到比較小。的國家，對于「化學戰爭」準備的情形吧？

波蘭也有化學軍官學校設立，他的組織和法國一樣。一九二二年，法國曾派八百多人到波蘭去訓練他們的軍隊，而他們自己復在華薩爾設立一個軍事專校，積極的訓練軍隊。

捷克國在奧馬司設立一個大規模的毒氣製造廠，另外還有很多的毒氣製造局的設立。

我們看世界上人口稀少，土地狹小的國家；對于「化學戰爭」的準備，也這樣的努力。而我們中國國土遼闊，列強層層包圍着，百餘年來屈服在帝國主義威力下的中國，欲圖自救自存，該如何地覺醒，急謀防止列强的併吞啊！

其他各國有守着祕密的，有尚未準備的，他們的情形無從知悉，今天不能繼續的報告了。

——九月六日在中央廣播電台演講——

度量衡新制標準及實施辦法

吳承洛

度量衡制一——劃一度量衡這個問題，眞是中外古今都是一樣的認爲非常要緊。現在我們要公同互相研究地，試看應當用什麼方法來解決這個問題？

原來度量衡劃一——劃一度量衡這個口號，我剛才說：在最古的時候已經有的，講到政治修明，我們無時無刻的不能夠忘記了。唐虞三代——就是道統的傳遞，也是免不了的，要說到堯舜禹湯文武周公孔子，我要引個證據，諸位也許還記得，在舜典——就是虞書的裏面有一句說法，叫做乃同度量衡。「同」字的意義，就是「齊等」。「乃同度量衡」，就是「劃一度量衡」；這個口號在我國古代文字——古文——的說法，這兩個最古和最近的口號：他的意義，他的用意，是完全相同的。

劃一度量衡，爲什麽成了古今中外的第一件要政呢？虞書本是說到乃同度量衡，所以齊遠近，立民信也。我們都記得「民無信不立」這句聖經，所以要使我們國家的人民，在社會可以站得住，非先從劃一度量衡做起不可。說到國家要能夠眞正統一，虞書所講的「齊遠近」，就是要使遠的地方，和近的地方都達到齊等的地步——的程度——換一句話說，就是遠近統一——就是國家實現眞統一的意思。所以要使國家統一，非從度量衡劃一做起不可。

我們都相信孔夫子是我國最偉大的政治哲學家， 總理也說到我國的政治哲學，不是外國能夠比得上的。孔夫子說到古代帝王的政治設施，在四書論語裏面舉出四項，其中的第一項就是「謹權量」，他的第二項就是「審法度」；把這兩句話合起來說，就是度量衡要整齊劃一，度量衡能夠整齊劃一之後，政府的政令才能通行全國。所以孔夫子就緊接的說：「四方之政行矣」，度量衡劃一這個問題，和國家政令施行的關係這樣底重要，我們就可以明白了。

現在我們中國國民黨，在 先總理四十多年奮鬥歷史的指導下，三民主義戰勝了一切！依照建國方略 建國大綱，軍政的時期已經過去，訓政的時期已經開始；諸位應該記得在民國十五年冬，中央聯席會議，議決，行政綱要，就把劃一度量衡列在經濟政策。後來國民革命軍北伐進行，節節勝利！國民革命軍所到的地方，就把劃一度量衡這句標語貼出來，各省組織臨時省政府的時候，又都把劃一度量衡加入各該省施政方針。所以非常得了一般民衆及經營工商事業者的歡心。但是那個時候眞是百廢待舉，那裏談得到實施劃一度量衡呢？

到了國民政府遷都南京，長江以南，總算大定。當時中央黨部同國民政府，就常常接到軍政商學界的人士貢獻意見，請求設法劃一度量衡，一直到十七年春間，工商部成立，孔部長於就職之後，就有對於工商行政的宣言，明明白白的規定一種綱要：其中第十七條條文就是「制定度量衡之標準設所製造，並酌量地方情形分期切實執行，以期全國漸趨劃一」。到了這個時候，才有劃一度量衡的切實辦法了。當時中央黨部和國民政府，就將以前接到關於請求劃一度量衡的呈文，以及各家所貢獻的辦法，彙交工商部核辦。因為工商部是全國度量衡劃一要政的主管機關。

劃一度量衡，不是空談可以做得到的。說到度量衡的意義，古書說：度、所以度長短，量、所以量多少；衡、所以權輕重。長、短、多少、輕重，都是比較的說法，要比較，就要定出一種比較的標準。所以度量衡行政，在外國叫做標準行政。凡百工商事業，在外國多有已經立定標準的。度量衡行政，可以稱為標準行政的一種，又可以說是標準行政的一種；又可以說是標準行政的基礎。各國的度量衡，有各國的標準。那末國民政府的度量衡行政，要把什麼來做個標準呢？這是一個先決的問題。

要把度量衡的新制標準說出來，不能夠不把怎樣能得到這個標準的經過，稍為說幾句。我們工商部自從十七年四月間接到各家對於新制度量衡標準的貢獻，就把這個問題通盤籌劃。原來我國度量衡的起源，也未嘗沒有規定的標準，這個標準，可以說是以黃鐘為本，以秬黍為率；就是把穀子秬黍，又名黑黍取他的平均大小，以他的寬度作為一分，做標準，橫排十個黍做成一寸，十寸做成一尺，叫做橫黍尺。這是古代長度的標準，為這個長度之九十分，就是黃鐘的長度，所以古尺又叫做律尺。後來歷代所定的尺度，因為科學不昌明，製造不精良；古代遺傳的原器，自然是不準確，不可靠的。至於古代遺傳的圖式，那更是不能拿來做標準的。所以到了前清就依照古代的圖式，假定了一個標準，叫做工部制度。但是咸豐四年和外國訂通商條約，又定了什麽海關尺，做國際貿易的標準。這個制度叫做海關制度，比工部制度長了許多，大了許多，到了光緒末年，又把工部制度修正，做營造制度。鼎革以後，工商部召集工商會議。議決：中華民國度量衡制，完全採用萬國通制，就是米突制。原來是法國制度。但是這種制度，因爲公尺太長，公斤太重，完全不合於國民的習慣。所以到了民國四年，北京農商部，又復訂定權度法，採用兩制並用的辦法。就是把萬國權度通制，叫做甲制　把營造制，叫做乙制，乙制的一尺，等於甲制的三十二公分；一升等於一點零三五六八八公升，一斤等於五百九十六又點八一六公分。所以甲乙兩種制度，欲使他並行不悖，是一件不容易的事情。因爲把這兩種制度互相折合起來，並沒見得有很簡易而且準純的比例呢！

因爲兩制並行是不容易的；所以新的標準，很有多少的本國學者，根據科學原理，做了種種非常科學化的研究，我們不能不恭喜我國科學的進步。這種研究，有把電氣工能做基礎的，有把光的速度係數做基礎的，有把天氣的標準氣壓做基礎的，有擬變更地球子午綫的相當分數做基礎的，有擬變更舊乙制與公制的折合數使成比較簡單的比率的。所以這樣一來，計算長度尺的標準，有主張沿用淸末營造尺以三十二公分做標準的，有主張沿用關尺以三十五點八公分做標準的，有主張以三十公分做標準的，有主張以三十點六九公分做標準的，有主張以三十五公分做標準的，有主張以三十八公分做標準的，更有主張以四十公分做標準的；論到重量斤的標準：就有人主張以二百七十公分做標準的，有主張以三百四十九點二九六公分做標準的，有主張以四百公分做標準的，有主張以五百六十公分做標準的，有主張以六百公分做標準的，有主張以六百四十一點七公分做標準的。這樣多的提議，都是採用萬國公制，同時仍舊保留着合於民衆習慣的舊制，或稍稍變更，使本國的舊制標準、合於科學原理，或使他同萬國公制做成一個比較簡單而整數的折合比率。但是無論沿用舊營造制，或另採更科學化的新標準，都不能求他同萬國公制能成很簡單而整數的折合比率，而與萬國公制能成最簡單的比例，最整個的折合者，都不在以上所講到各家的提議中。論到科學化一層，現在萬國公制，已經是科學上的惟一標準制度，似乎中國科學完全採用西國，實在沒有離開西洋的科學標準而另創新的科學標準之可能與必要。所以要免除兩制並行的毛病，只有採用一種與萬國公制能成最簡單的比率最整個的折合者，才能達到我們的希望，所以我們在十七年四月間，正在研究各家利弊，曾經草擬「採用以萬國公制爲標準之單一制，並同時兼顧國民習慣與心理以劃一全國度量衡意見書」，發表當時對於我們的意見，頗得各方面竭力的贊助。嗣後又向各方面，徵求批評，多以此種制度可以推行。這個制度，就是現在要講的新制標準。這個標準規定以萬國公制，叫做標準制，是中國度量衡的單一制度。但是要免除新制和舊時習慣有不符的毛病，所以擬定一種最容易的折合辦法，通行民間，叫做市用制。市用制是：

(一)以一公尺的三分之一，做市尺的單位。他的長度，介於舊營造尺和裁尺之間，可算是北方尺度同南方尺的折中數，而且等於北方的舊官尺。

(二)以一公斤的二分之一，做市斤的單位。他的重量是介於英磅和漕秤之間，可算是通商口岸所用英制和民間通用常制的折中數，而且等於最普通的市用十三或十四兩的秤。

(三)以一公升做市升的單位。他的容量同舊營造升相差沒有幾多，所以這個暫用市制，以一公升做市升，以公斤的二分一做市斤，以公尺的三分一做市尺，又可以叫做一二三制。就是根據世界上最通用的萬國公制，而變通之。使民衆能够漸漸的認識萬國公制，就是標準制。並沒有在標準制之外，另外創造新的制度。我們工商部同人經過兩個多月的考慮，孔部長以爲很是確當，就提出議案到國民政府。國府於第七十二次委員會，交付審查。審查委員除孔部長外，有蔡院長元培，薛部長篤弼，鈕主席永建，王局長世杰。經過愼重研究，同時請專家出席，結果通過了這個標準。國民政府就在十七年七月十八日公布中華民國權度標準方案。以萬國公制爲中華民國權度的標準制•長度以一公尺爲標準尺，容量以一公升爲標準升，重量以一公斤爲標準斤；又以與標準制有最簡單的比率，而與民間習慣相近者爲市用制•長度以標準尺三分之一爲市尺，容量以標準升爲市升。重量以標準斤二分之一爲市斤。一切都用十進；但是一斤仍爲十六兩，一畝仍爲六千平方尺，至於一里定爲一千五百市尺，就是公里的一半，稍有變通•以後度量衡法，經過立法院通過，國民政府復在十八年二月十六日正式公布•中華民國度量新制標準，從此大定•關於度量衡法施行細則，以及其他檢定檢查營業須發等附屬法規，也由工商部擬定公布•現在規定在九月中旬，就要召集各院部會以及全國商會聯合會代表，開度量衡推行委員會•要把全國度量衡推行程序，同其他附屬法規一律訂定，定期推行。現在推行程序，雖然還沒有切實的訂定，但是新制的實施辦法，可以同諸位討論討論•

一種新的制度——尤其是這種標準的制度——要有標準•——假使失了標準，就有差之毫釐，失之千里的毛病•所以度量衡的標準器具，是第一要緊的•我們工商部自從去年九十月間，就準備製造標準器——一套，標準器有標準制的尺一枝，市用制的尺一枝；標準制市用制通用的升一個，標準制的法馬全副，市用制的法馬全副；——都是用儘好的銅做的•做得十分精確，他的差數——因爲製造的時候總不免有一點點的參差，這種在法律上可以准許的差數，叫做公差我們標準器的公差，都在法定公差五分之一或是二分之一以內•這種標準器，現在已經製造出來不少，第一批已經分送中央各機關•——中央黨部列在第一號，國民政府列在第二號，五院列在第三至第七號；再下去就是中央各部各委員會，以及最高法院，中央研究院等•現在都保存一套•標準器第二批已經分送的，就是各特別市政府，以及各省政府；現在第 批就要出去，是：江蘇、浙江、山東、河北、等省的縣政府；第四批也已經準備的，是：熱河、察哈爾、遼甯、湖北、湖南、福建等省的縣政府•總共算起來，到了本年年底，重要各省的縣政府，都可以接到一全套的度量衡標準器

•到了明年六月，全國大部分省區的標準器，都可以得到•本就是最遼遠的非常僻的縣分，無論如何到了明年年底•全國無論什麽地方政府，都可以有個標準了•

有了標準器之後，才能够談到劃一度量衡•但是標準器，是做法律上公證的，是製造上檢定的，最後標準爲了民間做造容易實行，所以工商部又製造出一種標本器，依照民間習慣上用的度量器具•譬如木尺、木升，木斗，桿秤，盤秤，星秤，等等，做成標本，以爲民間做造的模範•這種標本器，也已經做出來，全國各商會，都可以備價承領全份•全國各同業公會，都可備價承領他們行業上所需要的一部份器具•就是設廠營業度量衡器具的，也可一樣的領去做他們的模樣•到了各地方政府，有了標準器；各商業團體，有了標本器的時候•那麽，那個地方的度量衡，就可以達到劃一的希望了•

我們要把全國度量衡，分做六期完全劃一•就是依照中央全會所規定的訓政時期定爲六年，以一年做一期，分做六期•六期劃一的分配：大致以南京、上海、天津、北平、漢口、青島、各特別市政府，做第一期，限他們在民國十九年以前，完全劃一；以江蘇、浙江、河北、熱河、湖北、湖南、等省，做第二期，限他們在民國二十年以前，完全劃一；以安徽、江西、福建、廣東、廣西、遼寧、山東、河南、山西、綏遠、察哈爾、等省，做第三期，限他們在民國二十一年以前，完全劃一；以陝西、甘肅、吉林、黑龍江、四川，貴州、雲南、等省，做第四期，限他們在民國二十二年以前，完全劃一；以新疆、青海、甯夏、西康、等省，爲第五期，限他們在民國二十三年以前，完全劃一；以內蒙古、外蒙古，前藏，後藏，等區，爲第六期，限他們在民國二十四年以前，完全劃一•這個期限，雖然還沒有確定•但是等到確定以後，那就要雷厲風行的，說到就要做到•我們應一致的擁護工商部，將要規定的「全國度量衡劃一程序」，我們做事，都是順乎人情的；我們的計劃•都是合於理性的•所以我們說到就要做到才好•諸位——諸位，全國的兄弟姊妹—

對於我們實施新制度量衡有甚麽批評？有什麽貢獻？我們很虛心的誠願接受。希望全國同志一致奮起！

現在我們更就事實着想。現在度量衡新制，已經推行到全國土地丈量了。內政部根據標準制定章程，通行全國。所有地方政府，以及土地整理的機關。所以與民衆接近的土地丈量，都已適用新尺。可以算是市用制推行的第一步，沒有一個地方不遵行了。其次所有公共事業，譬如鐵路早已適用公里，公斤，郵政早已適用格蘭姆，現在只要他能採用「公分」的名稱就是了。海關上用什麽關尺關秤，是應該從早改用標準制，使國際貿易上，有多少的便利；外交上現在正是修訂不平等條約，也應該一律改用標準。現在不論公家私家，零零碎碎的採用度量衡新制，已經不少。只要我們下了一個決心，要不上六年，部能够全國劃一。我們國民政府所最希望的，就是大家一致合作，全國民衆一致合作。國民政府是全國民衆的政府，是爲全國民衆謀利益求幸福的政府。度量衡劃一這個口號，是從民衆要求的口中叫出來的。我們政府是要實行全國民衆所要求的口號，更希望全國農工商學兵以及公務員，一致擁護，一致合作，實現度量衡劃一，實現標準制度推行全國，這就是我們——我們主持度量衡標準制度的行政者——可以代表工商部——或可以代表國民政府——向諸位——諸位聽衆——本着先 總理知難行易的學術，多多的宣傳，使全國民衆一致了解我們度量衡新制的標準和他的實施辦法。將來自然而然的，不知不覺的，達到推行劃一，——這都是諸位努力奮鬬的效果呀！尤其是我們黨員，今天聽到最高指導機關——中央黨部的播音，想到黨綱黨政的實施，全國的眞正統一：就更要把可以做實施基礎的度量衡劃一要政，大宣傳而特宣傳，才算盡我們的義務呀！謝謝諸位，——謝謝諸位聽衆。

特刊補白 一一八

各種收音機綫路圖

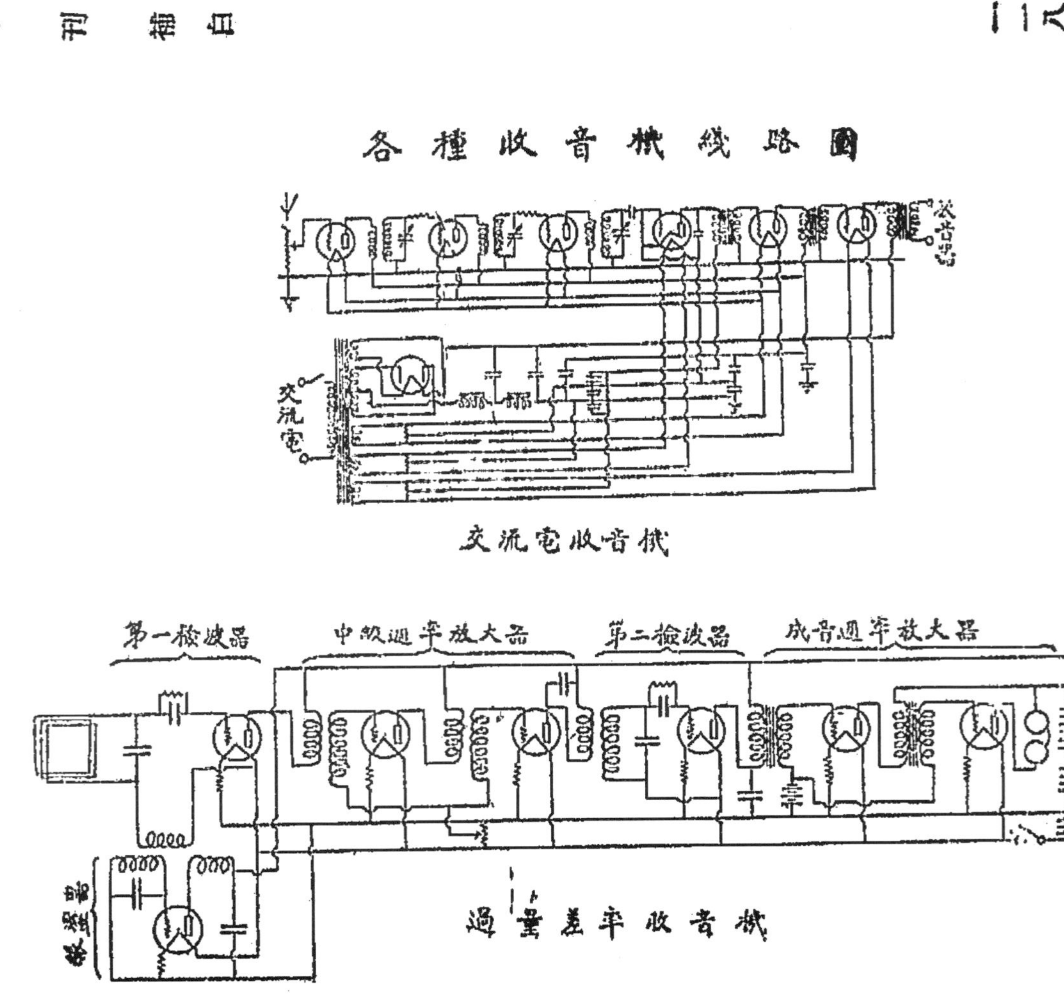

本台呼號XGZ

敬啓者茲奉上敝台十八年度年刊一册即祈察收見覆並請指正爲荷此頌

公祺

中國國民黨中央執行委員會廣播無綫電台謹啟

電話一六六九號

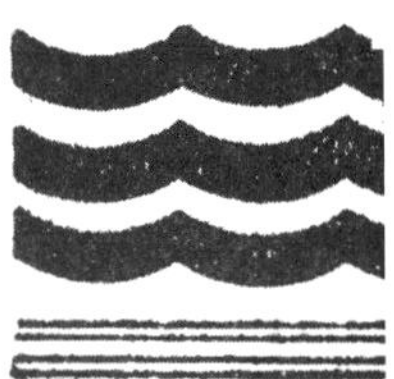

中國國民黨中央執行委員會

廣播大電台籌備工作簡報

目次

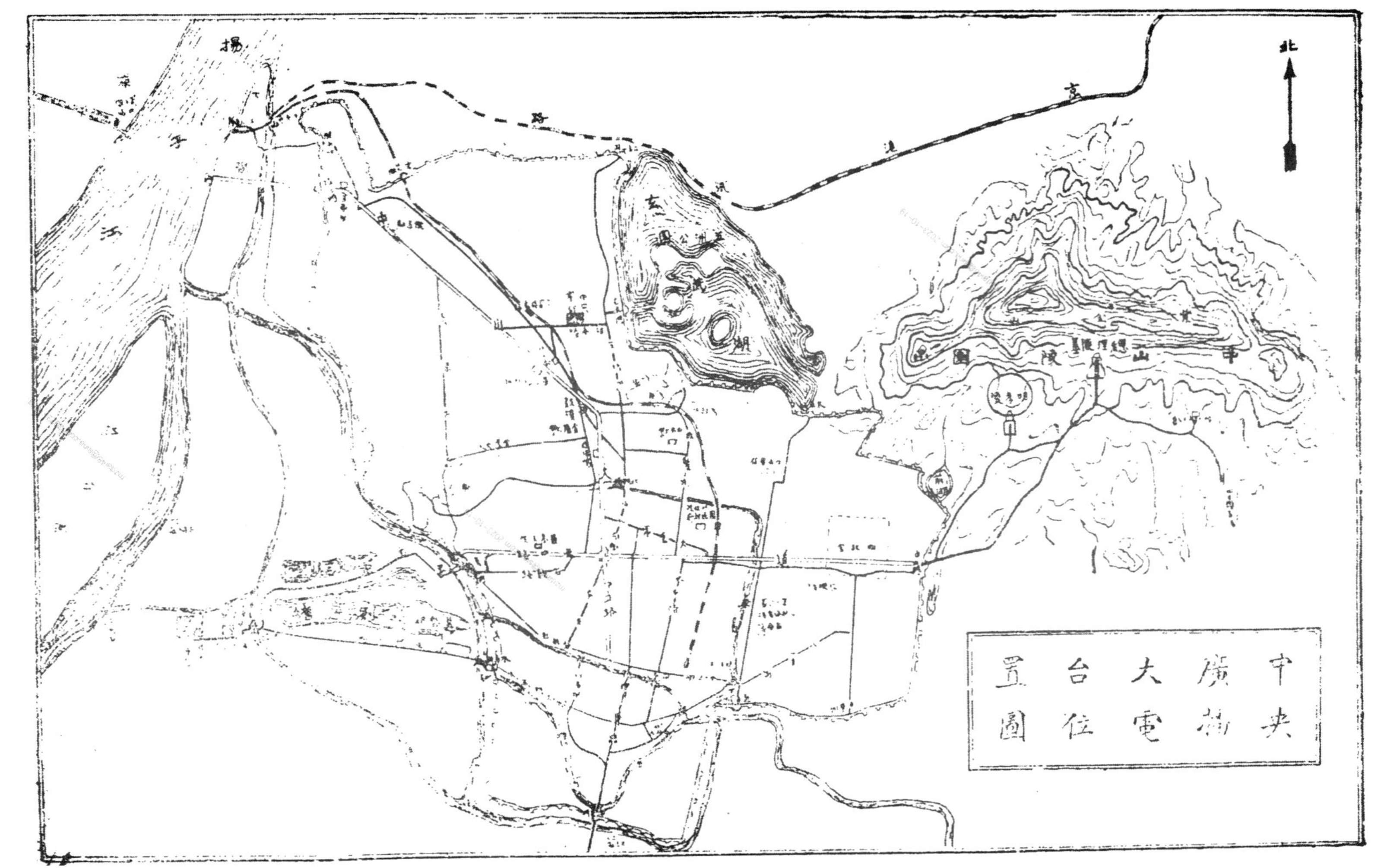
中央廣播大電台位置圖
北

中央廣播電台管理處辦公室

播音台全景遠望

播音台房屋外景

敍言

國民革命之目的在建設，建設不成功，革命即失其意義。總理于遺教之中，早已昭示吾人矣。但建設事業，經緯萬端，以我國現時之人力財力，决不能同時并舉，必須通盤籌劃，擇其最需要而不可緩，最輕便而易舉者，先行建設之，以次及其他。

我國最需要而急不可緩者，莫過于建築鐵道，以利交通，但建築鐵路，經費浩大，工程艱鉅，以政府現時財政情形，欲于短時間，建築數萬里鐵道，殊非易事。

其次，最需要而不可緩者，又莫過于教育，因一切科學與文化，均與教育有密切之關係，教育不普及，而欲科學之發達，文化之進步，如大車無輗，小車無軏，行見其不可能也！

其次，在當今革命過程中之訓政時期，最需要者又莫過于宣傳，宣傳所賴者爲交通，但我國現時所恃以爲交通利器者，鐵道則不及二萬里，飛機則迄今僅有滬蓉，滬平兩線，以三千四百餘萬方里之領域，僅能有此，何怪乎郵件之遲緩，動須數日乃至十日耶！且自海通以來，國際交涉頻繁，人均利用新科學以宣傳，而我猶故步自封，如不急起直追，將何以立足于世界!?

中央有鑒于此，乃積極從事于廣播無線電台之建築，以利交通，宏教育，而廣宣傳。蓋無線電爲電能藉電波之推進，而電波生于電流之振盪，遂藉以太爲媒介，碧落黃泉，罔不通行。鐵道所不能到之地方，無線電能之；飛機所難達之區域，無線電能之；電報速矣，須經翻譯之煩；有線電話便矣，須經樹桿架線之勞；惟無線電話，事簡易舉，效力至宏。民國二十一年十一月廣播大電台開幕，於是中央教令可于瞬息間遍達全國，無間遐邇，萬里咫尺，天涯比鄰，既便發施政令，復利宣傳主義；若用以提倡識字，補助一般失學之人民，則智識得以增加，文化得以促進；他如理論之闡揚，時事之報告，使國際間明瞭我國之眞情，正誼得以伸張于世界，收効之普遍捷速，固非他種宣傳工具所可比擬也。

茲于開幕之始，編印工作簡報，以紀既往，而策方來，所望全國同志，學術專家，時錫南鍼，以資砥礪，俾日益進步，方駕美歐，增光黨國，則斯篇之微恉也。

中央廣播無綫電台籌備擴充電力大事記

民國十七年十一月

籌擬十啓羅瓦特電力播音計劃。

民國十八年二月

中央執行委員會第二屆第一九八次常會，通過中央廣播電台擴充電力計劃，并推定陳委員果夫葉委員楚傖負責籌備。

民國十八年三月

函歐美各著名無綫電機製造廠，請開送十，二十五，五十，啓羅瓦特播音台機件價格單，及說明書。

民國十八年六月

編製歐美各廠播音機件，要點比較表。

民國十八年七月

中央執行委員會第三屆第一八次常會通過，新台電力改用五十啓羅瓦特。

民國十八年八月

中央執行委員會財務委員會，決定撥款辦法。

四

民國十八年九月

聘請本國各無線電專家朱其清等，會同審查歐美各廠所送五十啓羅瓦特播音台機件說明書。計列入審查者：爲英國馬可尼公司，美國西方電氣公司，合組無線電公司，法國長途電話公司，德國得律風根公司，等五家。

依照各專家會議決定，函徵馬可尼，得律風根，合組無線電三公司，對于承辦新電台條款之意見。

民國十八年十二月

詳細審查各廠行所報，承辦新電台價格。與中央執行委員會財務委員會，及中央秘書處會計科，共同評價。

民國十九年一月

繪製馬可尼，合組無線電，及得律風根三公司，承辦大電台要點比較詳表。陳葉二委員召集三公司負責代表，磋商承辦新台機械各條件。

民國十九年二月

中央執行委員會第三屆第七二次常會決定：新台機件採用得律風根公司製品，并增加電力至七十五啓羅瓦特。

民國十九年三月

陳葉二委員與得律風根公司代表西門子電機廠經理許密德漢森，簽訂七十五啓羅瓦特電力得律風根式播音機合同，總價爲美金二十一萬五千元，并報告中央執行委員會第三屆第八三次常會交國民政府備案。

勘定首都江東門于家塘，西首空地百畝，爲新台基地。

民國十九年四月

任用國立東北大學工學院教授馮簡爲新台總工程師。并派工程師劉振清王勁赴德視察監製新台機械，及調查一切關係事項。[illegible]

民國十九年五月

實測新台基地爲九十九畝餘，會同南京市土地局與業主磋議地價。

民國十九年七月

會同南京市土地局，分發新台基址原業戶地價，及遷拆費。

調查本市歷年江水漲落情形。登報招標承辦新台墊基挖塘工程，選定新華建築公司承辦。

函建設委員會，請飭首都電廠，敷設直通新台高壓線路。

民國十九年九月

新台基地填土完竣，建築臨時監工室及材料房。

第一二批機件，及第三批鐵塔材料到滬。

民國十九年十月

埋設地網。幷計劃大電台各種建築式樣，及應用材料，草擬工程規約及說明書。

第一二批機件，由滬經京滬路運到；第三批鐵塔材料，由長江輪船運到。

點驗一二三批天地線，及鉄塔等材料，計六百卅二件，總重十五萬公斤。

民國十九年十一月

測量通話電纜架設路線。

第四批機件材料運到。

點驗第四批機件材料。

民國十九年十二月

以大電台機房，廠房，鐵塔，打樁，及修造馬路之建築圖樣說明書，及工程規約，登報招標。

第五批機件材料運到。

驗點第五批機件材料。

民國二十年一月

試裝大電台鐵塔末級各部，並整理全部鐵件。

函請中央宣傳部部長，祕書，及趙棣華聞亦有徐恩曾朱葆初諸同志，參加大台建築工程標價審查會，議決：選定華中營業公司承辦。

運到並點驗第六批機件材料，及通話電纜。

民國二十年二月

陳葉二委員與華中營業公司，簽訂建築大電台房屋合同，總價國幣十九萬七千六百零一元，於是月廿七日開工。

運到並點驗第七批機件材料。

民國二十年三月

植立自大電台至中央黨部內發音室通話電纜木桿、及懸掛鉛綫，計長十公里。

鐵塔，機房，打樁工程完竣。

民國二十年四月

機房混凝土及廠房打樁等工程完竣。

與天源公司簽訂開鑿六吋口徑每晝夜出水七萬加倫自流井一口合同。

民國二十年五月

運到並點驗第八批機件材料。

留德監製機械工程師劉振清士勁事竣回國。

開鑿自流井。

民國二十年六月

東鐵塔開始裝設；西鐵塔基址混凝土等項工程，完竣。

民國二十年七月

機房，大門亭子，紮鐵完畢，澆灌混凝土。其他各部繼續粉刷，外面加鋪泰山面磚，並裝配鋼窗。

運到並點驗第九批機件材料。

積極防護水患，搬運機件材料。

本月霪雨兼旬，大水泛濫，京市四郊盡成澤國，所有本台新址較低之職員臨時宿舍，工人宿舍，儲藏室等，莫不水深數尺，當危急之時，盡夜督率員工，冒雨將機件材料、設法運至高處，幸防護尚早，損壞甚少。

擬具建築臨時新發音室計劃。

擬具中央廣播無綫電台管理處組織條例，呈中央執行委員會第三屆第一五〇次常會修正通過。

民國二十年八月

東鐵塔裝置完成：高一百二十公尺。西鐵塔開始裝置。

機房除鋼屋頂外，全部告竣；廠房混凝土屋頂，水泥沉澱池等澆竣。

運到並點驗第十批機件材料

民國二十年九月

機房建築工程完成，電燈綫路等零星裝置，同時竣事。

得律風根總廠，派裝置工程師開爾孟及萊考夫到京，開始裝置播音機械及電力機械。

民國二十年十月

裝置播送室，發電機室，高壓室，重涼室，整流室，等處機械，及廠房柴油引擎。

自流井水經衛生署化驗，不適應用，擇地另鑿。

選定孫永興承建黨部內臨時發音室。

民國二十年十一月

西鐵塔裝置完成，東西兩塔加塗防銹油漆。

民國二十年十二月

廠房建築工程，全部完竣。

門房，守衛房，建築工程，全部完竣。

籌備委員派中央祕書處祕書王子壯趙棣華，會同本台主任吳道一，驗收新台房屋工程。

民國二十一年一月

機房內地下電纜全部裝竣。

民國廿一年二月

播送室機件開始裝置。

民國廿一年三月

整流室，馬達室，重凉室，機件開始裝置。

蓄水池，清水池，回水池，濾水池等工程。開始建築。

民國廿一年四月

發音室建築完竣。

中央執行委員會第四屆第一七次常會決議：任用吳保豐同志爲中央廣播無線電台管理處處長，吳道一同志爲副處長。

民國廿一年五月

機房全部，及天線裝置完竣。清水池，蓄水池，回水池，濾水池，及幫浦間房屋，全部工程完竣。得律風根公司總廠，派工程司戚洛司基到京調正及試驗全部機件。

民國廿一年六月

開始試驗各機及天線電力。

民國廿一年七月

試驗廠房及機房全部機件。

試驗增音室及發音室機件。

民國廿一年八月

擬訂設置各地黨部收音機辦法，及收音員服務規則，呈經中央執行委員會第四屆第三三次常會核准。

管理處正式成立，并修改組織條例，呈經中央執行委員會第四屆第三十五次常會核准。

十三日起，開始試驗用四百四十公尺波長播音，與舊台二百八十公尺波長，同時並發，定新台呼號爲XGOA。

民國廿一年九月

舊台停止播發。

正式接收播音台機件。

得律風根廠工程師開爾孟威洛司基，事畢返德。

民國廿一年十月

制訂全國各地設置收音機辦法，本處設立收音員訓練班辦法，各縣市保送本處收音員訓練班學員辦法，

各縣市收音員服務通則，呈經中央執行委員會第四屆第四四次常會通過。

添造工人宿舍。

籌備開幕事項。

中央廣播無線電台籌備擴充電力經過概況

中央廣播電台，議建於民國十七年春，而成立於是秋。嗣應環境需要，力謀擴充，慘淡經營，歷時四載。中經天災人事之阻礙，工作時感困難，并因世界學術之進步，計劃亦有更動，相機應付，分別進行，舉凡製造、建築、裝置、試驗、諸大端，依次完成。茲值新台開幕之際，爰就經過情形，撮要叙述如左：

一、制定擴充電力計劃

無線電音波所達區域之遠近，繫於播音台電力之强弱。我國疆域遼闊，邊隅距首都幾及萬里。民國十七年十一月，初擬之中央廣播電台擴充電力計劃，以適應上述情形爲主旨，其要點如下：

1. 購置十啓羅瓦特電力中波播音機一座，連同傳話器增音機等，應備附屬機件，及鐵塔天線，與電纜材料全套。
2. 電力來源，由首都電廠供給，另置柴油引擎發電機一座備用。
3. 另擇相當地點建築播音台房屋。
4. 發音室，辦公室，仍設中央黨部內。
5. 播音台發音室間，裝置通話電纜。

6.添購傳話器，簡便增音機，設分發音室於相當處所。

7.增加播音節目，以闡揚黨義，宣傳政令，發展文化，傳遞消息，爲主。

8.推廣各地收音，以音波所達之區域爲範圍。

9.研究仿造最近發明之無線電材料。

10機械及建築費，約以四十萬元爲度。

十八年三月，由中央執行委員戴季陶陳果夫葉楚傖提出中央執行委員會第二屆第一九八次常會，議決通過，并指定陳委員，葉委員，負責籌備。嗣經陳葉兩委員與本台主幹人員，審愼攷慮，以世界廣播事業，發展甚速，此後國內外電台衆多，同時播音，電波縱橫，不免遮掩擾亂，衡以時勢國情，宜爲宏大久遠之謀，乃將各種機械詳細比較，擬選用五十啓羅瓦特電力機械，於是年六月呈經中央第三屆第十八次常會通過，積極籌辦。

二、選定機件

1.徵集機件說明書及價格單

擴充電力計劃決定後，即徵集各國著名無綫電公司，所製播音機件說明書及價格單，擇英國馬可尼、美國西方電氣及合組無綫電，德國得律風根，法國長途電話各公司所送文件，將機械之綫路、特性、效率、壽命、附件、備貨，及製造交貨之時期，裝置試驗之保證，價格多寡，付款先後，射程遠近，原動力供給，材料消耗補充，與各行已往之成績等要點，分編節略，及詳細比較表，以備審核。

2. 召集專家會議

節略及比較表編就後，先印送國內無線電專家：朱其清顏任光溫毓慶徐恩曾張貢九張承祜李範一馮簡李熙謀趙以廉莊智煥王崇植吳維嶽等審查，徵集意見。復於九月十六日，敦請各專家到台開會討論，經詳細磋商，議定：暫擇合組公司之代表惠勒公司，得律風根公司之代表西門子洋行，馬可尼公司之代表中華無線電公司，等三家，并擬定機械方面應行增減各點，訂約方面應行商榷各點，分函徵詢意見。

3. 磋商承辦條款大綱

嗣三公司先後函復，由本台主任吳道一，與中央執行委員會財務委員會祕書問亦有，及祕書處會計科主任趙棣華，共同討論價目，報告籌備委員，召集三公司負責人員，個別談話，磋商條款大綱。

4. 決定承商

籌備委員，將三公司承辦條款大綱，綜合詳密審查，參以各專家意見，以得律風根公司所索價值最廉，且願照原開五十啓羅瓦特播音機之價格，供給七十五啓羅瓦特播音機，其他條款，亦比較適宜，遂決定選該公司承辦。報告中央執行委員會，經第二屆第七二次常會，決議：照辦。

三、商訂合同

1. 商訂合同

十九年二月，與德國得律風根公司之代表西門子洋行，商訂購機合同之詳細條款，先曾同擬就草案，復經詳密攷慮斟酌修改，原文共十四條，其要點爲：(1)該公司承認出售七十五啓羅瓦特播音台一座，暨天線鐵塔，及六百匹馬力柴油引擎一座，連同備貨。(2)分期運華，於九個半月內，全部交淸。(3)供給一切房屋線路機器底脚天線鐵塔各項工程裝置之圖樣，幷派專家担任監裝，及最後調音，以九個月爲限。(4)所有房屋地基，及建築工程，由中央電台辦理。(5)中央電台得選派工程師赴德觀察實習，幷隨時試驗各種製出機件，由該公司担負費用。(6)對於射程及機件均有担保。(7)代價總額爲美金二十一萬五千元，於訂約時，交付提單時，貨到南京後兩個月，全台裝竣移交後兩個月，分期付給。(8)合同分繕中英文，以中文爲準，等條，視從前我國向外購辦機器合同，利益頗多，因各公司競爭承辦，故商榷各節，尚能就我範圍，是年三月十九日，由葉陳兩籌備委員，與該行經理許密德漢森，簽訂合同。旋經中央執行委員會第三屆第八十三次常會，接准備案，幷送國民政府存案。

2 派員監造

十九年五月間，依據合同，選派工程師劉振淸王勁赴德監製機件，幷考察歐洲無線電狀況。二十年四月回國，對於全部機械，均經詳密研究試驗，於晶體控制設備，及調幅放大等機件，更爲注意，各種交流直流發電機波力測量器，及各種特性曲線等，亦均分別實習試驗，惟通話電纜，因先已運華，未及試驗。

3．電力輸出輸入交涉

當選購機械時，關於電台電力之計算，各公司均照通例，以輸入計，僅得律風根公司以輸出計，迨監製工程師抵德，詳加詰問，乃知所製機械電力，亦指輸入，遂與反復辯論，彼仍諉稱合同原稿，由德文譯成英文，致釀誤會，當以關係重要，屢次文電交涉，最後仍由西門子洋行代表，至京商定解决辦法，由該公司無償設法增加輸入電力爲九十啓羅瓦特，使輸出電力在七成調幅時，達七十五啓羅瓦特，在惡劣環境時，正負變動差率不得過百分之十，雙方備函證明，認爲合同附件之一。

4．考察有關事項

劉王兩工程師在德國時，於監製機械實習運用之外，并至茂勒加新建大電台，參加最後調音；柏林廣播總公司，調查管理佈置試驗事項；那恩國際電台考察長短波發報機，及短波定向天線；柏林郵政部中央試驗局，調查德國廣播事業之實施；柏林紺門及蓋爾屈拉風兩工廠，調查留聲機灌音，與製片之製造事項；亞司冷及西門子兩公司，考察眞空管電纜構造方法，參與試驗；柏林得律風根公司觀察傳眞電報之使用，探討理論，詢問價格，彙集所得資料。

四、擇地墊基

1. 決定台址

播音台爲無線電波射發之起點，其地位環境，均關重要，訂購機械後，對於地點一層，迭經考慮，幷勘察首都附近各處形勢，據專門人員意見，及最近之經驗，以近水遠山爲宜，一方可避免電波或被山中礦質吸收，一方可藉水流以利電浪之暢行。嗣於十九年七月間，將所勘察之地點，逐一測量，比較利弊，結果以江東門外江濱較高之處爲合宜。（見五圖）遂會同得律風根公司覆勘決定。商請內政部，及南京市土地局，依法徵收，發給補償拆遷等費，圈爲建台基地。

2. 填土奠基

新台基址，西濱大江，北臨北河，察其地質，爲元明以來之冲積地，上層十餘尺，爲帶黃之普通灰色泥土，雜以瓦礫，二十尺以下，有機物漸少，雜以灰色細砂，頗富粘合力，愈深則砂質愈多愈粗，百尺下幾全爲靑灰色泥砂，二百尺外爲紅礫石質，更測量其地位，高出海關水準標點五十三公尺，爲防備水患起見，調查近五十年水勢，決定先就需要處所，分別填高碾平，繪製圖樣說明書，標選新華公司承填。於十九年八月十二日開工，（見六圖）計廠房基，縱三十八公尺，横六十公尺；機房基，縱四十二公尺，横六十公尺；東西兩塔基，縱横均三十公尺，緣邊坡度，均爲一與一之比，各處填土之深淺，視

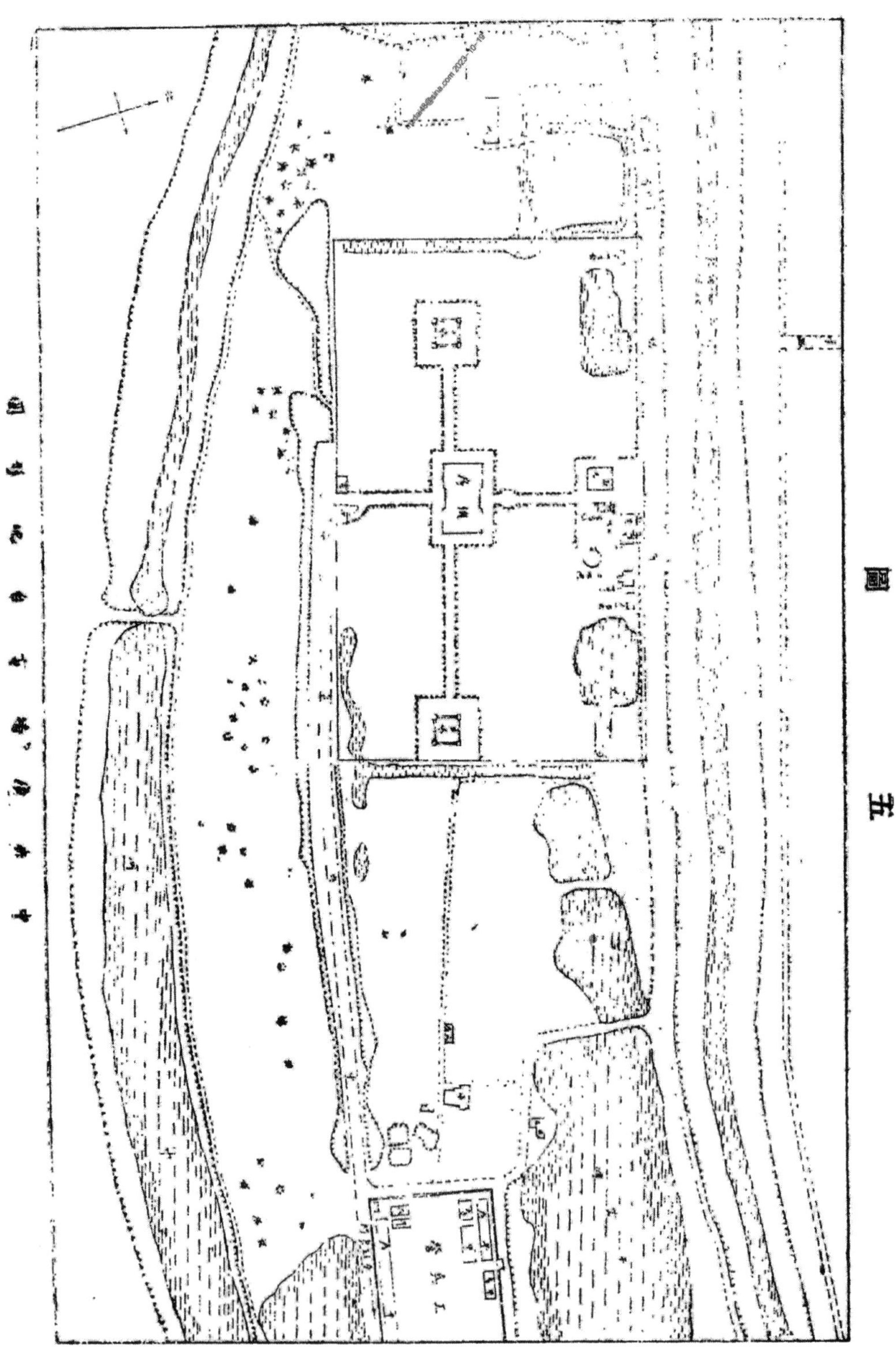

圖五

原地面之高低而殊。勤工後，經指定在東南西三邊界溝取土，每塡至六吋時，澆水排夯一次，至九月底完工，計塡土五千四百餘方。

3. 埋設地線

全部地線，爲橢圓形網式，有內外二圈，（見七圖）外圈至中心點，有向心線三十四根，在各線中間，繞機房四周有長方框地線一根，一部分向心線即接於其上，各線埋入地中約深三十公寸。（見八圖）又機房之鐵屋架，鋼窗，以及機器鐵底脚等，皆與此長方框地線連絡，外圈之東西南北四極，及機房四角，各有深埋土中之銅板一塊，連於地線網上。

五、建築工程

1. 招標承辦

電台建築圖樣，由西門子洋行供給，經審核改定，並製訂工程規約及說明書。於民國十九年十二月，登報招商投標承造；於二十年二月，請中央黨部宣傳部部長劉廬隱，祕書朱雲光蕭同茲，祕書處祕書趙棣華聞亦有，工程師朱葆初等，會同本台主任吳道一，總工程師馮簡等，共同審查各公司標函，選定華中公司承造，旋與商訂包造合同，計總價國幣十九萬七千六百零一元。二月二十七日開工，嗣因水災稽延，至十月間始完工，惟發音室因係中央黨部整個建築之一部分；現在中央黨部新建築，尚未開始，

（圖六） 填土工程

（圖七） 地線

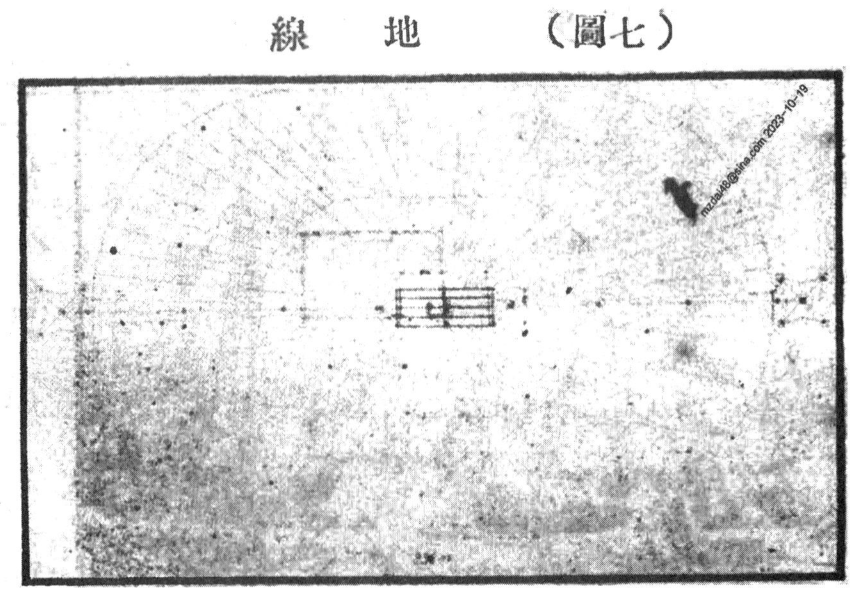

埋地線（圖八）

機房打夯情形（圖九）

故先在丁家橋中央黨部現址內，建臨時發音室，於二十年十二月，選定孫永興承造，計造價銀一萬元，於本年四月內完工。

2. 機房

機房，面積約一千一百公方，內分播送室，整流室，馬達室，重涼室，變壓器室，試驗室，辦公室等，（見九圖）牆用青磚，以一比三水泥灰，叠砌外牆及內牆之承重者，皆厚三十八公分，餘爲二十五公分；以一二四水泥混凝土爲基礎，下打長五公尺之圓木，約六十公分中到中；（見十圖）勒脚簷口及大門四週，均粉白水泥，（見十三圖）前面及兩側鑲泰山面磚；大門口地面，舖馬賽克磁磚；走廊及馬達室，做水磨石子地面；辦公室，舖硬木；試驗室，會客室，發音室，舖花旗松地板；播送室及整流室，均於水泥地上加舖油地氈一層；大門用柚木；辦公室，會客室等重要房間，裝柳安門。全部用鋼窗，屋面（見十一圖十二圖）蓋銅板，四壁均裝銅絲，連接成網，各與銅屋面及地線接通，銅板下襯以油毛氈，併舖避聲板，地板上做電纜溝一百二十公尺。

3. 鉄塔

鉄塔，爲同式兩座，於二十年六月中開始裝置，其中間距離約二百五十公尺，每座約重七十公噸，高達一百二十公尺，共分十二層，有鐵扶梯一道，可直上塔頂，下分四足，其底脚，均用二十五公分見

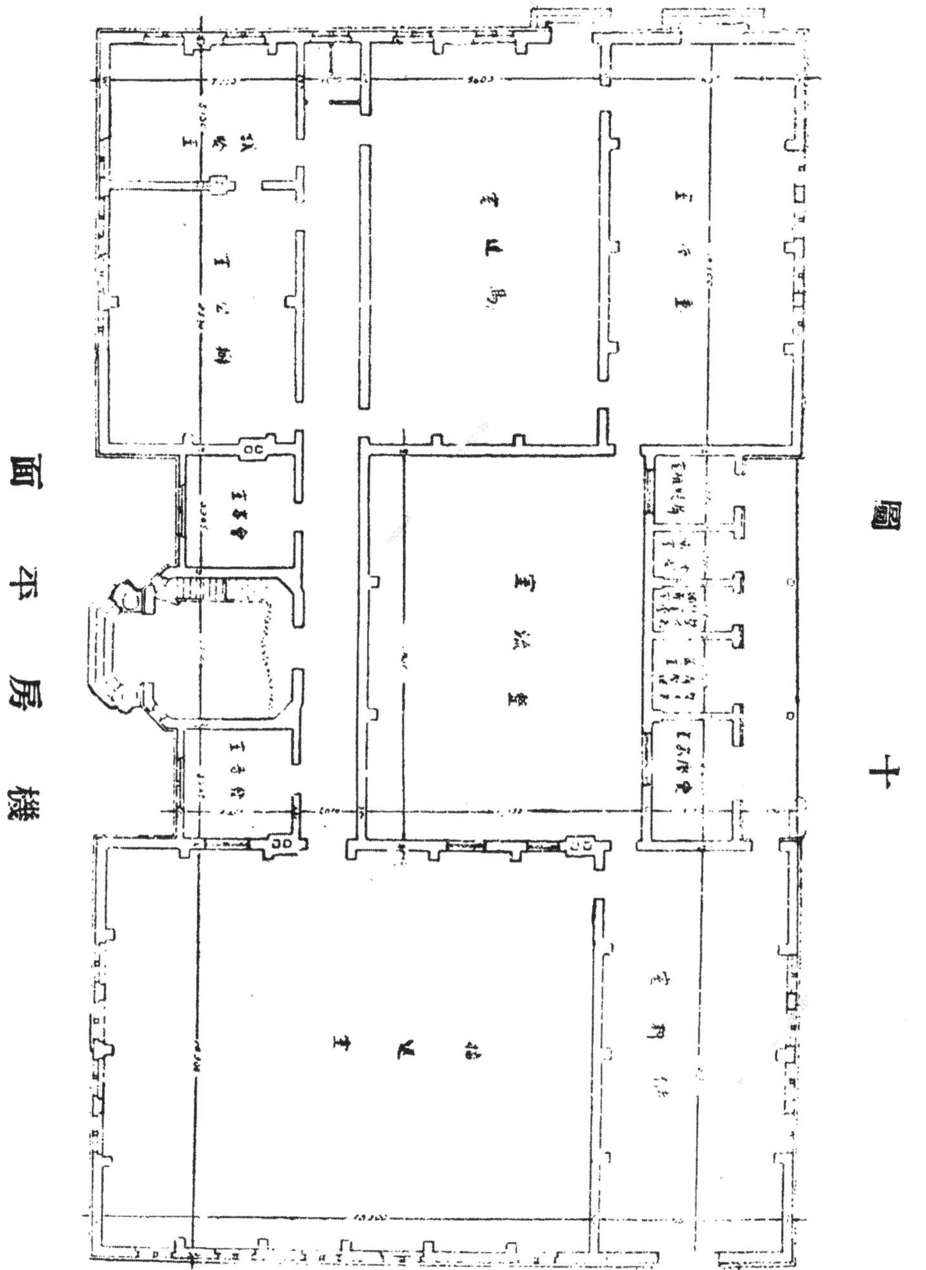

機房平面

圖十

二四

屋頂工程　（圖十一）

工作進程中　（圖二十）

機房完成後　（圖三十）

方十三公尺長之洋松椿百根，分爲四組，配置四角，用機器夯下。（見十四圖）據試驗承載力所得結果，最底數爲每平方公寸九公斤，即約合每平方英呎一百八十磅，每角木椿上端，（見十五圖）澆成鋼骨混凝土一大塊，（見十六圖）形稍內側，塔足均間磁瓶，支着於四個混凝土之中點，重心極爲穩定，（見十七圖十八圖）平時可無傾欹顧慮。天綫爲T式，架于二鉄塔上，其平行部，長約三十八公尺，（見十九圖）計有平行綫五根綫與綫之距離各約三公尺，用百分之四十五公厘直徑之紫銅綫一百三十三根絞成；其垂直部，長約九十二公尺，亦爲五根，成圓桶形每根用十分之六公厘直徑之紫銅綫四十九根絞成。垂直部之上端，懸掛于平行部之中點，其下端拉撑于四公尺又十分之七高之天線支持塔上。引入機房。

4．廠房

廠房，高約六公尺，闊一四，六公尺，深一七公尺，內分引擎室，修機室，總開關室，辦公室等。（見二十圖）牆和底脚，悉同機房，屋頂做鋼骨混凝土（見二十一圖）上澆士瀝青，舖油毛毡，以粗砂和卵石蓋面。廠房東爲帮浦間，面積約十六公方，混凝土地面及屋頂，屋簷四週，均作城牆式。幫浦間北面，爲自流井二口，及清水池，濾水池，水塔等；其東爲噴水池，池爲鋼骨混凝土澆成，對徑十公尺，高約二公尺。自流井水池幫浦及引擎間，各以白鐵水管連接之，俾將井水濾過後，吸入引擎，而以引擎內之熱水，放射至噴水池，待冷却後，復吸入引擎，往復循環。

（圖十四）鐵塔夯基一

（圖十五）鐵塔木樁打成

（圖十六）鐵塔混凝土工程

（圖十七）鐵塔裝置中

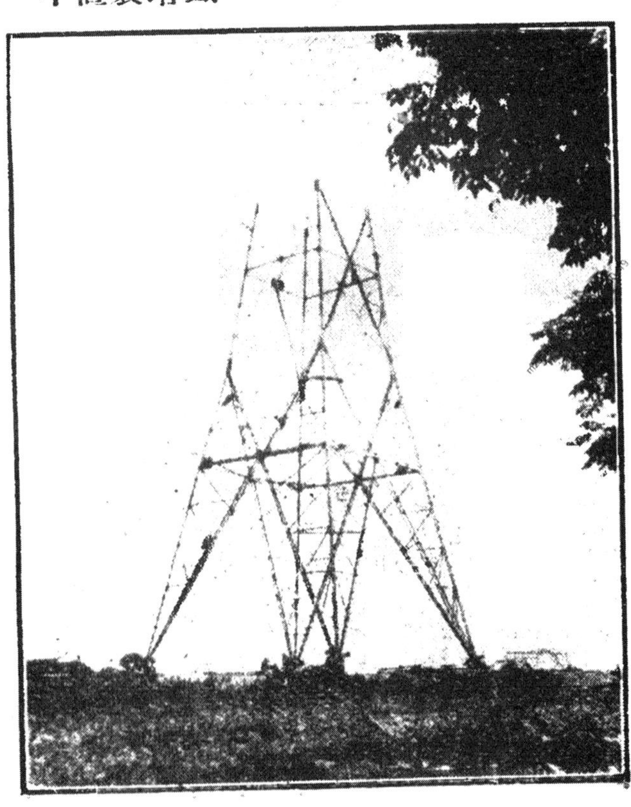

（十八圖）　鐵塔

（十九圖）　天線

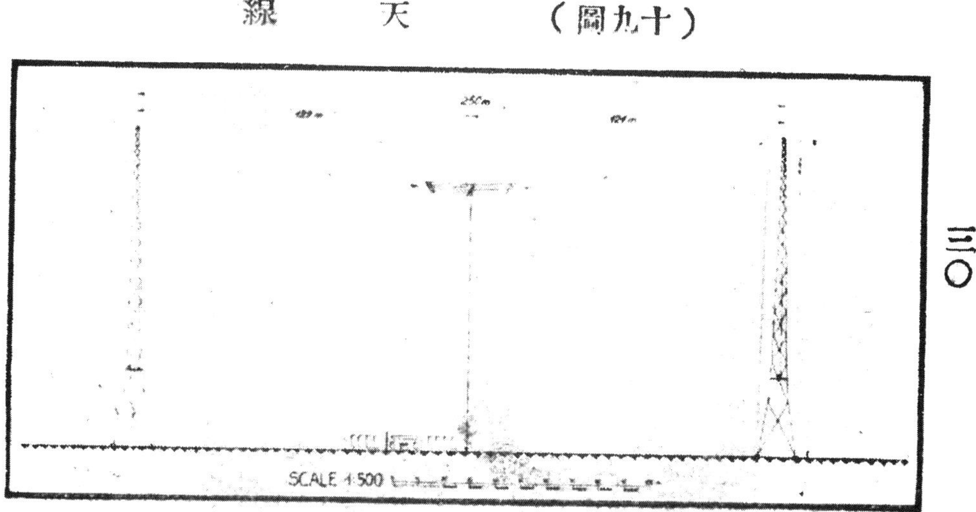

廠房平面　（圖二十）

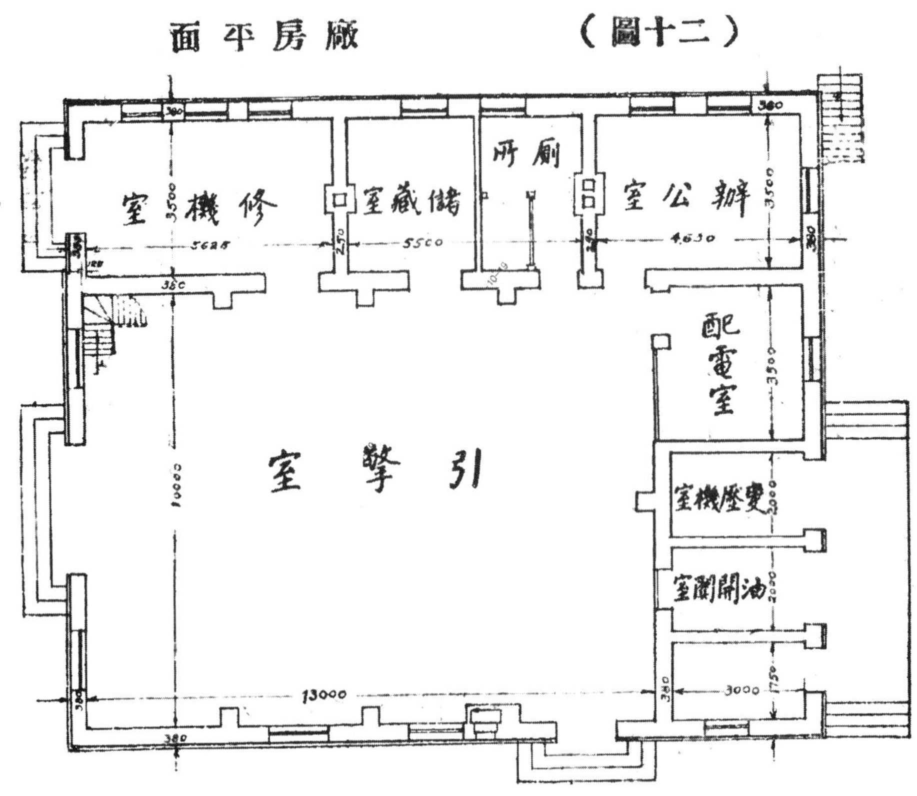

工程進行中　（圖二十一）

5.發音室

發音室，建於中央黨部內，計大小發音室，（見二十四圖二十五圖）馬達室，增音室，電池室，休息室，簷高六公尺，面積二百八十公方，四圍青磚牆，以水泥灰嵌縫，屋面蓋紅瓦，下襯油毛毡，舖建松板，各室均做平頂，門窗及屋架，概用花旗松，大發音室舖油毛毡，小發音室舖毛地毯，兩室三面牆上，均裝避聲板，小發音室平頂，亦覆以避聲板，作犬齒形，窗用雙層玻璃，門縫間各釘絨呢一條，牆脚及房頂，均有氣孔，曲折在二次以上，電池室舖水泥地板面，加澆土瀝青一層，厚一公分，發音室前爲本處辦公室，分樓上下兩層，共十二間，簷高八公尺，面積一百五十公方，原爲黨部財委會辦公室，（見二十二圖二十三圖）建造以來，不過四年，頗合本處辦公之用。

6.自流井

井爲天源公司承鑿，訂定鑿就每晝夜出水七萬加侖，適合引擎及飲料之用。自二十年五月開工，歷月餘，鑿成深約二百餘尺，經衛生署化驗，水質過硬，含菌甚多，遂依合同規定，另於原井東南再鑿一井，深約三百呎，放入出水之三吋徑管十五節，計長二百六十一呎，管內放一吋冷氣管十三節，計長二百三十四呎，旋用冷氣機打水，初爲浮泥污水，繼漸澄清，復經衛生署化驗，結果合用，其化學成分如下：每竔中含有下列各項之瓱量，總硬度一七八•五，暫時硬度一七二•二，永久硬度六•三，鹼度三

辦公室及發音室平面 （二十二圖）

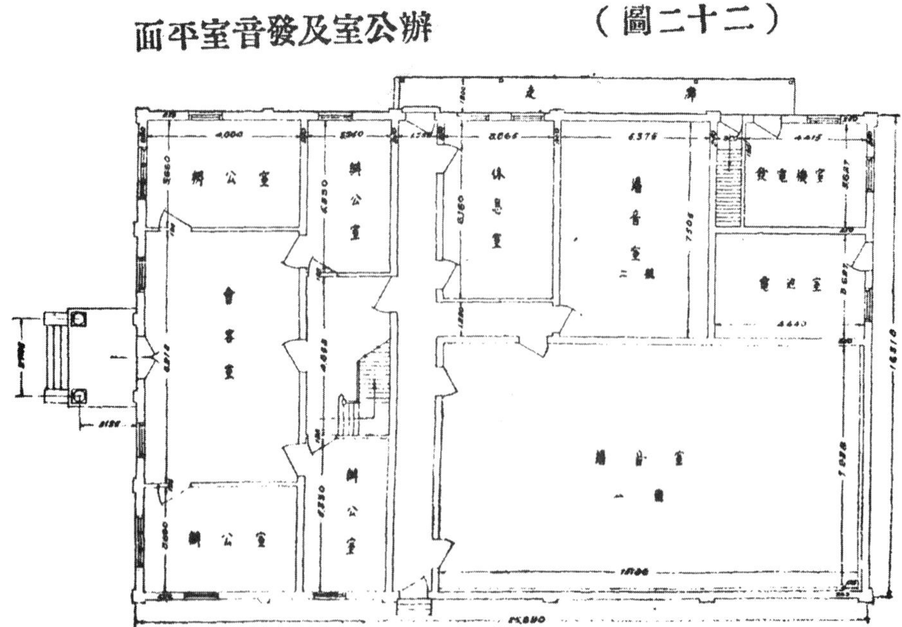

辦公室及發音室半部平面 （二十三圖）

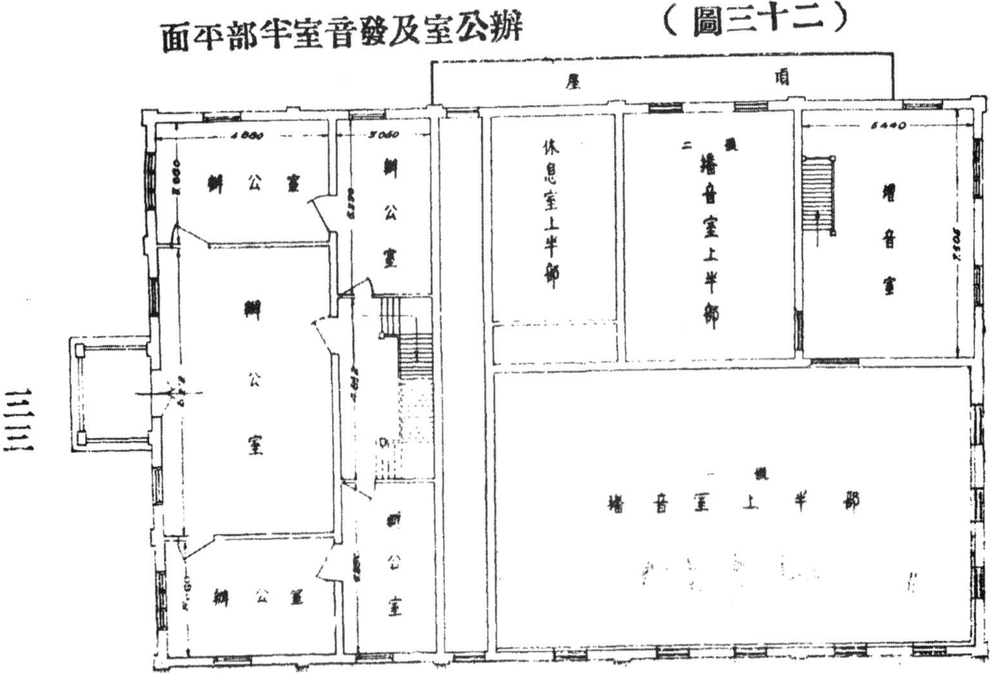

三三三

（圖四十一）

（圖五十二）

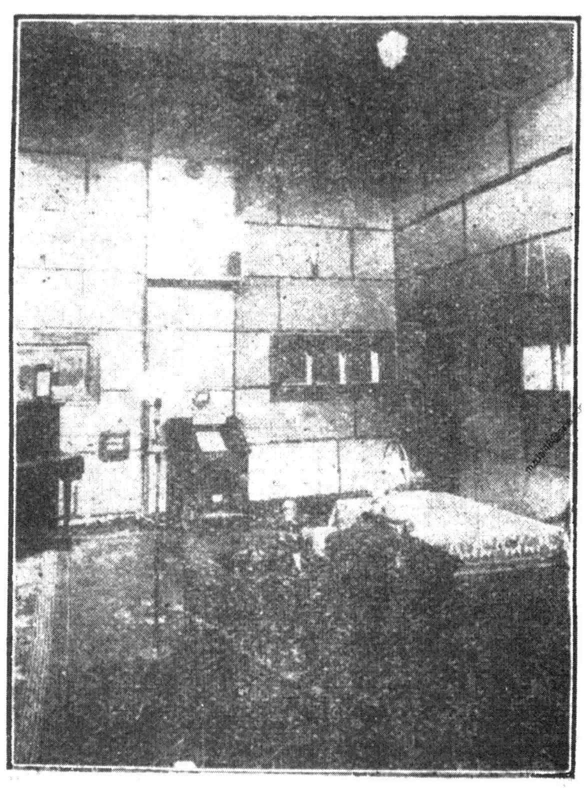

三五•○，鐵○•六，採集時含養氣量一○•五一二，四十八小時後含養氣量九•七二八，耗養量○一七八四，其他。

六、裝置情形

1 播音機

播音機，于二十年九月四日開始裝置，自九月至十二月爲製機時期，二十一年一月至五月，爲接線時期，先將播送室笨重機件，如支柱，鉄架線圈，調整輪，水管架，開關等，逐一安置，隨即由北而南，依次裝置播送機第一級至第七級，（見二十六圖）及二次調整級，天線級，調幅器，拍電報之工能吸收器，於該室之東半部，同時於西半部，裝控制全台之總管理檯，（見二十七圖）及其繼電器，電壓調節器等項，按程進行，工作頗速，惟埋錨各機底脚螺釘，敷設各機之聯絡地線網，及線管等，手續較繁，次裝整流室及高壓室，以應播送機屏電流所需，整流室裝有整流眞空管支架，（二十八圖）及保險絲風扇整流管絲壓變壓器，濾波器，電容器，及架線柱等件，高壓室裝三百基伏安整流管屏極變壓器，屏壓感應調節器，絲壓感應調節器，屏流油開關，屏流阻波器等件，自東往西，依次排列於五間密室內，再次裝馬達發電室機件（見二十九圖），自東至西，排列馬達發電機八座。

一及二爲統用絲流發電機（五十六基羅瓦特四十伏打）及調幅器絲流發電機（一基羅瓦特二十五伏打）

播送機　（圖二十六）

播送室管理枱　（圖二十七）

（圖二十八） 整流室

（圖二十九） 馬達室

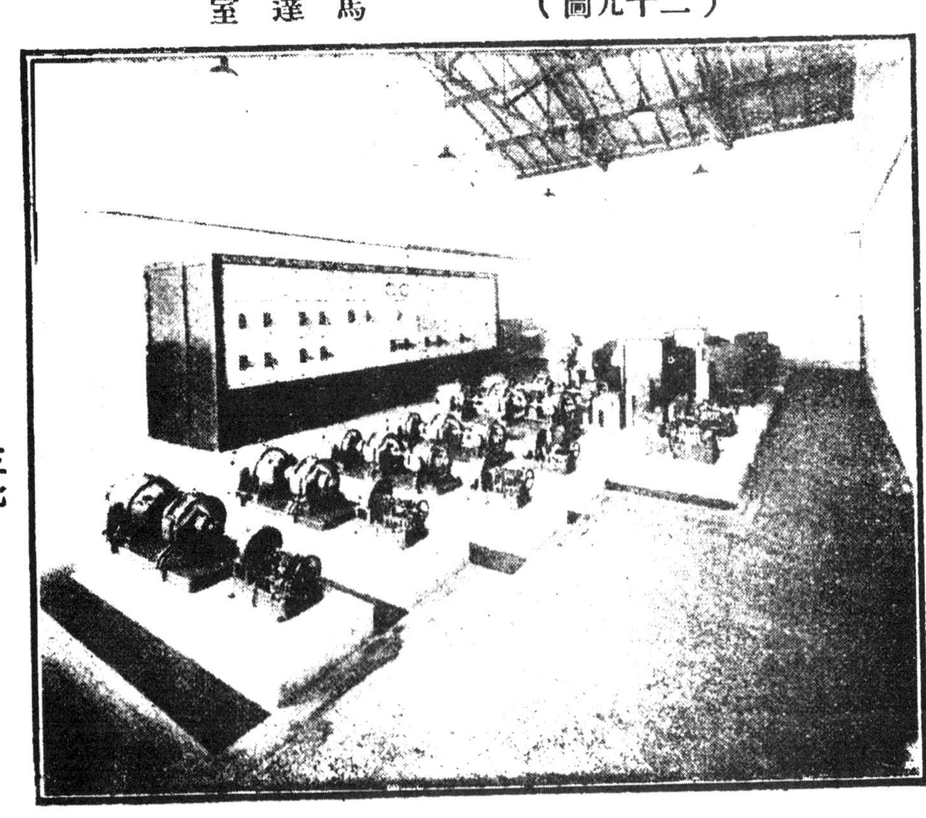

三　及四爲柵編發電機（三、五基羅瓦特七五〇伏打）及二二〇伏打直流發電機（五基羅瓦特）

五　及六爲第二級成音放大器屏流發電機（〇、七基羅瓦特七百伏打）及絲極發電機（一、五、基羅瓦特六十伏打）

七　及八爲晶石級屏流發電機（二基羅瓦特二千伏打）

2. 發電機

對於墊平基礎，埋置底脚螺釘，均充分較量準確，並分別佈置各馬達之自動開車器，開關板及其支架雙開關保險絲盒等件，埋設通綫管，接通地綫。最後裝重涼室，離心力幫浦二只，風扇箱一只，散熱器二只，進汽箱一只，另裝輸水回水管各一路，輸水管接於儲水箱，經幫浦由水管電纜溝通至播送室，整流室。迴水管由播送室整流室經水管電纜溝回水散熱器，再轉至儲水箱。用料爲三吋二吋及吋半銅管三種。此外在室內儲水箱上下更裝有雨水進水管，濾水器，溢水管，洩水管，及水門等。

第二期爲精細複雜之工作：一。續裝機件，在播送室有第二級成音放大器。在播送機及整流器內，有電容器，電阻器，真空管底座，過載斷路器，高壓及高週波之電壓表，電流表，架線用絕緣瓷料等，在管理檯開關板上，有石板，信號燈，按鈕，水銀管，低壓電流表，及電壓表。在水管上有水壓表，控制開關水壓表，溫度計，橡皮管，預防電解器等，及其他零件。

接線可分為接連架空裸綫，及接連電纜兩項，架空綫係備輸送高壓電流及高週波電流之用，連絡於播送機整流機各機件間，用料計粗細銅桿銅管凡七種。其他尚有輸送絲流之厚十公厘寬一百公厘，銅板兩道，架空於水管電纜溝內，由馬達發電機室，直達播送機之强力放大級。

3. 電力廠

電力廠為發生電力供給無線電廣播機各項需要之設備為求安全起見，設備二路力源，俾兩者中或有意外時，可以調濟應用，不致有電力中斷之虞，一為自備柴油引擎發電，一為接通市電力廠以取電。現在除市電方面尚須有待電廠之接線外，關於自動方面，業已完全裝竣。

六百四馬力之柴油引擎，（見三十圖）用以拖動一座四百八十基伏安之三相交流發電機，此機發生三百八十伏之線電壓，以三根銅板經地下槽溝而導至總石板，再由兩根三線組之大電纜，經地下通至播音機房之馬達發電機室，所備引擎為七個氣缸四擊式，完全柴油引擎，用冷氣（八

（三十圖）引擎

即壓縮空氣）開動，採取壓力循環制以運用潤油，該機全部位於厚約三公尺，長可十三公尺，闊約三公尺之整塊鋼骨混凝土底脚上，在該底脚下，有長約十三公尺二四六公厘見方之木樁六十餘根，深入土中，故該機走動時，地面上毫無影響。

另由市電廠以五十週波之電流，一萬三千二百伏特之電壓，輸送至油變壓器間，以供應用，現已籌備一切，不日即將裝竣。

4.通話通纜

通話電纜，所經路線，選擇數次，最後測定由發音室，沿湖南路，中山路，漢中路，越城垣而由鳳凰街，以達江東門播音台，計程九公里半有奇，計豎立新桿木一百四十九根，利用電話局桿木一百十四根，軍用電話桿木十四根，（每根距離三十六公尺）裝置鐵夾盤，及七股十四號之鋼掛線一根，（高度約離地五公尺又三分之二）下懸鉛包電纜，共分二十二段，其接連處，分裝定量電容器十一個，及保平線圈十個，以鉛質包封之，并於沿途桿木，每隔三根，裝八號鍍鋅線一根，上端高出桿木十二公厘，下端入地一公尺，以避雷擊，電纜兩頭，分接播送室及增音室之接線匣，其中包含播音線四對，電話線三對。

七、較準試驗

1. 機械較驗

播音機全部機件之裝置，於本年五月終大致告竣，六月一日開始試驗，調整機械，凡馬達發電機，抽水機，及重冷機等，均由播送室管理檯，管理啓閉，開機停機之時，手續本頗簡易，管理亦甚便利，惟其線路聯接，異常繁複，易致錯誤，當經逐一試驗改正，嗣將整流室，輸供屏極高壓直流電，繼續試校，迨完善後，即作播送室各級之調整，計爲晶體控制器三級，及週波放大器四級之平差；及再生振盪之試驗，并加防止。嗣後剪制天線長度，以求適合，天綫電路之諧振，增減調幅器柵極負接電壓，俾得改移眞空管運用點，使在其特性曲線之直線部份，以免失眞，復將初級及第二次增音器之各種機件，因運輸損壞，受潮者，次第修理及掉換，最後試驗附裝之電報機件。

電力廠柴油引擎之試驗，事前將引擎各項附件，一一加以審視，然後開動空車，并逐漸加上負載，自零至滿，更超過至百分之二十之過量負載，繼行十二小時，停車後，拆視內容，覺此機尚無倦損狀態，結果頗爲圓滿。

丙、發電機之試驗，計分發熱與負載兩種，先將發電子線捲，接成短電路，使電流可增至極高，約八百安培以上，繼行七八小時，線捲中隔電物，毫無損壞。其次試驗發電機因負載而成之電壓變化，因有電壓調準器之設置，故電壓亦極勻靜。

丁、通話電纜，於裝竣後，分別試驗，其中隔電阻力，電容量，感應聲量等項，均能與規定指數相符。

試播時期各地收音情形比較表

(表一)本處派往各省市黨部收音員報告

黨部名稱	收音員	上午 聲調	上午 滋擾(天電電報)	上午 衝突	下午 聲調	下午 滋擾(天電電報)	下午 衝突	夜間 聲調	夜間 滋擾天電電報	夜間 衝突	備考
浙江省黨部	朱宇寰 吳道南	響遠	微有天電及電報但無礙	無 杭台播音時聲極低無妨	較上午稍響	同上午	同上午	較上下午均響	大電稍響無礙	日台衝突時高時低尚無妨礙	大台與日台之波長在十六號機上約差一度半
安徽省黨部	王學敏	宏大	無	無	同上午	無	無	同上午	無	微與日本電台衝突	
徐州徐報社	李梅先	清響	無	無	同上午	無	無	同上午	無	無	
青島市黨部	徐學鐘	清響	間有電報聲强被擾	無	同上午	同上午	無	同上午	間有電報尚無妨礙	與日台衝突相差約一二度	
湖北省黨部	胡孔殷	清晰	無	無	同上午	無	無	同上午	間有電報尚無妨礙	日台衝突尚無妨礙	
漢口市黨部	湯一鶚	清遠	間有電報	無	同上午	稍有電報及天電	無	同上午	同下午	稍受日台影響	
武漢日報社	白秀桐	清遠	間有電報	無	同上午	稍有電報及天電	無	同上午	同下午	日台衝突勉可收聽	大台播音間有同聲收聽時以上午爲最佳夜間日台衝突最甚
江西省黨部	鍾煥乾	宏大	間有電報天電無礙	無	同上午	同上午	稍與日台衝突無礙	甚響	同上午	日台衝突頗烈收聽稍感困難	大台與日台相差一度半音浪不相上下
河南省黨部	王致崇	清響	無	無	同上午	間有天電無礙	無	同上午	間有天電妨礙收聽	大台與日台JFAK相差一度	
山東省黨部	張慈涵	響遠	無	無	同上午	間有天電稍礙收聽	無	較白晝更響遠	有天電及雜聲滋擾	與日台衝突	查大台與日台衝突山東沿海各縣均屬如此
湖南省黨部	陳沅	清響	電報甚響稍礙收聽	與日台衝突尚無礙	同上午	間有電報	無	甚響	尚少	同上午	
福建省黨部	李崇林	響	尚少	日台衝突極烈	同上午	同上午	日台衝突極烈	極響	尚少	日台衝突尚無妨礙	
天津市黨部	陳濟略	清響間有高低	天電電報時有滋擾	無	較上午稍低	滋擾更烈頗難收聽	無	較上午響仍有高低	較白晝少無礙收聽	與日台衝突	大台音有高低時無妨低時被日台擾亂
洛陽中央黨部	楊仲皋	清	間有天電電報無妨	無	同上午	同上午	無	較上午響	同上午	間與日台衝突無妨礙	本地天氣大有關係天熱或風大時收音較低間有雜聲
甘肅省黨部	張縉	音清	稍有天電電報干擾	無	音輕	天電較大	無	洪大清晰略有高低	天電尚少	與某台衝突間或劇烈	
隴海路特別黨部	蔡賓祚	宏亮間有高低	電報聲甚大但無妨	無	同上午	同上午	間有衝突	同上午	大電影響稍大	與日台衝突約差一二度	

試播時期各地收音情形比較表

(表二)各地聽衆報告

收音地點	距京里數約計	報告者	收聽情形	備考
江蘇蘇州	330	百靈無綫電機公司	用單眞空管機不用天線收聽清晰	
江蘇蘇州	330	江宇秋	用礦石機收聽非常清晰成績勝於本地播音	
江蘇泰縣	210	程習明	用礦石機收聽非常清楚	
江蘇鎭江	120	陳乃昌	用礦石機收聽非常清晰	
江蘇常熟任陽鎭	350	閔懌勤	用礦石機聽清晰	
上海	470	張君達	用三管機不用天地綫收聽清晰洪亮與本地播音不相上下	
上海	470	友聯電器公司 張大煒	用五燈機不用天線聲音響亮	
上海	470	國華電器行 陳子禎	用五燈機不用天線發音非常清楚	
浙江新登	430	縣政府收音員 蔣懋倫	日間清楚夜間響亮惟有一日台干擾但無妨礙	浙江各縣收聽情形大概如此
浙江義烏	530	縣政府收音員 余元濤	收聽極清晰	
浙江杭州	420	浙江大学 俞子夷	用四燈機天線長四五尺即可收聽 用礦石機亦可收聽	
浙江甯波	620	中國銀行 潘也魯	夜間用礦石機收聽音調清晰惟日間尙不能收聽	
安徽宣城	270	宣城日報社	音極高而清	
安徽蕪湖	170	黃義道	清晰響亮	
江西玉山	700	第六師 周啓明	播音清晰雜聲甚少	
河南湯陰	1080	縣黨部收音員 王元良	日間清晰毫無雜音 夜間響亮但略有雜聲及日台播音	河南各縣收聽情形大概如此
河南郾城	800	縣黨部收音員 王如賓	日間音浪清晰 夜間略有日台擾亂但無妨礙	
漢口	800	唐潤川	用五燈機收聽日間聲音響亮惟間有降低之弊 夜間聲音洪大惟有日台播音干擾	
山東淄川	940	直屬區黨部	清晰異常結果甚佳	
青島	850	青島通訊社	日間聲浪清楚夜間收聽清響惟有日台干擾	
天津	1460	乾利輪船	日間收聽非常清晰夜間聲浪尤爲浩大	
天津	1460	南開松盛里十八號	播音聲浪尙佳惜時有日本播音相擾	
湖南湘潭	1330	民報館	日間音低清晰並無滋擾夜間聲浪洪大	
北平	1620	章元美	用五管機收聽聲浪洪大	
福建廈門	1560	中山公園 方季謀	因大台波長與台灣廣播台波長太近聲浪混擾	
山西太原	1550	太原廣播電台	白晝較低無雜音夜間明晰	
河北秦皇島	1600	李仲華	用三管機收聽發音清晰惟夜間有日台干擾	
廣東江門	2150	李方舟	日間用三管機聽筒內收聽不甚清晰 夜間可用喇叭放音	
遼甯牛莊	1850	和興輪船	收聽清晰惜有日台干擾	
廣東汕頭	1780	和興輪船	收聽清晰惜有日台干擾	
內蒙古貝勒廟	2200	班禪行轅電台	日夜收聽甚佳夜間略有日台播音滋擾但無妨礙	
安南及南洋一帶	3000—4000	乾利輪船	夜間收聽清晰	
日本熊本	1020	齋藤彰美	夜間收聽清晰但爲福岡電台所擾不過無妨	
菲利賓	3000	Browne	夜間收聽播音成績極佳	
新西蘭	20000	業餘無線電家	夜間用八眞空管機收聽尙清晰惟有天電及澳洲廣播台干擾	共有八人來函報告情形大體相同
緬甸仰光	5500	覺民日報社	夜間收聽可錄十分之七八	
暹羅	5800	國民日報社	因天電及本地播音台滋擾于夜間收聽極感困難	

電力 75基羅瓦特　　**波長** 440公尺

時　分	時　分	分		
8:00	9:00	60	報告新聞	
9:00	10:00	60	中央紀念週	
9:00	9:10	10	中西音樂	
9:10	9:40	30	（無） 無線電常識 電學常識	電碼練習 家庭常識 電碼練習
10:40	11:00	20	講讀　總理遺教	
11:00	11:15	15	全國氣象；滬市商情	
11:55	13:00	65	中西音樂；正午報時	
16:00	16:15	15	滬市商情	
16:15	16:45	30	衛生常識 演講 農林科學常識	兒童節目 無線電問答 法律常識 兒童節目
16:45	17:00	15	提琴鋼琴合奏	
17:00	17:40	40	教授國語 教授英文 教授日文	民衆教育 民衆教育 民衆教育
17:40	18:00	20	中西音樂	
18:00	18:30	30	時事述評	
18:30	18:50	20	日語報告	
18:50	19:45	55	特別音樂 大鼓書詞 兒童故事	演講 中西絃樂 特別音樂
19:45	19:50	5	本京氣象；天氣預報	
19:50	20:20	35	報告新聞	
20:20	20:40	20	中西音樂；預報明日節目	
20:40	21:00	20	英語報告	
21:00	22:00	60	報告新聞	

11:25	11:55	30	中央民衆運動指導委員會報告
11:55	12:00	5	全國氣象；正午報時
12:00	13:30	90	中西音樂；
18:30	18:50	20	中西音樂
18:50	19:30	40	一週大事報告
19:30	19:35	5	本京氣象；天氣預報
19:35	20:05	30	僑務委員會報告
20:05	20:30	25	中西音樂；預報明日節目
20:30	21:30	60	報告新聞

中央廣播無線電台管理處訂二十一年十月

图书在版编目（CIP）数据

民国广播文献集成．续二 / 艾红红，庞亮，刘书峰主编．-- 北京：中国传媒大学出版社，2024. 6.

（“双一流”建设丛书）

ISBN 978-7-5657-3722-0

Ⅰ．G229.26

中国国家版本馆 CIP 数据核字第 20247JJ846 号

民国广播文献集成・续二

MINGUO GUANGBO WENXIAN JICHENG · XUER

主　　编	艾红红　庞　亮　刘书峰
策划编辑	张　笛
责任编辑	张　笛
责任印制	李志鹏
封扉设计	拓美设计

出版发行	中国传媒大学 出版社		
社　　址	北京市朝阳区定福庄东街 1 号	邮　　编	100024
电　　话	86-10-65450528　65450532	传　　真	65779405
网　　址	http://cucp.cuc.edu.cn		
经　　销	全国新华书店		

印　　刷	唐山玺诚印务有限公司
开　　本	787mm × 1092mm
印　　张	26
字　　数	300 千字
版　　次	2024 年 8 月第 1 版
印　　次	2024 年 8 月第 1 次印刷

书　　号	ISBN 978-7-5657-3722-0/G · 3722	定　　价	138.00 元

本社法律顾问：北京嘉润律师事务所　郭建平